정석으로 배우는 딥러닝:
텐서플로와 케라스로 배우는
시계열 데이터 처리 알고리즘

정석으로 배우는 딥러닝:
텐서플로와 케라스로 배우는
시계열 데이터 처리 알고리즘

지은이 스고모리 유우스케

옮긴이 김범준

감수 손민규

펴낸이 박찬규   엮은이 이대엽   디자인 북누리   표지디자인 아로와 & 아로와나

펴낸곳 위키북스   전화 031-955-3658, 3659   팩스 031-955-3660

주소 경기도 파주시 문발로 115 세종출판벤처타운 311호

가격 27,000   페이지 332   책규격 188 x 240mm

1쇄 발행 2017년 11월 23일
2쇄 발행 2018년 08월 07일
ISBN 979-11-5839-082-2 (93000)

등록번호 제406-2006-000036호   등록일자 2006년 05월 19일
홈페이지 wikibook.co.kr   전자우편 wikibook@wikibook.co.kr

이 도서의 국립중앙도서관 출판시도서목록 CIP는
서지정보유통지원시스템 홈페이지(http://seoji.nl.go.kr)와
국가자료공동목록시스템(http://www.nl.go.kr/kolisnet)에서 이용하실 수 있습니다.
CIP제어번호 CIP2017028701」

정석으로 배우는 딥러닝

텐서플로와 케라스로 배우는 시계열 데이터 처리 알고리즘

스고모리 유우스케 지음

/

김범준 옮김

손민규 감수

위키북스

01 장 수학 지식 준비

1.1 편미분 2

1.1.1 도함수와 편도함수 2

1.1.2 미분 계수와 편미분 계수 4

1.1.3 편미분의 기본 공식 7

1.1.4 합성함수의 편미분 8

1.1.5 레벨 업 전미분 11

1.2 선형대수 13

1.2.1 벡터 13

1.2.2 행렬 16

1.3 정리 22

02 장 파이썬 준비

2.1 파이썬 2와 파이썬 3 24

2.2 아나콘다 배포판 25

2.3 파이썬 기초 29

2.3.1 파이썬 프로그램 실행 29

2.3.2 데이터형 31

2.3.3 변수 35

2.3.4 데이터 구조 38

2.3.5 연산 40

2.3.6 기본 구문 43

2.3.7 함수 48

2.3.8 클래스 50

2.3.9 라이브러리 53

2.4 NumPy 55

2.4.1 NumPy 배열 55

2.4.2 NumPy로 벡터, 행렬 계산 57

2.4.3 배열과 다차원 배열 생성 59

2.4.4 슬라이스 60

2.4.5 브로드캐스트 62

2.5 딥러닝을 위한 라이브러리 64

2.5.1 TensorFlow 64

2.5.2 케라스(Keras) 65

2.5.3 테아노(Theano) 66

2.6 정리 69

03장 신경망

3.1 신경망이란? 70

3.1.1 뇌와 신경망 70

3.1.2 딥러닝과 신경망 71

3.2 신경망이라는 회로 72

3.2.1 단순한 모델화 72

3.2.2 논리회로 74

3.3 단순 퍼셉트론 82

3.3.1 모델화 82

3.3.2 구현 84

3.4 로지스틱 회귀 89

3.4.1 계단함수와 시그모이드 함수 89

3.4.2 모델화 91

3.4.3 구현 95

3.4.4 ^{레벨업} 시그모이드 함수와 확률밀도함수, 누적분포함수   106

3.4.5 ^{레벨업} 경사하강법과 국소최적해   109

3.5 다중 클래스 로지스틱 회귀   112

    3.5.1 소프트맥스 함수   112

    3.5.2 모델화   114

    3.5.3 구현   118

3.6 다층 퍼셉트론   123

    3.6.1 비선형 분류   123

    3.6.2 모델화   128

    3.6.3 구현   132

3.7 모델 평가   136

    3.7.1 분류에서 예측으로   136

    3.7.2 예측을 평가   138

    3.7.3 간단한 실험   140

3.8 정리   145

04장 \ 심층 신경망

4.1 딥러닝 준비   146

4.2 학습시킬 때 발생하는 문제점   151

    4.2.1 경사 소실 문제   151

    4.2.2 오버피팅 문제   155

4.3 효율적인 학습을 위해   157

    4.3.1 활성화 함수   158

    4.3.2 드롭아웃   168

4.4 구현 설계 173

4.4.1 기본 설계 173

4.4.2 학습을 가시화한다 184

4.5 고급 기술 194

4.5.1 데이터를 정규화하고 웨이트를 초기화한다 194

4.5.2 학습률 설정 198

4.5.3 얼리 스탑핑(조기 종료) 207

4.5.4 배치 정규화 210

4.6 정리 215

4장의 참고 문헌 215

05장 \ 순환 신경망

5.1 기본 사항 217

5.1.1 시계열 데이터 217

5.1.2 과거의 은닉층 220

5.1.3 Backpropagation Through Time 222

5.1.4 구현 225

5.2 LSTM 237

5.2.1 LSTM 블록 237

5.2.2 CEC · 입력 게이트 · 출력 게이트 239

5.2.3 망각 게이트 243

5.2.4 핍홀 결합 244

5.2.5 모델화 245

5.2.6 구현 250

5.2.7 장기 의존성 학습 평가 – Adding Problem 252

5.3 GRU 255

5.3.1 모델화 255

5.3.2 구현 256

5.4 정리 258

5장의 참고 문헌 258

06장 \ 순환 신경망 응용

6.1 Bidirectional RNN 259

6.1.1 미래의 은닉층 259

6.1.2 전방향 · 후방향 전파 261

6.1.3 MNIST를 사용한 예측 263

6.2 RNN Encoder–Decoder 268

6.2.1 Sequence–to–Sequence 모델 268

6.2.2 간단한 Q&A 문제 270

6.3 Attention 285

6.3.1 시간의 웨이트 285

6.3.2 LSTM에서의 Attention 288

6.4 Memory Networks 290

6.4.1 기억의 외부화 290

6.4.2 Q&A 문제에 적용 291

6.4.3 구현 294

6.5 정리 302

6장의 참고 문헌 303

＼ 부록

A.1 모델을 저장하고 읽어 들인다   304

     A.1.1 텐서플로에서의 처리   304

     A.1.2 케라스에서의 처리   309

A.2 텐서보드(TensorBoard)   311

A.3 tf.contrib.learn   318

요즘 딥러닝이 점점 유명해져 딥러닝을 연구하는 사람도 늘고 딥러닝을 응용한 사업도 활발해지고 있습니다. 이제는 '인공지능'이라는 단어를 신문이나 TV에서 매일 보게 됩니다. 딥러닝이 실제로 화제가 되기 시작한 2012년과 비교해보면 딥러닝의 모델인 신경망을 쉽게 구현할 수 있는 편리한 라이브러리가 계속 개발되고 오픈소스로 공개되어 당시와는 비교도 할 수 없을 정도로 개인이 쉽게 딥러닝을 구현하고 실험할 수 있게 됐습니다.

그러나 딥러닝이라는 단어를 접하게 되면 많은 사람들이 아직도 다음과 같은 이야기를 많이 하는 것이 사실입니다.

- 관심은 있지만 수식이나 이론이 어려울 것 같아 공부를 시작할 수 없다.

- 많은 라이브러리가 있지만 어느 것을 선택해야 할지 모르겠다.

- 라이브러리를 조금 사용해봤지만 내부 로직이 어떻게 동작하는지 모르면서 활용했다.

그래서 이 책은 딥러닝이나 신경망에 대한 지식이 없는 독자도 학습을 진행할 수 있도록 이론과 구현에 대해 쉬운 내용부터 차근차근 설명합니다. 그리고 구현에 파이썬(3.x)을 활용합니다. 파이썬은 딥러닝 구현에 가장 인기 있는 언어라고 말할 수 있습니다. 딥러닝 라이브러리로는 TensorFlow(1.0)와 Keras(2.0)를 사용합니다. 둘 다 세계적으로 인기 있는 라이브러리입니다.

그리고 시계열 데이터 처리를 위한 딥러닝 알고리즘에 초점을 맞췄다는 것도 이 책의 특징 중 하나입니다. 딥러닝과 이미지 인식은 궁합이 매우 좋아서 어떤 성과가 화제가 되면 그것은 항상 이미지 인식 분야에서 이뤄진 것일 때가 많습니다. 딥러닝을 유명하게 만든 이미지 인식 대회(ILSVRC)[1]가 좋은 예입니다. 물론 그 밖의 분야에서도 활발히 연구되고 있습니다. 특히 사람들의 일상적인 대화를 다루는 자연어 처리나 시계열 데이터 분석에서는 큰 진전을 보이고 있습니다. 이 책에서는 시계열 데이터를 다루는 모델에 대해 이론과 구현 방법을 기본 수준에서 응용 수준까지 차근차근 설명하므로 다음과 같은 독자에게 도움될 것입니다.

- 딥러닝을 조금 알지만 조금 더 깊이 있게 이해하고 싶다

- 이미지 인식이 아니고 시계열 데이터를 분석하는 모델을 공부하고 싶다

---

1 http://image-net.org/challenges/LSVRC/

이 책의 구성

이 책은 6개의 장으로 구성돼 있습니다. 1장에서는 신경망의 이론을 학습하는 데 필요한 수학 지식을 간단히 설명합니다. 2장에서는 실제 구현을 위해 파이썬 개발 환경을 구축하고 파이썬 라이브러리를 사용하는 법을 설명합니다.

3장부터는 신경망 공부를 시작합니다. 3장에서는 신경망의 기본형에 대해 배우고 4장에서는 딥러닝(심층 신경망)을 배웁니다. 일반적인 신경망과 무엇이 다른지 그리고 어떤 기술이 사용됐는지 실제로 구현해가며 이해할 수 있습니다. 5장과 6장에서는 시계열 데이터를 다루기 위한 모델인 RNN을 공부합니다. 5장에서는 RNN의 기본형에 대한 이론과 구현을 간단한 데이터를 사용해 공부하고 6장에서는 RNN을 응용하는 법을 다루겠습니다.

1장

수학 지식 준비

수학 지식을 어느 정도 갖추지 않으면 신경망 알고리즘을 이해할 수 없습니다. 크게 나눠서 두 가지 수학 지식이 필요합니다. 그중 하나는 편미분이고 나머지 하나는 선형대수입니다. 그러나 긴장하지 않아도 됩니다. 두 가지 모두를 습득하는 데 특별히 수준 높은 지식이 필요한 것은 아니고 기본적인 공식만 외우면 됩니다. 오히려 이 두 가지 수학 지식만 알면 아무리 복잡한 알고리즘이라도 차근차근 짚어가면서 이해할 수 있습니다.

이번 장에서는 신경망을 공부하기 위한 준비로 편미분과 선형대수의 기본적인 내용을 공부하겠습니다. 이 두 가지에 대해 이미 알고 있는 독자는 이번 장을 건너뛰고 2장으로 넘어가도 괜찮습니다.

1.1 편미분

1.1.1 도함수와 편도함수

일반적으로 미분이라고 하면 y'나 $f'(x)$ 같은 표기를 떠올릴 것입니다. 이 같은 표기가 틀린 것은 아니지만 조금 더 자세히 써보겠습니다. 예를 들어, 함수 $y = f(x)$를 미분한다는 의미는 아래와 같이 계산하는 것입니다.

$$f'(x) = \lim_{\triangle x \to 0} \frac{f(x + \triangle x) - f(x)}{\triangle x} \tag{1.1}$$

그리고 이 $f'(x)$를 $y = f(x)$의 '도함수' 또는 '미분'이라고 합니다[1]. 표기할 때는 $f'(x)$라고 쓸 때도 있고 아래와 같이 쓸 때도 있습니다.

$$\frac{dy}{dx}, \frac{d}{dx}f(x) \tag{1.2}$$

이렇게 미분할 때 알아둬야 할 것은 함수 $y = f(x)$의 변수가 x 하나뿐이라는 점입니다.

그러나 편미분이란 다변수 함수를 미분하는 것을 말합니다. 다시 말해 두 개 이상의 변수를 포함한 함수에서 그중 하나의 변수에 관해서만 미분하는 것을 말합니다[2]. 그럼 간단한 예를 살펴보겠습니다. 두 개의 변수 x, y로 구성된 함수 $z = f(x, y) = x^2 + 3y + 1$을 예로 들겠습니다. 이 함수를 각각의 x, y에 관해 편미분한 것은 다음과 같습니다.

$$\frac{\partial z}{\partial x} = 2x \tag{1.3}$$

$$\frac{\partial z}{\partial y} = 3 \tag{1.4}$$

위의 식을 보면 알 수 있듯이 편미분할 때 기호는 d가 아닌 ∂를 사용합니다. 또는 f_x, f_y처럼 쓰기도 합니다.

물론 이 식들을 제대로 정의한 식도 존재합니다. 식 1.1과 같이 2변수함수 $z = f(x, y)$의 편미분을 다음과 같이 표현할 수 있습니다.

$$\frac{\partial z}{\partial x} = \lim_{\triangle x \to 0} \frac{f(x + \triangle x, y) - f(x, y)}{\triangle x} \tag{1.5}$$

$$\frac{\partial z}{\partial y} = \lim_{\triangle y \to 0} \frac{f(x, y + \triangle y) - f(x, y)}{\triangle y} \tag{1.6}$$

앞서 예를 들었던 식을 이 식에 대입하면 다음과 같이 됩니다.

---

1 도함수(또는 미분)를 구하는 과정 자체도 '미분'이라고 합니다. 용어의 혼란을 피하기 위해 이 책에서는 도함수의 명칭을 '도함수'라고 표현할 것이며 도함수를 구하는 과정을 '미분'이라고 표현하겠습니다.
2 편미분과는 달리 한 개의 변수를 포함한 함수에 대해 $\frac{d}{dx}f(x)$로 미분하는 과정을 상미분이라고 합니다.

$$\frac{\partial z}{\partial x} = \lim_{\triangle x \to 0} \frac{(x + \triangle x)^2 + 3y + 1 - (x^2 + 3y + 1)}{\triangle x}$$
$$= \lim_{\triangle x \to 0} \frac{2x\triangle x + \triangle x^2}{\triangle x}$$
$$= 2x \tag{1.7}$$

$$\frac{\partial z}{\partial y} = \lim_{\triangle y \to 0} \frac{x^2 + 3(y + \triangle y) + 1 - (x^2 + 3y + 1)}{\triangle y}$$
$$= \lim_{\triangle y \to 0} \frac{3\triangle y}{\triangle y}$$
$$= 3 \tag{1.8}$$

이 두 식의 결과가 (1.3), (1.4)와 일치한다는 것을 알 수 있습니다.

2변수함수일 때뿐만 아니라 변수가 더 많이 포함돼 있을 경우에는 어떻게 될까요? 편미분의 정의식을 확장해서 일반화해 보겠습니다. n개의 변수 $x_i(i = 1, \ldots, n)$로 구성된 다변수함수인 $u = f(x_1, \ldots, x_i, \ldots, x_n)$의 경우에는 변수 x_i에 관한 편미분은 다음과 같습니다.

$$\frac{\partial u}{\partial x_i} = \lim_{\Delta x_i \to 0} \frac{f(x_1, \ldots, x_i + \Delta x_i, \ldots, x_n) - f(x_1, \ldots, x_i, \ldots, x_n)}{\Delta x_i} \tag{1.9}$$

이 식을 도함수와 구별해 편도함수라고 합니다. 일반화하고 나서 식이 조금 복잡해졌지만 내용은 2변수함수의 도함수 때와 같습니다. 어떤 하나의 변수에 관해 미분한다는 내용입니다.

1.1.2 미분 계수와 편미분 계수

이제 미분과 편미분의 정의식은 알았는데 미분이라는 단어를 들으면 '접선의 기울기'를 떠올리게 됩니다. 예를 들어, 정수 $x = a$인 지점에서 함수 $y = f(x)$의 접선의 기울기는 $f'(a)$와 같습니다. 왜 $f'(a)$가 접선의 기울기가 될까요? 이는 식 1.1을 참조하면 알기 쉽습니다. 식 1.1에 $x = a$를 대입한 것은 다음과 같습니다[3].

$$f'(a) = \lim_{\triangle x \to 0} \frac{f(a + \triangle x) - f(a)}{\triangle x} \tag{1.10}$$

---

3 이 식을 다음과 같이 쓸 수도 있습니다.
$$f'(a) = \lim_{x \to a} \frac{f(x) - f(a)}{x - a}$$

Δx가 아직 0보다 충분히 큰 경우 이것은 접선의 기울기가 아니고 두 점 $(a, f(a)), (a + \Delta x, f(a + \Delta x))$ 사이에서 변화된 정도를 나타냅니다. 그림 1.1은 이를 그래프로 나타낸 것입니다.

이때 $\Delta x \to 0$와 같이 극한을 취하면 $(a + \Delta x, f(a + \Delta x))$가 $(a, f(a))$에 가까워지고 결국 $f'(a)$가 접선의 기울기와 일치하게 됩니다. 그림 1.2를 보면 이해하기 쉬울 것입니다. 이렇게 구한 $f'(a)$를 $x = a$ 지점에서 함수 $y = f(x)$의 미분계수라고 합니다. 식 1.10처럼 $\Delta x \to 0$이라고 극한을 취해서 미분계수를 구해도 되고 또는 먼저 도함수 $f'(x)$를 구하고 x에 a를 대입해서 구해도 됩니다. 두 가지 방법 모두 미분계수라는 것이 어떤 정수에 대한 함수 $y = f(x)$의 기울기를 표현하는 것입니다.

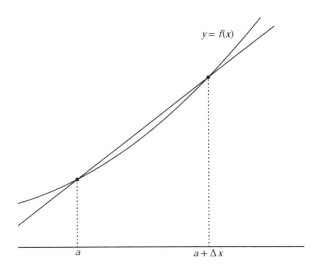

그림 1.1 Δx가 0보다 큰 경우

그렇다면 편미분 계수는 어떻게 구해야 할까요? 편미분이란 여러 변수 중 한 개의 변수에 관해 미분하는 것이라고 이야기했습니다. 직관적으로 생각한다면 이것은 각 변수에 대해 '접선의 기울기'를 구하는 것을 의미한다고 생각할 수도 있습니다. 그리고 이 생각이 꼭 틀린 것만은 아닙니다. 간단하게 2차곡면(포물면) $z = f(x, y) = x^2 + y^2$을 예로 들어 생각해 보겠습니다. 이 식은 그림 1.3과 같은 그래프로 나타낼 수 있습니다.

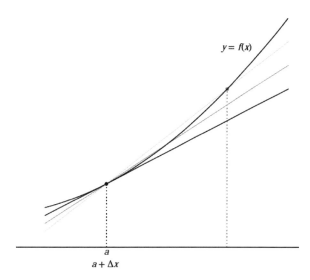

그림 1.2 $\Delta x \to 0$처럼 극한을 취한 경우

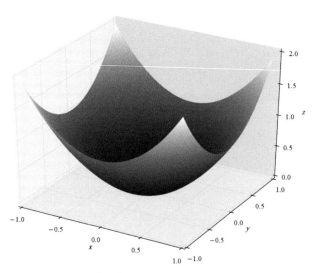

그림 1.3 2차곡면 $z = x^2 + y^2$

x에 관해 편미분하면 y를 임의 값으로 고정하는 것이므로 z는 결국 $z = g(x) := x^2 + b^2$이 되어 그래프는 포물선의 형태가 됩니다. 이 미분계수를 구하면

$$g'(a) = \lim_{\triangle x \to 0} \frac{g(a + \triangle x) - g(a)}{\triangle x}$$
$$= \lim_{\triangle x \to 0} \frac{f(a + \triangle x, b) - f(a, b)}{\triangle x} \tag{1.11}$$
$$= 2a$$

과 같이 되어 최종적으로는 다음 값이 구해집니다.

$$\frac{\partial z}{\partial x}(a, b) = 2a \tag{1.12}$$

이것은 $z = f(x, y)$의 한 점 (a, b)에서의 x에 관한 편미분계수입니다. 이것은 포물면 z를 $y = b$ 평면으로 절단했을 때 $x = a$ 지점에서의 미분계수이므로 $z = f(x, y)$의 x 방향 기울기를 나타냅니다. y에 관해 편미분할 때도 마찬가지입니다.

1.1.3 편미분의 기본 공식

일반적인(1변수함수의) 미분과 마찬가지로 편미분에서도 기본적인 산술연산자를 사용한 공식을 도출할 수 있습니다. 2변수함수의 경우를 생각해 보겠습니다. 변수 x, y로 구성된 함수 $f(x, y), g(x, y)$에 관해 다음의 공식이 성립합니다.

덧셈, 뺄셈

$$\frac{\partial}{\partial x}(f(x, y) \pm g(x, y)) = \frac{\partial}{\partial x}f(x, y) \pm \frac{\partial}{\partial x}g(x, y) \tag{1.13}$$

곱셈

$$\frac{\partial}{\partial x}(f(x, y)g(x, y)) = \left(\frac{\partial}{\partial x}f(x, y)\right)g(x, y) + f(x, y)\left(\frac{\partial}{\partial x}g(x, y)\right) \tag{1.14}$$

나눗셈

$$\frac{\partial}{\partial x}\left(\frac{f(x, y)}{g(x, y)}\right) = \frac{\left(\frac{\partial}{\partial x}f(x, y)\right)g(x, y) - f(x, y)\left(\frac{\partial}{\partial x}g(x, y)\right)}{(g(x, y))^2} \tag{1.15}$$

정수배(c는 정수)

$$\frac{\partial}{\partial x} cf(x,y) = c\frac{\partial}{\partial x} f(x,y) \tag{1.16}$$

지면 관계상 식 1.13에서 식 1.16까지 모든 공식을 도출할 수는 없고 식 1.13의 덧셈, 뺄셈 공식만 도출해 보겠습니다. 식 1.5처럼 편미분의 정의를 이용하면 공식을 간단히 도출할 수 있습니다.

덧셈, 뺄셈 공식 도출

$$
\begin{aligned}
\frac{\partial}{\partial x}(f(x,y) \pm g(x,y)) &= \lim_{\triangle x \to 0} \frac{(f(x+\triangle x, y) \pm g(x+\triangle x, y)) - (f(x,y) \pm g(x,y))}{\triangle x} \\
&= \lim_{\triangle x \to 0} \frac{(f(x+\triangle x, y) - f(x,y)) \pm (g(x+\triangle x) - g(x,y))}{\triangle x} \\
&= \lim_{\triangle x \to 0} \frac{f(x+\triangle x, y) - f(x,y)}{\triangle x} \pm \lim_{\triangle x \to 0} \frac{g(x+\triangle x, y) - g(x,y)}{\triangle x} \\
&= \frac{\partial}{\partial x} f(x,y) \pm \frac{\partial}{\partial x} g(x,y)
\end{aligned}
\tag{1.17}
$$

같은 방법으로 나머지 공식도 도출할 수 있습니다.

1.1.4 합성함수의 편미분

1.1.3절에서 다룬 공식에 추가로 알아야 할 중요한 공식으로 합성함수의 (편)미분 공식이 있습니다. 함수 $y = f(u)$와 $u = g(x)$가 있고 이를 합치면 $y = f(g(x))$가 됩니다. 이를 합성함수라고 합니다. 이 합성함수의 도함수는 다음과 같습니다.

$$\frac{dy}{dx} = \frac{dy}{du} \cdot \frac{du}{dx} (= f'(g(x)) \cdot g'(x)) \tag{1.18}$$

이 식을 도출하는 것은 나중에 설명하기로 하고 지금은 간단한 예를 들어 설명하겠습니다.

$$y = \log \frac{1}{x} \tag{1.19}$$

이 식은 어떻게 미분할 수 있을까요?

먼저 다음과 같이 함수를 두 개로 분리합니다.

$$y = \log u \tag{1.20}$$

$$u = \frac{1}{x} \tag{1.21}$$

그리고 각각을 미분합니다.

$$\frac{dy}{du} = \frac{1}{u} \tag{1.22}$$

$$\frac{du}{dx} = -\frac{1}{x^2} \tag{1.23}$$

그리고 합성함수의 미분공식을 적용합니다.

$$\begin{aligned}
\frac{dy}{dx} &= \frac{1}{u} \cdot \left(-\frac{1}{x^2}\right) \\
&= -\frac{1}{x}
\end{aligned} \tag{1.24}$$

이처럼 합성함수의 도함수가 각 도함수끼리의 곱의 형태로 이뤄지는 것을 **연쇄법칙**(chain rule)이라고 합니다.

다변수함수에도 연쇄법칙이 성립합니다. 다변수함수 z와 $u_i(i = 1, \ldots, n)$가 다음과 같이 주어졌다고 가정하겠습니다.

$$z = f(u_1, ..., u_i, ..., u_n) \tag{1.25}$$

$$u_i = g_i(x_1, ..., x_k, ..., x_m) \tag{1.26}$$

이때 합성함수의 편미분은 다음과 같이 계산됩니다.

$$\begin{aligned}
\frac{\partial z}{\partial x_k} &= \frac{\partial f}{\partial u_1}\frac{\partial u_1}{\partial x_k} + \cdots + \frac{\partial f}{\partial u_n}\frac{\partial u_n}{\partial x_k} \\
&= \sum_{i=1}^{n} \frac{\partial f}{\partial u_i}\frac{\partial u_i}{\partial x_k}
\end{aligned} \tag{1.27}$$

단순한 예로 $z = f(g(x, y))$를 생각해 보겠습니다. 이 식은 식 1.27에 $n = 1$을 한 것입니다.

$$\frac{\partial z}{\partial x} = \frac{\partial z}{\partial g}\frac{\partial g}{\partial x} \tag{1.28}$$

$$\frac{\partial z}{\partial y} = \frac{\partial z}{\partial g}\frac{\partial g}{\partial y} \tag{1.29}$$

그럼 $z = f(g(x,y), h(x,y))$의 경우는 어떨까요? 이번에는 $n = 2$로 한 것이므로 다음과 같은 식이 구해집니다.

$$\frac{\partial z}{\partial x} = \frac{\partial z}{\partial g}\frac{\partial g}{\partial x} + \frac{\partial z}{\partial h}\frac{\partial h}{\partial x} \tag{1.30}$$

$$\frac{\partial z}{\partial y} = \frac{\partial z}{\partial g}\frac{\partial g}{\partial y} + \frac{\partial z}{\partial h}\frac{\partial h}{\partial y} \tag{1.31}$$

외워둬야 할 공식은 이것이 전부입니다. 연쇄법칙은 신경망 이론에서 자주 이용되므로 꼭 알아둬야 합니다. 그리고 식 1.18에서 나중에 설명하기로 했던 1변수일 때의 합성함수의 도함수를 아래에 정리했습니다. 식 1.30과 식 1.31처럼 표현되는 2변수 합성함수의 편도함수를 도출하는 법은 이번 절에서 설명하지 않은 '전미분'을 미리 알아야 이해할 수 있는 사항이므로 다음 절에 나오는 '레벨 업' 부분에 정리해뒀습니다. 흥미가 있는 독자는 한 번 읽어보기 바랍니다.

연쇄법칙 도출(1변수의 경우)

$y = f(g(x)), u = g(x)$일 때

$$\begin{aligned}
\frac{\mathrm{d}y}{\mathrm{d}x} &= \lim_{\triangle x \to 0}\frac{f(g(x+\triangle x)) - f(g(x))}{\triangle x} \\
&= \lim_{\triangle x \to 0}\left(\frac{f(g(x+\triangle x)) - f(g(x))}{g(x+\triangle x) - g(x)} \cdot \frac{g(x+\triangle x) - g(x)}{\triangle x}\right)
\end{aligned} \tag{1.32}$$

이때 $\Delta u := g(x + \Delta x) - g(x)$라고 두면 $\Delta x \to 0$일 때 $\Delta u \to 0$이므로 식 1.32는 결국 다음과 같이 됩니다.

$$\frac{dy}{dx} = \lim_{\triangle x \to 0} \left(\frac{f(u + \triangle u) - f(u)}{\triangle u} \cdot \frac{g(x + \triangle x) - g(x)}{\triangle x} \right)$$

$$= \lim_{\triangle u \to 0} \frac{f(u + \triangle u) - f(u)}{\triangle u} \cdot \lim_{\triangle x \to 0} \frac{g(x + \triangle x) - g(x)}{\triangle x} \qquad (1.33)$$

$$= \frac{dy}{du} \cdot \frac{du}{dx}$$

이렇게 연쇄법칙이 구해졌습니다.

1.1.5 ^{레벨 업} 전미분

2변수함수 $z = f(x, y)$가 있습니다. 점 (a, b)에서 $z = f(x, y)$가 전미분 가능하다는 것은 다음과 같이 표현할 수 있습니다.

$$f(x, y) = f(a, b) + (x - a)A + (y - b)B + \sqrt{(x - a)^2 + (y - b)^2}\alpha(x, y) \qquad (1.34)$$

여기서 A, B는 정수이고 함수 $\alpha(x, y)$는 (a, b)에서 연속이며 $\alpha(a, b) = 0$이라고 가정하겠습니다. 상수 A, B는 각각 $f_x(a, b)$이고 $f_y(a, b)$라는 것을 이 정의에서 알 수 있습니다.

이때 (x, y)가 점 (a, b)에서 점 $(a + \Delta x, b + \Delta y)$로 (미세하게) 변화할 때 함수값이 함께 변화하는 양을 Δz라고 하면 다음과 같이 표현할 수 있습니다.

$$\triangle z = f(a + \triangle x, b + \triangle y) - f(a, b) \qquad (1.35)$$

그러므로 식 1.34는 이 Δz가

$$\frac{\partial z}{\partial x}\triangle x + \frac{\partial z}{\partial y}\triangle y \qquad (1.36)$$

위의 식 1.36과 거의 같다는 것을 나타냅니다(1차근사). 따라서 Δx와 Δy를 아주 작게 줄이면 다음과 같이 표현할 수 있습니다.

$$dz = \frac{\partial z}{\partial x}dx + \frac{\partial z}{\partial y}dy \qquad (1.37)$$

위의 식 1.37의 dz를 $z = f(x, y)$의 전미분이라고 합니다.

그리고 (상)미분 가능할 필요충분조건도 식 1.34와 같은 형식으로 쓸 수 있습니다. 함수 $y = f(x)$가 $x = a$에서 미분이 가능하다는 것은 다음과 같이 나타낼 수 있습니다.

$$f(x) = f(a) + (x - a)A + (x - a)\alpha(x) \tag{1.38}$$

이때 A는 정수이고 함수 $\alpha(x)$는 $x = a$에서 연속이며 $\alpha(a) = 0$을 만족시키다고 가정하겠습니다. 이때 정수 A는 $f'(a)$와 일치합니다.

따라서 $x = g(t), y = h(t)$로 구성된 합성함수 $z = f(x, y)$의 미분식이 다음과 같이 구해집니다.

$$\frac{\mathrm{d}z}{\mathrm{d}t} = \frac{\partial z}{\partial x}\frac{\mathrm{d}x}{\mathrm{d}t} + \frac{\partial z}{\partial y}\frac{\mathrm{d}y}{\mathrm{d}t} \tag{1.39}$$

이 연쇄법칙을 도출해 보겠습니다.

연쇄법칙 도출(2변수의 경우)

$t = c$일 때 $x = g(c) = a, y = h(t) = b$라고 두면 식 1.38에 의해 다음과 같이 나타낼 수 있습니다.

$$g(t) - a = g'(c)(t - c) + (t - c)\alpha(t) \tag{1.40}$$

$$h(t) - b = h'(c)(t - c) + (t - c)\beta(t) \tag{1.41}$$

여기서 $\alpha(t), \beta(t)$는 둘 다 $t = c$에서 연속이고 $\alpha(c) = 0, \beta(c) = 0$이 됩니다.

그리고 식 1.34는 다음과 같이 쓸 수 있습니다.

$$f(x, y) = f(a, b) + \frac{\partial f}{\partial x}(a, b)(x - a) + \frac{\partial f}{\partial y}(a, b)(y - b) + \sqrt{(x - a)^2 + (y - b)^2}\gamma(x, y) \tag{1.42}$$

이때 $\gamma(x, y)$는 점(a, b)에서 연속이고 $\gamma(a, b) = 0$입니다. 식 1.40, 1.41을 식 1.42에 대입하면 다음 식이 얻어집니다.

$$\begin{aligned} f(g(t), h(t)) = &f(a, b) + (t - c)\left(\frac{\partial f}{\partial x}(a, b)g'(c) + \frac{\partial f}{\partial y}(a, b)h'(c)\right) \\ &+ (t - c)\left(\frac{\partial f}{\partial x}(a, b)\alpha(t) + \frac{\partial f}{\partial y}(a, b)\beta(t) + \gamma(g(t), h(t))\right) \end{aligned} \tag{1.43}$$

따라서 식 1.38과 비교하면 다음과 같이 되는데, 이것은 식 1.39가 성립한다는 것을 나타냅니다.

$$\frac{\mathrm{d}z}{\mathrm{d}t}(c) = \frac{\partial f}{\partial x}(a,b)g'(c) + \frac{\partial f}{\partial y}(a,b)h'(c) \tag{1.44}$$

x와 y 중에 하나를 고정시켜 생각한다면 식 1.30과 식 1.31로 주어진 연쇄법칙도 지금 설명한 도출 방법과 동일한 절차로 구할 수 있습니다.

1.2 선형대수

선형대수에서는 벡터와 행렬 연산을 합니다. 그러나 신경망 이론에서는 단지 식을 기술하거나 식을 변형할 때 간결하게 정리하기 위해 벡터나 행렬이 필요할 뿐이므로 벡터공간이나 고유공간과 같은 응용 분야는 몰라도 됩니다. 이 책에서도 선형대수에 관해서는 식을 이해하는 데 필요한 최소한의 내용만 다루겠습니다.

1.2.1 벡터

1.2.1.1 벡터의 기본

먼저 벡터의 기본부터 알아보겠습니다. $a_1, \ldots, a_n$라는 실수가 있을 때[4] 벡터는 식 1.45나 1.46처럼 나타냅니다.

$$\boldsymbol{a} = \begin{pmatrix} a_1 \\ a_2 \\ \vdots \\ a_n \end{pmatrix} \tag{1.45}$$

$$\vec{a} = (a_1 \ a_2 \ \cdots \ a_n) \tag{1.46}$$

일반적으로 $\boldsymbol{a}$를 n차 열벡터라고 부르고 $\vec{a}$를 n차 행벡터라고 부릅니다. 이 책에서 '벡터'라고 쓰여 있을 경우는 특별한 제약이 없다면 열벡터로 정의하고 $\boldsymbol{a} \in \mathbf{R}^n$으로 정의됩니다($\mathbf{R}$은 실수 전체). 예를 들

---

4 벡터 자체는 복소수도 계산할 수 있지만 신경망에서 복소수는 다루지 않으므로 이 책에서는 실수만을 가지고 이야기합니다. 성분이 모두 실수인 벡터를 실벡터라고 하고 성분이 복소수인 벡터를 복소벡터라고 합니다.

어, $a_i \in \mathbf{R}$과 같은 수를 스칼라라고 합니다. 그리고 벡터 $\boldsymbol{a}$의 i번째 수 a_i를 $\boldsymbol{a}$의 i번째 성분이라고 합니다. 성분이 모두 0인 벡터를 영벡터라고 부르고 $\boldsymbol{0}$으로 표시합니다.

1.2.1.2 벡터의 합과 스칼라곱

벡터끼리의 연산은 어떻게 할까요? 다음의 두 벡터가 있습니다.

$$\boldsymbol{a} = \begin{pmatrix} a_1 \\ a_2 \\ \vdots \\ a_n \end{pmatrix}, \boldsymbol{b} = \begin{pmatrix} b_1 \\ b_2 \\ \vdots \\ b_n \end{pmatrix}$$

이 벡터들의 덧셈과 스칼라곱은 각각 다음과 같이 정의됩니다.

덧셈

$$\boldsymbol{a} + \boldsymbol{b} = \begin{pmatrix} a_1 + b_1 \\ a_2 + b_2 \\ \vdots \\ a_n + b_n \end{pmatrix} \tag{1.47}$$

스칼라곱

$c \in \mathbf{R}$, 즉 c가 실수일 때 다음과 같이 정의할 수 있습니다.

$$c\boldsymbol{a} = \begin{pmatrix} ca_1 \\ ca_2 \\ \vdots \\ ca_n \end{pmatrix} \tag{1.48}$$

그리고 $(-1)\boldsymbol{a}$는 $-\boldsymbol{a}$로 표현할 수 있고 $\boldsymbol{a} + (-1)\boldsymbol{b}$는 $\boldsymbol{a} - \boldsymbol{b}$로 표현할 수 있습니다. 이는 엄밀하게 정의한 것이고 실제 계산에서는 '벡터끼리의 덧셈, 뺄셈'이라고 생각하고 계산하면 됩니다.

위의 정의에 의해 다음과 같은 식이 성립합니다.

1. $(\boldsymbol{a} + \boldsymbol{b}) + \boldsymbol{c} = \boldsymbol{a} + (\boldsymbol{b} + \boldsymbol{c})$ (결합법칙)
2. $\boldsymbol{a} + \boldsymbol{b} = \boldsymbol{b} + \boldsymbol{a}$ (교환법칙)

3. $a + 0 = 0 + a = a$

4. $a + (-a) = (-a) + a = 0$

5. $c(a + b) = ca + cb$

6. $(c + d)a = ca + da$

7. $(cd)a = c(da)$

8. $1a = a$

(단, $a, b, c \in \mathbf{R}^n, c, d \in \mathbf{R}$이다)

1.2.1.3 벡터의 내적

$a \in \mathbf{R}^n$, $b \in \mathbf{R}^n$이라는 두 벡터가 있을 때 각각의 성분끼리의 곱을 모두 더하는 계산을 '내적'이라고 부르고 $a \cdot b$라고 표시합니다. 내적을 식으로 쓴 것은 다음과 같습니다.

$$a \cdot b = \sum_{i=1}^{n} a_i b_i \tag{1.49}$$

내적의 결과는 벡터가 아니고 스칼라이므로 주의하기 바랍니다. 예를 들어, $n = 2$, 즉 다음과 같은 두 벡터가 있을 때

$$a = \begin{pmatrix} a_1 \\ a_2 \end{pmatrix}, b = \begin{pmatrix} b_1 \\ b_2 \end{pmatrix}$$

내적은 $a \cdot b = a_1 b_1 + a_2 b_2$와 같은 방식으로 계산됩니다.

그리고 내적과는 달리 벡터 a와 b의 각 요소끼리 곱한 것을 '요소곱'이라고 부르고 $a \odot b$라고 표기합니다.

$$a \odot b = \begin{pmatrix} a_1 b_1 \\ a_2 b_2 \\ \vdots \\ a_n b_n \end{pmatrix} \tag{1.50}$$

1.2.2 행렬

1.2.2.1 행렬의 기본

먼저 행렬에 관한 용어를 확인해 보겠습니다. 행렬이란 m, n을 자연수라고 했을 때 다음과 같이 나타내는 $m \times n$개의 $a_{ij} \in \mathbf{R}$을 사각형으로 나열한 것을 말합니다[5].

$$A = \begin{pmatrix} a_{11} & a_{12} & \dots & a_{1n} \\ a_{21} & a_{22} & \dots & a_{2n} \\ \vdots & \vdots & \ddots & \vdots \\ a_{m1} & a_{m2} & \dots & a_{mn} \end{pmatrix} \tag{1.51}$$

그리고 이를 간단히 $A = (a_{ij})$라고 쓰기도 합니다. 이 a_{ij}를 A의 (i, j)성분이라고 합니다. 성분이 모두 0인 행렬을 영행렬이라고 부르고 0으로 표기합니다.

$m = n$일 때 $n \times n$ 행렬 A를 '정방행렬' 또는 'n차행렬'이라고 합니다. 이때 $a_{ii}(i = 1, \dots, n)$를 행렬 A의 '대각성분'이라고 합니다. 그리고 대각성분 이외의 성분이 모두 0인 행렬을 대각행렬이라고 하고, 특히 그 대각성분이 모두 1인 $n \times n$ 행렬을 n차 '단위행렬'이라고 합니다. 단위행렬은 E_n 또는 I_n으로 표기합니다.

행렬은 벡터를 나열한 것이라고 볼 수도 있습니다. 행렬 A에 대해 다음을 i행 벡터라고 하고

$$\vec{a_i} = (a_{i1} \quad a_{i2} \quad \dots a_{in}) \quad (i = 1, \dots, m) \tag{1.52}$$

다음은 j열 벡터라고 합니다.

$$\boldsymbol{a}_j = \begin{pmatrix} a_{1j} \\ a_{2j} \\ \vdots \\ a_{mj} \end{pmatrix} \quad (j = 1, \dots, n) \tag{1.53}$$

1.2.2.2 행렬의 합과 스칼라곱

이제 행렬의 연산에 대해 알아보겠습니다. 행렬 $A = (a_{ij})$와 $B = (b_{ij})$를 같은 $m \times n$ 행렬이라고 하면 행렬의 합과 스칼라곱은 다음과 같이 정의됩니다.

---

5 벡터를 계산할 때와 마찬가지로 행렬도 복소수를 계산할 수 있지만 신경망에서는 실행렬만을 다루기 때문에 이 책에 나오는 행렬의 요소는 모두 실수입니다. a_{ij}가 모두 실수인 행렬을 실행렬이라 하고 복소수인 행렬을 복소행렬이라고 합니다.

합

$$A + B = (a_{ij} + b_{ij}) \tag{1.54}$$

스칼라곱

$c \in \mathbf{R}$에 대해

$$cA = (ca_{ij}) \tag{1.55}$$

그리고 A의 부호를 반대로 한 것은 $-A = (-a_{ij})$라고 표기하고 $A + (-B)$를 $A - B$라고 표기합니다. 벡터를 표기할 때와 마찬가지로 행렬도 '덧셈, 뺄셈'을 계산할 수 있다고 생각하면 됩니다.

위의 정의를 토대로 다음이 성립합니다.

1. $A + B = B + A$ (교환법칙)
2. $(A + B) + C = A + (B + C)$ (결합법칙)
3. $A + O = O + A = A$
4. $A + (-A) = (-A) + A = O$
5. $c(A + B) = cA + cB$
6. $(c + d)A = cA + dA$
7. $c(dA) = (cd)A$
8. $1A = A$
   (단, $A, B, C \in \mathbf{R}^{m \times n}, c, d \in \mathbf{R}$이다)

1.2.2.3 행렬의 곱

스칼라곱과는 달리 행렬끼리 곱할 때는 주의해야 합니다. 먼저 행렬의 곱이 어떻게 정의돼 있는지 보겠습니다. $m \times n$ 행렬 $A = (a_{ij})$와 $n \times l$ 행렬 $B = (b_{jk})$가 있을 때 둘의 곱 AB는 다음과 같이 정의됩니다.

$$AB = (c_{ik}) \tag{1.56}$$

$$c_{ik} = a_{i1}b_{1k} + a_{i2}b_{2k} + \cdots + a_{in}b_{nk}$$

$$= \sum_{j=1}^{n} a_{ij}b_{jk}(i = 1, \ldots, m, \ k = 1, \ldots, l) \tag{1.57}$$

행렬의 각 요소를 구체적으로 써보면 다음과 같습니다(식 1.57에 해당하는 부분을 굵게 표시했습니다).

$$\begin{pmatrix} a_{11} & a_{12} & \cdots & a_{1n} \\ \vdots & \vdots & & \vdots \\ \boldsymbol{a_{i1}} & \boldsymbol{a_{i2}} & \cdots & \boldsymbol{a_{in}} \\ \vdots & \vdots & & \vdots \\ a_{m1} & a_{m2} & \cdots & a_{mn} \end{pmatrix} \begin{pmatrix} b_{11} & \cdots & \boldsymbol{b_{1k}} & \cdots & b_{1l} \\ b_{21} & \cdots & \boldsymbol{b_{2k}} & \cdots & b_{2l} \\ \vdots & & \vdots & & \vdots \\ b_{n1} & \cdots & \boldsymbol{b_{nk}} & \cdots & b_{nl} \end{pmatrix} \begin{pmatrix} c_{11} & \cdots & c_{1k} & \cdots & c_{1l} \\ \vdots & & \vdots & & \vdots \\ c_{i1} & \cdots & \boldsymbol{c_{ik}} & \cdots & c_{il} \\ \vdots & & \vdots & & \vdots \\ c_{m1} & \cdots & c_{mk} & \cdots & c_{ml} \end{pmatrix} \tag{1.58}$$

AB는 $m \times l$ 행렬이 되는 것에 주의하기 바랍니다. 행렬의 곱은 언뜻 보면 복잡한 것 같지만 행렬 A, B를 각각 다음과 같이

$$A = \begin{pmatrix} \vec{a_1} \\ \vdots \\ \vec{a_i} \\ \vdots \\ \vec{a_m} \end{pmatrix}, \; B = \begin{pmatrix} \boldsymbol{b_1} & \cdots & \boldsymbol{b_k} & \cdots & \boldsymbol{b_l} \end{pmatrix} \tag{1.59}$$

n차 행벡터 $\vec{a_i}(i = 1, \ldots, m)$와 n차 열벡터 $\boldsymbol{b_k}(k = 1, \ldots, l)$를 나열한 것으로 생각하면 다음과 같이 나타낼 수 있으므로

$$AB = (\vec{a_i} \cdot \boldsymbol{b_k}) \quad (i = 1, \ldots, m, \; k = 1, \ldots, l) \tag{1.60}$$

AB는 각 행벡터 열벡터를 내적한 것을 각 성분으로 포함한 행렬이라는 사실을 알 수 있습니다[6].

따라서 $m \times n$ 행렬 A와 $k \times l$ 행렬 B의 곱인 AB는 $n = k$일 때만 구할 수 있고, 이때 AB는 $m \times l$ 행렬이 됩니다. 다시 말하면 AB를 정의할 수 있다고 해도 반드시 BA도 정의할 수 있는 것은 아니며 정의할 수 있다고 해도 $AB = BA$가 성립한다는 보장은 없습니다. 오히려 $AB \neq BA$가 되는 경우가 일반적입니다.

예를 들어 보겠습니다. 행렬 A, B가 식 1.61과 같을 때

---

6 또한 (크기 동일한) 행렬의 각 성분끼리 곱했을 때 구해지는 행렬을 '아다마르곱'이라고 부릅니다. 벡터도 행 또는 열의 크기가 1인 행렬이라고 봤을 때 벡터의 요소곱도 아다마르곱이라고 말할 수 있습니다.

$$A = \begin{pmatrix} 1 & 2 & 3 \\ 4 & 5 & 6 \end{pmatrix}, B = \begin{pmatrix} 1 \\ 2 \\ 3 \end{pmatrix} \tag{1.61}$$

A는 2×3 행렬이고 B는 3×1 행렬이므로 둘의 곱 AB는 다음과 같이 2×1 행렬이 됩니다.

$$AB = \begin{pmatrix} 14 \\ 32 \end{pmatrix} \tag{1.62}$$

이때 BA는 정의할 수 없습니다. 그리고

$$C = \begin{pmatrix} 1 & 2 \\ 3 & 4 \end{pmatrix}, \quad D = \begin{pmatrix} 4 & 3 \\ 2 & 1 \end{pmatrix} \tag{1.63}$$

일 때 다음과 같이 계산되므로

$$CD = \begin{pmatrix} 8 & 5 \\ 20 & 13 \end{pmatrix}, \quad DC = \begin{pmatrix} 13 & 20 \\ 5 & 8 \end{pmatrix} \tag{1.64}$$

$CD \neq DC$라는 것을 확인할 수 있습니다.

그러나 행렬의 곱에서 결합법칙은 성립합니다. 다시 말하면 $m \times n$ 행렬 A와 $n \times l$ 행렬 B, 그리고 $l \times r$ 행렬 C가 있을 때 다음과 같이 계산해보면 알 수 있습니다.

$$(AB)C = A(BC) \tag{1.65}$$

그리고 분배법칙도 성립합니다. $m \times n$ 행렬 A와 $n \times l$ 행렬 B, C 그리고 $l \times r$ 행렬 D가 있을 때 다음을 만족시킵니다.

$$A(B + C) = AB + AC \tag{1.66}$$

$$(B + C)D = BD + CD \tag{1.67}$$

1.2.2.4 정칙행렬과 역행렬

n차 정방행렬 A, B가 있을 때 일반적으로는 $AB \neq BA$라는 것을 이미 이야기했습니다. 그러나 예를 들어 n차 단위행렬을 I라고 하면 $AI = IA = A$가 성립한다는 것은 금방 알 수 있을 것입니다. 다시 말하면 I는 숫자 1과 같은 역할을 합니다.

그리고 $\frac{1}{A}$과 같은 역할을 하는 행렬 B, 즉 $AB = BA = I$를 만족시키는 행렬 B가 존재하는지 알아보겠습니다. 예를 들어, 다음과 같은 두 행렬이 있을 때

$$A = \begin{pmatrix} 3 & -2 \\ -2 & 1 \end{pmatrix}, \quad B = \begin{pmatrix} -1 & -2 \\ -2 & -3 \end{pmatrix} \tag{1.68}$$

다음과 같이 곱이 계산됩니다.

$$AB = BA = \begin{pmatrix} 1 & 0 \\ 0 & 1 \end{pmatrix} = I \tag{1.69}$$

이처럼 $AB = BA = I$가 되는 행렬 B가 존재하는 행렬 A를 '정칙행렬'이라고 합니다. 그리고 행렬 B를 A의 '역행렬'이라고 하고, A^{-1}이라고 표기합니다. 만일 행렬 B, B'가 각각 $BA = I$와 $AB' = I$를 만족하면 다음이 성립합니다.

$$B = BI = B(AB') = (BA)B' = IB' = B' \tag{1.70}$$

A의 역행렬 A^{-1}은 오로지 하나로 정해집니다.

이제 행렬의 곱의 역행렬을 알아보겠습니다. n차 정방행렬 A, B의 $(AB)^{-1}$은 무엇일까요? A, B 둘 다 정칙행렬이라면 다음이 성립하므로

$$(AB)(B^{-1}A^{-1}) = A(BB^{-1})A^{-1} = AA^{-1} = I \tag{1.71}$$

곱 AB도 정칙행렬이 되어 $(AB)^{-1} = B^{-1}A^{-1}$이 도출됩니다. 그리고 $AA^{-1} = A^{-1}A = I$이므로 A^{-1}은 정칙행렬이고 그 역행렬 $(A^{-1})^{-1} = A$가 됩니다.

1.2.2.5 전치행렬

행렬을 다룰 때 생각해야 할 중요한 개념 중에 **전치행렬**이 있습니다. 전치행렬은 $m \times n$ 행렬 $A = (a_{ij})$의 행과 열을 뒤바꾼 $n \times m$ 행렬을 말하며, A^T 또는 ^tA라고 표기합니다. 구체적으로 요소를 써서 나타내면 다음과 같습니다.

$$A = \begin{pmatrix} a_{11} & a_{12} & \cdots & a_{1n} \\ a_{21} & a_{22} & \cdots & a_{2n} \\ \vdots & \vdots & \ddots & \vdots \\ a_{m1} & a_{m2} & \cdots & a_{mn} \end{pmatrix} \tag{1.72}$$

A의 전치행렬은 다음과 같이 나타냅니다.

$$A^T = \begin{pmatrix} a_{11} & a_{21} & \cdots & a_{m1} \\ a_{12} & a_{22} & \cdots & a_{m2} \\ \vdots & \vdots & \ddots & \vdots \\ a_{1n} & a_{2n} & \cdots & a_{mn} \end{pmatrix} \tag{1.73}$$

예를 들어, 다음과 같은 행렬이 있을 때

$$A = \begin{pmatrix} 1 & 2 & 3 \\ 4 & 5 & 6 \end{pmatrix} \tag{1.74}$$

이 행렬의 전치행렬은 다음과 같습니다.

$$A^T = \begin{pmatrix} 1 & 4 \\ 2 & 5 \\ 3 & 6 \end{pmatrix} \tag{1.75}$$

$A^T = A$인 행렬을 **대칭행렬**이라고 합니다.

전치행렬의 정의에 따라 다음과 같은 식이 각각 성립합니다.

   1. A, B가 모두 $m \times n$ 행렬일 때 $(A + B)^T = A^T + B^T$

   2. $(cA)^T = cA^T$

3. $(A^T)^T = A$

4. n차 정방행렬 A가 정칙행렬일 때 $(A^T)^{-1} = (A^{-1})^T$

5. A가 $m \times n$ 행렬이고 B가 $n \times l$ 행렬일 때 $(AB)^T = B^T A^T$

1.3 정리

이번 장에서는 딥러닝과 신경망의 이론을 공부하기 위한 준비 과정으로 편미분과 선형대수에 대해 기본적인 정의와 공식을 소개했습니다. 편미분, 선형대수 모두 모델을 이해하는 데 꼭 필요한 분야입니다.

편미분이란 다변수함수를 하나의 변수에 대해 미분하는 것이라고 설명했습니다. 편도함수나 편미분계수의 정의도 공부하고 사칙연산의 기본 공식을 배웠습니다.

그리고 편미분을 공부하는 데 없어서는 안 되는 것이 합성함수의 미분법입니다. 이를 연쇄법칙이라고 말한다는 것도 알았습니다. 1변수일 경우와 다변수일 경우에 각각 적용되는 연쇄법칙의 공식을 도출했습니다.

선형대수에서는 벡터와 행렬의 정의를 알았고 공식도 공부했습니다. 벡터의 합과 스칼라곱의 공식, 그리고 벡터의 내적과 행렬의 곱에 대해서도 배웠습니다. 행렬의 곱은 각 행렬의 행벡터와 열벡터의 내적이 하나의 성분이 됩니다. 그리고 선형대수에서 없어서는 안 될 역행렬과 전치행렬에 대해서도 공부했습니다.

이번 장에서 다룬 수학 이론 중에는 이 책에서 설명을 생략하거나 상세하게 전달하지 못한 부분도 있습니다. 더욱 자세한 내용을 알고 싶은 독자는 대학 수학 서적을 읽거나 인터넷 강의(대학 미적분, 선형대수)를 수강하기 바랍니다.

이번 장에서는 이론을 위해 준비했고 다음 2장에서는 실제 구현을 위한 준비로 파이썬 환경을 구축하고 라이브러리를 사용해 계산하는 법을 알아보겠습니다.

2장

파이썬 준비

현재 딥러닝 분야는 활발히 연구가 진행되고 있고 많은 모델이 고안되고 있습니다. 모든 모델이 알고리즘의 형태로 기술되므로 어떤 프로그래밍 언어로도 구현할 수 있습니다. 파이썬(Python), 자바(Java), C, C++, Lua, R 등 여러 종류의 언어로 구현된 모델이 실제로 깃허브(GitHub)[1] 같은 웹사이트에 공개돼 있습니다. 그중에서도 파이썬이 가장 인기가 많아 개인과 기업의 많은 개발 현장에서 사용되고 있습니다[2]. 인기가 많은 이유는 여러 가지를 꼽을 수 있지만 그중 몇 가지를 정리해 보겠습니다.

- 스크립트 언어로 구현할 수 있어 편리하다

- 풍부한 수치 계산 라이브러리

- 풍부한 딥러닝 라이브러리

라이브러리란 여러 기능을 구현해두어 다른 프로그램에서 참조할 수 있게 한 것을 말합니다. 파이썬은 여러 편리한 라이브러리를 제공하므로 라이브러리를 요령껏 사용하면 자신이 직접 구현해야 하는 코드량이 줄어 프로그램을 효율적으로 개발할 수 있습니다.

---

1   https://github.com/
2   시험 삼아 깃허브에서 "deep learning"을 검색하면 구현에 사용한 언어별 리포지토리 수(프로젝트 수)를 확인할 수 있어 각 언어의 인기를 확인할 수 있습니다. 2017년 7월 시점에서 파이썬이 약 4,300개, 그다음으로 Jupyter Notebook이 약 3,400개, HTML이 약 1,300개, 매트랩이 약 350개가 있었습니다. 파이썬으로 구현된 것이 압도적으로 많다는 것을 알 수 있습니다.

그래서 이번 장에서는 딥러닝 알고리즘을 구현할 준비 과정으로 파이썬 환경을 구축하는 법과 파이썬의 기본 사항, 라이브러리를 사용하는 법을 설명하겠습니다. 파이썬을 이미 사용하고 있는 독자는 2.1절 '파이썬 2와 파이썬 3'과 2.3절 '파이썬 기초'는 건너뛰고 그다음부터 읽어도 됩니다. 이번 장에서도 이야기하겠지만 이 책에서는 파이썬 3을 사용해 학습을 진행할 것입니다.

2.1 파이썬 2와 파이썬 3

파이썬 공식 사이트[3]에는 파이썬에 관한 최신 소식과 파이썬의 기본적인 구문과 문법 등 다양한 정보가 게시돼 있습니다. 파이썬의 설치 프로그램도 공식 사이트에서 내려받을 수 있는데 다운로드 페이지[4]를 보면 2017년 7월 시점에 파이썬 2.7.13과 파이썬 3.6.1의 두 종류를 내려받을 수 있습니다. 이 두 가지는 어떤 점이 다를까요?

2.7.13이나 3.6.1과 같은 숫자는 릴리스된 파이썬의 버전 번호를 나타냅니다. 이처럼 버전 번호가 존재하는 이유는 파이썬 자체도 개선되거나 오류가 수정되면서 계속 업데이트되고 있기 때문이며 점(.)으로 구분된 세 개의 숫자는 앞에서부터 '메이저.마이너.마이크로' 버전이라고 합니다. 다시 말해 파이썬에서는 2와 3이라는 크게 두 가지 메이저 버전이 제공되고 있는 것입니다. 이 버전 번호 표기는 파이썬뿐만 아니라 다른 프로그래밍 언어나 소프트웨어, 앱에도 사용되며 메이저 버전이 변경된다는 것은 사양에 큰 변화가 생겼다는 것을 의미합니다.

일반적으로는 오래된 버전의 프로그램은 기술 지원을 받을 수 없게 되는 경우가 많으므로 최신(버전 번호가 높은) 버전을 사용할 것을 권장합니다. 이는 파이썬에 관해서도 마찬가지로 해당되는 이야기여서 파이썬 2에서 사용됐던 일부 구문이 파이썬 3에서는 사양의 변화로 호환성이 없어졌습니다. 예를 들어, "hello, world!"라는 문자열을 출력할 경우 파이썬 2에서는 다음과 같이 프로그램을 작성했지만

```
print "hello, world!"
```

파이썬 3에서는 괄호로 묶지 않으면 오류가 발생합니다.

```
print("hello, world!")
```

---

3 https://www.python.org/
4 https://www.python.org/downloads/

그리고 공식 사이트의 위키[5]에도 다음과 같이 쓰여 있습니다.

Python 2.x is legacy, Python 3.x is the present and future of the language

"파이썬 2.x.x는 유산이고 파이썬 3.x가 파이썬의 현재와 미래다."

언뜻 보기에 '파이썬 2는 설치할 필요가 없는 것 아닌가?'라고 생각할 수도 있습니다. 그러나 파이썬 3으로 구현할 때 골치 아픈 문제가 있습니다. 큰 문제 중 하나는 라이브러리의 버전 호환성입니다. 라이브러리 중에는 파이썬 2만 지원하는 것이 많습니다. 특히 파이썬 3이 처음 릴리스됐을 때는 많은 라이브러리가 파이썬 3을 지원하지 않았습니다. 그리고 불행인지 다행인지 파이썬3.0이 릴리스된 2008년 이후에도 파이썬 2.x가 계속 버전업됐기 때문에 파이썬 3은 지원이 늦어졌고 파이썬 2로 구현하는 것이 나은 상태가 오래 계속됐습니다. 이제는 대부분의 주요 라이브러리가 파이썬 3을 지원하게 됐지만 다음과 같은 이유로

- (아직) 파이썬 2만을 지원하는 라이브러리를 사용하고 싶다

- 이제까지 파이썬 2로 개발하고 있어서 파이썬 3으로 이전하는(다시 작성하는) 데 개발 비용이 막대하게 들어가게 되므로 이전하기 어렵다.

아직도 파이썬 2의 수요가 많은 실정입니다.

이 책에서도 몇 가지 라이브러리를 사용해서 구현하겠지만 모두 파이썬 3을 지원하는 라이브러리이므로 이 책에서는 파이썬 3을 사용하겠습니다.

2.2 아나콘다 배포판

파이썬 3을 설치할 때는 물론 공식 사이트에서 설치 프로그램을 내려받아 설치할 수도 있지만 이 경우에는 자신이 사용할 라이브러리를 그때그때 별도로 설치해야 합니다. 물론 매번 설치하면 되지만 이것은 매우 번거로운 일입니다.

이때 유용하게 사용할 수 있는 것이 파이썬 배포판입니다. 이 배포판이란 미리 몇 가지 주요 라이브러리가 설치된 상태인 파이썬을 말하며, 이 배포판이 파이썬을 편리하게 설치할 수 있게 합니다. 특히 Continuum Analytics[6]에서 제공하는 **아나콘다**(Anaconda) 배포판은 수치 계산을 실행하기 위한 주요 라이브러리를 망라해서 딥러닝 구현을 효율적으로 진행하는 데 도움이 됩니다. 이 책에서도 아나콘다가 설치됐다는 것을 전제로 학습을 진행할 것이므로 지금 아나콘다를 설치합시다.

---

5 https://wiki.python.org/moin/Python2orPython3
6 https://www.continuum.io/

아나콘다는 공식 사이트에서 윈도우, 맥, 리눅스용 설치 프로그램을 내려받을 수 있습니다. 다운로드 페이지[7]에서 해당 OS용 설치 프로그램을 내려받으면 PC의 GUI 상에서 개발 환경을 구축할 수 있습니다. 설치 프로그램은 파이썬 3.x와 파이썬 2.x(2017년 7월을 기준으로 파이썬 3.6, 파이썬 2.7)이 공개돼 있는데 이 중 파이썬 3.x을 선택합니다. 그리고 설치하는 도중에 프로그램 설정에 대해 질문이 나올 경우가 있지만 기본 설정대로 설치해도 문제없으므로 질문은 무시하고 넘어가도 됩니다.

개발 환경에 관해 자신이 추구하는 특별한 설정법이 없다면 설치 프로그램을 사용하는 것이 괜찮지만 맥 OS(또는 리눅스)에서는 설치 프로그램을 사용하지 않고 환경을 구축하는 것이 좋습니다. 이번 절 마지막에 맥 OS와 리눅스에서 개발 환경을 구축하는 방법을 정리했으므로 참고하기 바랍니다.

파이썬(아나콘다)이 모두 설치되면 명령 프롬프트나 터미널을 열고 다음을 실행해봅니다.

```
$ python --version
```

그러면 다음과 같은 결과가 표시됩니다.

```
Python 3.5.2 :: Anaconda 4.2.0 (x86_64)
```

이 결과가 나왔다면 파이썬 3을 모두 설치한 것입니다. 이제 특별한 일이 없다면 이 책에서 '파이썬'이라고 이야기하면 파이썬 3을 의미하는 것이라고 정하겠습니다.

맥 OS에서 설치

맥 OS에는 홈브루(Homebrew)라는 전용 패키지 관리 도구가 있습니다. 먼저 이 홈브루를 설치하겠습니다. 공식 사이트에도 적혀 있는 내용이지만 다음 명령어를 실행해서 홈브루를 설치할 수 있습니다.

```
$ /usr/bin/ruby -e "$(curl -fsSL
   https://raw.githubusercontent.com/Homebrew/install/master/install)"
```

홈브루를 설치하면 brew라는 명령어로 여러 라이브러리와 패키지를 쉽게 설치할 수 있습니다. 예를 들어, 지정한 URL에서 파일을 내려받을 수 있는 wget이라는 명령어는 맥 OS에 기본으로 포함돼 있지 않은데 다음과 같이 입력하면 이 wget을 사용할 수 있게 됩니다.

```
$ brew install wget
```

---

7 https://www.continuum.io/downloads

맥 OS에서 뭔가를 개발하는 도중 필요한 라이브러리가 있으면 기본적으로 홈브루를 통해 설치하는 것이 바람직합니다.

홈브루는 이렇게 매우 편리하지만 아나콘다를 인스톨러로 설치한다면 환경 설정이 충돌할 경우가 있어 홈브루나 아나콘다 둘 중 하나가 동작하지 못하게 될 수도 있습니다. 리눅스에서도 다른 패키지를 통해 설치하면 충돌이 생길 수 있습니다. 이 문제를 피하기 위한 방법을 다음에 정리했습니다.

맥 OS와 리눅스의 경우

파이썬에는 **pyenv**라는 버전 관리 도구가 있습니다. pyenv를 사용하면 PC 한 대에 여러 버전의 파이썬을 설치해서 사용할 수 있습니다. 예를 들어, PC 한 대로 파이썬 2.7로 개발하는 프로젝트와 3.5로 개발하는 프로젝트를 동시에 진행할 경우에 편리할 것입니다.

본래 pyenv는 이처럼 버전을 관리하기 위한 도구이지만 pyenv를 통해 파이썬을 설치하면 PC의 환경에 영향을 주지 않고 사용자 개인의 환경에 맞춰 설치할 수 있습니다. 그리고 pyenv를 통해서도 아나콘다를 설치할 수 있으므로 맥 OS와 리눅스에서는 pyenv를 통해 설치하는 것이 바람직합니다.

맥 OS에서는 다음을 실행해서 pyenv를 설치하고

```
$ brew install pyenv
```

리눅스에서는 다음을 실행해서 pyenv를 설치하고

```
$ git clone https://github.com/yyuu/pyenv.git ~/.pyenv
```

다음을 실행해서 pyenv 읽기를 끝냅니다(그러나 Zsh 셸을 사용할 경우에는 ~/.bash_profile 부분을 ~/.zshrc로 고쳐쓰기 바랍니다).

```
$ echo 'export PYENV_ROOT="${HOME}/.pyenv"' >> ~/.bash_profile
$ echo 'export PATH="${PYENV_ROOT}/bin:$PATH"' >> ~/.bash_profile
$ echo 'eval "$(pyenv init -)"' >> ~/.bash_profile

$ exec $SHELL
```

pyenv가 모두 설치된 후 pyenv install —list를 실행하면 설치할 수 있는 파이썬 목록이 표시됩니다.

```
$ pyenv install --list
Available versions:
  2.1.3
  ...
  3.6.0
  ...
  anaconda3-4.1.1
  anaconda3-4.2.0
  ironpython-dev
  ...
```

설치하고 싶은 버전(배포판)을 발견했다면 pyenv install 〈버전 이름〉을 실행합니다. 이 책에서는 아나콘다(최신 버전)를 사용할 것이므로 다음과 같은 명령을 실행합니다.

```
$ pyenv install anaconda3-4.2.0
Downloading Anaconda3-4.2.0-MacOSX-x86_64.sh...
-> https://repo.continuum.io/archive/Anaconda3-4.2.0-MacOSX-x86_64.sh
...
```

pyenv를 통해 설치한 파이썬 버전의 목록은 pyenv versions를 실행해서 확인할 수 있습니다.

```
$ pyenv versions
* system
  anaconda3-4.2.0
```

결과 메시지 첫머리에 '*'가 붙어 있는 것이 현재 PC에 기본적으로 적용된 버전입니다. 버전을 전환하려면 pyenv global 〈버전 이름〉을 실행합니다.

```
$ pyenv global anaconda3-4.2.0

$ pyenv versions
  system
* anaconda3-4.2.0
```

그리고 특정 디렉터리(프로젝트) 아래에서만 다른 버전을 적용하고 싶을 경우에는 해당 디렉터리에서 pyenv local 〈버전 이름〉을 실행합니다. 예를 들어, tmp라는 디렉터리를 만들고 이 디렉터리 아래에서는 system이라는 버전을 사용하고 싶을 경우에는 다음 명령을 실행합니다.

```
$ mkdir tmp
$ cd tmp
$ pyenv local system
```

그리고 현재 디렉터리에서는 어떤 파이썬 버전이 적용돼 있는지 확인하려면 pyenv version을 실행합니다.

```
$ pyenv version
system
```

이때 디렉터리 안에 있는 파일 목록을 확인하려면 다음의 명령을 실행합니다.

```
$ ls -a
.
..
.python-version
```

그러면 .python-version이라는 파일이 생성돼 있는 것을 발견하게 됩니다. 다음 명령을 실행해서 이 파일의 내용을 읽어보면 현재 사용하는 버전이 지정돼 있다는 것을 알 수 있습니다.

```
$ cat .python-version
system
```

2.3 파이썬 기초

2.3.1 파이썬 프로그램 실행

파이썬 프로그램은 파이썬 인터프리터를 통해 실행됩니다. 스크립트 이름(확장자가 .py인 파일의 경로)을 명령문으로 넘겨주기만 하면 파이썬 프로그램을 실행할 수 있습니다. 프로그램을 컴파일할 필요가 없습니다. 예를 들어, 'hello_world.py'라는 스크립트가 같은 디렉터리에 있고 다음과 같은 내용이 포함돼 있다고 가정해 보겠습니다.

```
print("hello, world!")
```

다음 명령을 실행하면 이 스크립트를 실행할 수 있습니다.

```
$ python hello_world.py
```

'hello world!'라는 문자열이 출력되는 것을 확인할 수 있습니다.

이처럼 기본적으로는 '프로그램을 파일로 작성 → 해당 파일 이름을 지정해서 실행'이라는 과정으로 프로그램을 실행하지만 파이썬 인터프리터는 프로그램을 대화 모드로도 실행할 수 있습니다. 단순히 'python'이라는 명령어를 실행해보면

```
$ python
Python 3.5.2 |Anaconda 4.2.0 (x86_64)| (default, Jul 2 2016, 17:52:12)
[GCC 4.8.2] on linux
Type "help", "copyright", "credits" or "license" for more information.
>>>
```

버전 번호 등이 시작 메시지로 표시되고 마지막에 '>>>'가 표시되어 대화 모드로 들어갑니다. 이 상태에서 파이썬 스크립트를 직접 입력해서 실행할 수 있으므로 간단한 처리를 실행하거나 프로그램의 동작을 확인할 때 편리하게 이용할 수 있습니다.

```
>>> print("hello, world!")
hello, world!
>>>
```

위와 같이 대화 모드에서는 하나의 처리가 끝나면 이어서 다음 명령을 기다립니다. 이 상태에서 Ctrl + D 키로 대화 모드를 끝낼 수 있습니다.

참고로 대화 모드에서는 값이나 식을 입력했을 때 이를 평가한 결과가 그대로 표시됩니다.

```
>>> "hello, world!"
'hello, world!'
>>> 1
1
>>> 1 + 2
3
```

예를 들면, 이 기능을 계산기 대용으로 편리하게 이용할 수 있습니다.

2.3.2 데이터형

2.3.2.1 데이터형이란?

파이썬을 사용하기 위해 알아야 할 문법이나 구문이 많습니다. 이 모든 것을 소개할 수는 없고(그리고 전부를 자세하게 기억해둘 필요도 없습니다) 딥러닝을 구현할 때 필요한 것만 이 책에서 설명하겠습니다.

파이썬에는 데이터형이라는 것이 있는데 문법을 공부할 때 이것은 가장 처음에 알아야 하는 내용입니다. 이 데이터형이 무엇인지 알아보기 위해 인터프리터에서 다음을 실행해 보겠습니다.

```
>>> "I have a pen."
'I have a pen.'
>>> 1
1
>>> 1 + 1
2
```

여기까지는 하나도 어려운 것이 없습니다. 그럼 다음은 어떨까요?

```
>>> "I have " + 2 + " pens."
Traceback (most recent call last):
  File "<stdin>", line 1, in <module>
TypeError: Can't convert 'int' object to str implicitly
```

'I have 2 pens.'라고 표시될 것이라고 예상했지만 그렇지 않고 오류가 발생했습니다. 'TypeError: Can't convert 'int' object to str implicitly'라는 메시지가 나왔습니다. 'int를 str로 변환할 수 없습니다.'라는 내용인데 여기서 말하는 int나 str이 데이터형입니다. int는 정수형을 나타내고 str은 문자열형입니다. 파이썬은 이 둘을 어떻게 더해야 하는지 알 수 없다고 말하는 것입니다. 이처럼 서로 다른 형끼리 계산이나 평가를 하는 데는 주의가 필요합니다.

파이썬에는 다양한 데이터형이 있는데 일단 기본적인 것들을 살펴보겠습니다.

2.3.2.2 문자열형(str)

말 그대로 문자열을 다루는 것이 str입니다. 파이썬에서는 작은따옴표나 큰따옴표로 묶은 것이 문자열형으로 인식됩니다. 그리고 따옴표 자체를 문자열에 포함시킬 때는 다음 예제와 같이 '\'를 사용합니다.

```
>>> 'I am fine.'
'I am fine.'
>>> 'I\'m fine.'
"I'm fine."
>>> "I'm fine."
"I'm fine."
>>> 'He said, "I am fine."'
'He said, "I am fine."'
>>> "He said, \"I am fine.\""
'He said, "I am fine."'
>>> 'She said, "I\'m fine."'
'She said, "I\'m fine."'
```

마지막 행에서만 '\'가 남아서 출력됐는데 이것은 입력이 틀린 것이 아닙니다. 다음을 실행해보면 이 결과가 정식 문법을 따른다는 것을 알 수 있습니다.

```
>>> print('She said, "I\'m fine."')
She said, "I'm fine."
```

물론 한글로도 문자열을 만들 수 있습니다.

```
>>> "한글로도 문자열을 만들 수 있어요."
'한글로도 문자열을 만들 수 있어요.'
```

그리고 문자열은 '+'로 연결할 수 있고 '*'로 반복할 수 있습니다.

```
>>> 'Y' + 'e' + 's!'
'Yes!'
>>> 'Y' + 5 * 'e' + 's!'
'Yeeeees!'
```

2.3.2.3 숫자형(int, float)

파이썬에서 숫자값은 정수형(int[8])과 부동소수점수형(float)의 두 가지로 나눠집니다[9]. 부동소수점수란 2진수로 계산하는 컴퓨터가 소수점 이하의 수를 포함하는 실수를 처리할 때 사용하는 데이터 형식

---

8 'integer'의 약자입니다.
9 정수형, 부동소수점형 외에 복소수형(complex)이 있지만 이 책에서 complex는 사용하지 않습니다.

입니다. 이론적으로는 소수점 이하의 수가 무한(에 가까운 값)히 이어지는 값을 정확도를 그다지 잃지 않는 범위에서 유한하게 근사시킨 것입니다[10]. 정수는 이렇게 근사할 필요가 없으므로 숫자 데이터형을 int와 float의 두 가지로 나눠서 효율적이고 정확하게 값을 계산합니다.

숫자형은 당연히 산술계산에 이용됩니다. 사칙연산을 할 때는 +, -, *, / 기호가 각각 덧셈, 뺄셈, 곱셈, 나눗셈에 사용됩니다. 이 기호는 거의 대부분의 프로그래밍 언어에서 공통으로 사용됩니다.

```
>>> 1 + 2
3
>>> 1 - 2
-1
>>> 1 * 2
2
>>> 4 / 2
2.0
```

이때 주의해야 할 점은 '4 / 2'의 계산 결과가 2가 아니고 2.0으로 나온다는 것입니다. 나눗셈(/)의 결과는 항상 float 형으로 나옵니다. 정수 부분만을 취하려면 '//' 기호를 사용해서 계산하면 됩니다.

다음과 같이 계산하면 결과가 int 형으로 나온다는 것을 알 수 있습니다.

```
>>> 5 // 2
2
```

그러나 분자가 float인 경우에는 다음과 같이 결과가 float 형으로 나옵니다.

```
>>> 5.0 // 2
2.0
```

이제 다음 식을 살펴보겠습니다.

```
>>> 1 + 2 * 2.5
6.0
```

---

10 Wikipedia도 자세히 설명하고 있으므로 참고하기 바랍니다.
https://ko.wikipedia.org/wiki/부동소수점

계산으로 나온 결과 자체는 맞지만 6이 아닌 6.0이 출력됐습니다. 식을 다시 살펴보면 이 식은 int와 float가 섞여 있어 서로 다른 형끼리 계산됐다는 것을 알 수 있습니다. 이처럼 계산되는 값의 데이터형이 통일되지 않았을 때 오류는 발생하지 않지만 그 대신 자동으로 int가 float으로 변환된 상태에서 계산됩니다. 따라서 일반적인 계산에서는 int와 float가 섞여 있다는 것에 프로그래머가 신경 쓰지 않아도 됩니다.

한편 int나 float를 명시적으로 변환하고 싶다면 각 값에 int( )와 float( )를 사용하면 됩니다.

```
>>> 2.5
2.5
>>> int(2.5)
2
>>> float(2)
2.0
```

위의 예처럼 int( )를 사용하면 소수점 아래 부분이 버려진 int 형이 반환됩니다. 그리고 숫자값을 문자열로 변환할 때는 str( )을 사용합니다.

```
>>> "I have " + str(2) + " pens."
'I have 2 pens.'
```

2.3.2.4 부울형(bool)

부울형이란 True와 False만을 값으로 가지는 형을 말합니다. 이 부울형은 논리연산이나 진리값 판정에 사용됩니다. 어떤 조건이 참이면 True이고 거짓이면 False가 되므로 프로그램에서 조건분기를 할 때 자주 사용됩니다. 예를 들어, 어떤 두 개의 숫자값이 같은지 다른지 비교할 때는 '=='라는 등호 기호 두 개를 붙인 것을 사용합니다. 다음 예를 보기 바랍니다.

```
>>> 1 == 1
True
>>> 1 == 2
False
```

이 예에서 나온 결과만으로는 부울형을 구체적으로 언제 사용하는지 상상하기 어렵겠지만 부울형은 딥러닝뿐 아니라 모든 프로그램에서 사용하는 데이터형입니다.

파이썬에서 부울형은 숫자형의 서브 타입으로 정의돼 있으므로 True는 1로도 사용되고 False는 0으로도 사용됩니다.

```
>>> 1 + True
2
>>> 1 + False
1
>>> True + False
1
```

실제 프로그램에서 위의 예와 같이 숫자형과 부울형을 변환하지 않고 그대로 사용하면 혼란스러울지도 모르지만 익숙해지면 프로그래밍에 유용하게 쓸 수 있으므로 알아두면 좋습니다.

2.3.3 변수

2.3.3.1 변수란?

숫자값을 계산하다 보면 '이전에 입력한 내용을 다시 입력해야 할' 때가 있습니다. 예를 들어, 100원, 200원, 300원의 상품을 구매할 때 쿠폰을 사용하면 3%를 할인받을 수 있다고 가정합시다. 이때 합계 금액은 다음과 같이 계산됩니다.

```
>>> (100 + 200 + 300) * (1 - 0.03)
582.0
```

이 예에서 계산 내용과 결과에 아무런 문제가 없습니다. 그럼 쿠폰의 할인율이 사실은 5%였다라는 것을 나중에 알게 됐다고 가정해 보겠습니다. 그럼 다음과 같이 모든 것을 다시 입력해야 할 것입니다.

```
>>> (100 + 200 + 300) * (1 - 0.05)
570.0
```

이처럼 모든 것을 다시 입력하는 것은 매우 귀찮은 일입니다. '100 + 200 + 300' 부분은 매번 다시 입력하다가 숫자를 틀릴 것 같습니다. 이처럼 계산해야 할 양이 적다면 매번 입력하는 일도 그다지 힘들지 않겠지만 다시 입력해야 할 양이 많아지면 정말 힘들 것입니다.

이런 문제를 해결하기 위해 사용하는 것이 '변수'입니다. 저장해두고 싶은 값을 변수에 넣고 아무때나 그 값을 꺼낼 수 있습니다. 다음 예를 보겠습니다.

```
>>> price = 100 + 200 + 300
>>> discount_rate = 0.03
```

이 예에서 price와 discount_rate가 변수입니다. 영문과 숫자 그리고 _(언더바)를 사용해 변수에 이름을 지을 수 있지만 '1_price'와 같이 숫자로 시작하는 이름은 사용할 수 없습니다. 일반적으로 관리하기 편하고 알아보기 편하게(가독성이 좋은) 위의 예에서처럼 영어 단어 사이를 '_'로 구분한 형태를 변수 이름에 사용합니다[11]. 그리고 '='를 사용해 오른쪽에 있는 값을 왼쪽에 있는 변수에 대입합니다. 그리고 변수를 다음 예와 같이 사용하면 이전 예에서 숫자를 그대로 사용한 것과 동일한 결과를 얻습니다.

```
>>> price * (1 - discount_rate)
582.0
```

그리고 다음과 같이 변수(여기서는 discount_rate)에 새로운 값을 대입하면

```
>>> discount_rate = 0.05
>>> price * (1 - discount_rate)
570.0
```

이전과 같은 식을 실행하는 것만으로도 바른 결과를 얻을 수 있습니다. 숫자를 손으로 입력하면 틀려도 알아내기 어렵지만 변수로 정의해두면, 예를 들어 'price'를 'pric'로 잘못 입력한 경우에 다음과 같이 오류가 발생하므로 프로그램 내의 오류를 찾기 쉽다는 장점이 있습니다.

```
>>> pric * (1 - discount_rate)
Traceback (most recent call last):
  File "<stdin>", line 1, in <module>
NameError: name 'pric' is not defined
```

2.3.3.2 변수와 형

파이썬에서 변수의 형은 해당 변수를 정의할 때 정해집니다. 물론 변수에는 숫자형뿐 아니라 모든 형의 값을 대입할 수 있습니다.

---

[11] 구현하는 사람에 따라 변수명을 정하는 방법에 큰 차이가 없도록 '스타일 가이드'라는 것이 존재합니다. 이 스타일 가이드에 따라 구현하는 경우가 많습니다.
· 파이썬 스타일 가이드: https://pypi.python.org/pypi/pycodestyle
그리고 회사에 따라서는 독자적인 스타일 가이드를 정한 곳도 있습니다. 예를 들어, 구글에서는 Google Python Style Guide라는 것을 정해서 사용하고 있습니다: https://google.github.io/styleguide/pyguide.html

```
>>> count = 1
>>> message = "Hello!"
```

이때 count(int)와 message(str)을 더해보면

```
>>> count + message
Traceback (most recent call last):
  File "<stdin>", line 1, in <module>
TypeError: unsupported operand type(s) for +: 'int' and 'str'
```

데이터형 불일치 오류가 발생하는 것을 확인할 수 있습니다. 이처럼 변수를 사용한 구현에서도 데이터형을 틀리지 않도록 조심해야 합니다.

변수의 데이터형은 대입되는 값에 의해 정해지므로 어떤 값도 대입하지 않고 변수를 정의하려고 다음과 같이 하면 오류가 발생합니다.

```
>>> x
Traceback (most recent call last):
  File "<stdin>", line 1, in <module>
NameError: name 'x' is not defined
```

그러므로 예를 들어 숫자형이면 'x = 0.0'과 같은 방식으로 정의해야 합니다. 그러나 만일 정말로 '어떤 값도 들어 있지 않은' 상태로 정의해야 할 경우에는 None을 사용합니다.

```
>>> x = None
>>> x
```

이렇게 정의해두고 나중에 이 x 변수에 대입되는 값에 의해 x의 형이 정해집니다. 사실 파이썬에서는 이렇게 None으로 지정하지 않아도 됩니다. 다음 예와 같이 이미 정의돼 있는 변수에 다른 형의 값을 대입할 수 있기 때문입니다.

```
>>> message = "Hello!"
>>> message
'Hello!'
>>> message = 1.0
>>> message
1.0
```

이 경우 message는 문자열형(str)에서 숫자형(float)으로 재정의됩니다. 그러나 이처럼 이미 정의된 변수에 전혀 다른 형의 값을 대입하면 프로그램에서 오류가 발생하기 쉬우므로 권장하지 않습니다.

2.3.4 데이터 구조

2.3.4.1 리스트(list)

변수를 사용하면 프로그램에서 값을 효율적으로 사용할 수 있지만 예를 들어 다달이 발생하는 매출 데이터를 사용해서 뭔가를 분석하려 할 때 다음과 같이

```
>>> price_1 = 50
>>> price_2 = 25
>>> price_3 = 30
>>> price_4 = 35
```

각 달의 데이터를 각각 여러 개의 변수로 정의해도 되겠지만 이렇게 하면 입력해야 할 양이 많아져서 힘들 것입니다. 가능하면 한 개의 변수에 모든 데이터를 넣어서 관리하고 싶다는 생각을 하게 될 것입니다.

이럴 때 리스트(list)라는 파이썬의 데이터형을 사용하면 편리합니다. 리스트는 다른 프로그래밍 언어에서 '배열'이라고 하는 것과 비슷한 성질을 가진 데이터형입니다. 리스트를 사용하면 위의 예를 다음과 같이 하나의 변수를 사용하도록 수정할 수 있습니다.

```
>>> prices = [50, 25, 30, 35]
```

리스트의 각 요소는 다음과 같이 꺼낼 수 있습니다.

```
>>> prices[0]
50
>>> prices[1]
25
```

해당 요소가 리스트에서 몇 번째에 있는지를 나타내는 숫자를 인덱스라고 합니다. 첫 번째 요소의 인덱스 번호는 1이 아니라 0이라는 점에 주의하기 바랍니다. 리스트의 요소에 있는 값은 새로운 값을 대입해서 대체할 수도 있습니다.

```
>>> prices[0] = 20
>>> prices[0]
20
```

리스트의 각 요소의 형을 반드시 일치시키지 않아도 됩니다. 그리고 리스트 안에 또 다른 리스트를 포함할 수도 있습니다.

```
>>> data = [1, 'string', [True, 2.0]]
```

위의 예에서는 data[2]가 리스트입니다. 이 요소를 꺼내는 방법은 다음과 같습니다.

```
>>> data[2][0]
True
```

2.3.4.2 딕셔너리(dict)

앞서 리스트 안에 있는 데이터를 인덱스를 사용해서 값을 꺼내기도 하고 새로 넣기도 해봤습니다. 리스트는 이렇게 순서대로 나열된 데이터를 관리하는 데는 매우 효과적이지만 예를 들어 여러 지역에 있는 점포와 그 점포에서 발생한 매출 데이터를 분석하려 할 경우에 리스트를 사용한다면 어느 인덱스가 어느 점포에 해당하는지 별도로 기억해두거나 정의돼야 할 것입니다. 가능하면 인덱스가 아닌 다른 알아보기 쉬운 식별자를 사용해야 혼란을 막을 수 있을 것입니다.

이럴 때 사용하는 것이 딕셔너리(dict)입니다. 리스트를 다른 언어에서 배열이라고 부르듯이 딕셔너리를 다른 프로그래밍 언어에서는 '연관 배열'이나 '해시'라고 부릅니다. 딕셔너리는 키(key)와 값(value)을 한 쌍으로 해서 데이터를 정의합니다.

```
>>> sales = {'seoul': 100, 'new york': 120, 'paris': 80}
```

딕셔너리인 sales는 3개의 키 'seoul', 'newyork', 'paris'와 각 키에 대응하는 값 100, 120, 80을 가집니다. 다음과 같은 방법으로 특정 요소에 접근할 수 있습니다.

```
>>> sales['paris']
80
```

리스트와는 달리 딕셔너리는 정의할 때 입력한 순서대로 데이터가 들어가는 것은 아니므로 주의해야 합니다.

```
>>> sales
{'new york': 120, 'paris': 80, 'seoul': 100}
```

sales에 들어 있는 값을 확인해보면 정의할 때와 순서가 달라져 있다는 것을 알 수 있습니다.

2.3.5 연산

2.3.5.1 연산자와 피연산자

앞서 파이썬 인터프리터를 사용해 숫자값을 계산해봤습니다. 컴퓨터로 계산하는 일을 엄밀하게는 '연산'이라고 말합니다. 간단한 예를 살펴보겠습니다.

```
>>> 1 + 2
3
```

이 예는 컴퓨터로 '1 + 2'라는 계산식을 연산한 것입니다.

연산은 연산자(오퍼레이터)와 피연산자(오퍼랜드)로 구성됩니다. 연산자란 계산식 안에서 사용되는 기호를 말하며, 이 연산자는 연산의 종류를 나타냅니다. 위의 예에서는 '+'가 연산자이며 '더하기' 연산을 실행합니다. 그리고 피연산자란 연산자에 의해 계산되는 대상을 말합니다. 이 예에서는 1과 2가 피연산자입니다. 이처럼 피연산자가 두 개 있는 경우 연산자의 왼쪽에 있는 피연산자를 '왼쪽 피연산자'라고 하고 오른쪽에 있는 연산자를 '오른쪽 피연산자'라고 합니다.

2.3.5.2 산술 계산의 연산자

파이썬에서 계산할 때 '-1 + 2'나 '-3 * 4' 같은 식에 연산자가 사용된다는 것은 직관적으로 알아볼 수 있습니다. 덧셈하는 '+'와 곱셈하는 '*'는 모두 두 개의 피연산자를 필요로 하는 전형적인 연산자입니다. 그러나 사실 그 외의 연산자도 있습니다. -1이나 -3을 봅시다. 여기서도 연산자가 사용되고 있습니다. 마이너스 부호(-)는 '양과 음을 반전시키는' 연산을 수행하는 연산자입니다.

이처럼 연산자에는 피연산자가 한 개인 것과 두 개인 것이 있고 전자를 '단항연산자'라고 하고 후자를 '이항연산자'라고 합니다. 다시 말하면 산술 계산은 모두 단항연산자와 이항연산자의 조합으로 구성된다고 말할 수 있습니다.

산술 계산에 사용되는 대표적인 연산자를 표 2.1에 정리했으므로 참고하기 바랍니다.

표 2.1 대표적인 연산자

연산자 기호	표기 예	내용
+	+1	값을 그대로 반환한다
−	−1	값의 부호를 반전시킨다
+	1 + 2	덧셈한다
−	1 − 2	뺄셈한다
*	1 * 2	곱셈한다
/	1 / 2	나눗셈한다
**	10 ** 2	거듭제곱한다
%	4 % 3	나눗셈에서 나머지를 구한다
//	4 // 3	나눗셈에서 몫을 구한다

2.3.5.3 대입 연산자

변수에 값을 대입할 때는 '='를 사용하며, 이것은 '오른쪽 피연산자를 왼쪽 피연산자로 대입'할 때 사용하는 대입 연산자입니다. 물론 변수를 사용한 식도 새로운 변수에 대입할 수 있습니다.

```
>>> a = 1
>>> b = 2
>>> c = a + b + 1
>>> c
4
```

이 예에서는 'a + b + 1'로 계산된 값을 왼쪽 피연산자인 c에 대입했습니다. 그러나 대입 연산자는 단지 오른쪽 피연산자의 값을 대입할 뿐이므로 다음에서 볼 수 있듯이

```
>>> a = 2
>>> c
4
```

식 안에서 사용한 변수 a의 값이 수정돼도 c값은 변하지 않으므로 주의하기 바랍니다.

연산자 '='의 또 다른 의미를 알게 되는 예를 살펴보겠습니다. 다음을 실행해보면 아무런 문제가 발생하지 않는다는 것을 알 수 있습니다.

```
>>> d = 5
>>> d = d + 1
```

오른쪽 피연산자인 'd + 1' 값이 왼쪽 피연산자 d로 대입되므로

```
>>> d
6
```

이처럼 새로운 값을 연산해서 본래 변수에 다시 대입하는 처리는 딥러닝 뿐만 아니라 많은 프로그래밍 언어에서 자주 사용되는 기법입니다.

이처럼 동일한 변수에 다시 대입하는 처리는 위의 예에서 'd = d + 1'처럼 변수 이름이 짧을 경우에는 쓰기 편하겠지만 변수 이름이 길 경우에는 다음과 같이 쓰기가 힘들 것입니다.

```
>>> very_very_long_variable_name = very_very_long_variable_name + 1
```

이럴 경우에 '복합 대입 연산자'를 사용하면 매우 편리합니다.

```
>>> d += 1
```

위의 예처럼 사칙연산의 연산자와 대입 연산자를 붙여서 표기한 것이 복합 대입 연산자입니다. 이 연산자의 의미는 'd = d + 1'과 같습니다.

```
>>> d -= 2
>>> d *= 3
>>> d /= 4
```

다른 사칙연산에도 복합 대입 연산자를 사용할 수 있습니다. 복합 대입 연산자를 사용하면 프로그램을 전체적으로 깔끔하게 작성할 수 있습니다.

2.3.6 기본 구문

2.3.6.1 if 문

파이썬으로 구현한 프로그램은 작성한 순서에 따라 위에서 아래 방향으로 처리됩니다. 따라서 특별한 일이 없는 한 정해진 작업을 단순히 순서대로 실행합니다. 그러나 어떤 조건에서만 특정 처리가 실행되도록 구현하고 싶을 때도 있습니다. 이러한 조건분기를 가능케 하는 것이 if 문입니다. 다음 예를 살펴보겠습니다.

```
a = 10

if a > 1:
    print("a > 1")
```

이 프로그램을 실행해보면 'a > 1'이 출력된다는 것을 알 수 있습니다. 부등호 기호 '>'은 좌변 값이 우변 값보다 클 경우에는 True를 반환하고 그렇지 않으면(작거나 같으면) False를 반환하는 관계 연산자입니다. 이처럼 if 문에서는 다음 예에서 보이는

```
if 조건식:
    처리A
```

'조건식' 부분이 True일 때 '처리 A' 부분이 실행됩니다. 시험 삼아 위의 예에서 'a = 10'을 'a = -10'으로 수정해서 실행해보면 아무것도 출력되지 않는다는 것을 알 수 있습니다. 'a > 1'일 때는 그대로 처리되게 하고 그 밖의 경우에는 다른 것이 처리되도록 만들고 싶다면 어떻게 해야 할까요? 이럴 때는 다음과 같이 'else'라는 것을 사용하면 됩니다.

```
a = -10

if a > 1:
    print("a > 1")
else:
    print("a <= 1")
```

예제를 실행하면 'a <= 1'이 출력됩니다. 이 예제에서는 'a > 1' 이외의 모든 경우에 else 안에 있는 처리 내용이 실행됩니다. 그리고 예를 들어 'a > 1' 이외의 경우 중에 'a > -1'인 경우에만 처리 내용을 실행하고 싶을 때는 else와 if를 합친 elif를 사용합니다.

```
a = 0

if a > 1:
    print("a > 1")
elif a > -1:
    print("1 >= a > -1")
```

예제를 실행하면 '1 >= a > -1'이 출력됩니다. 이때 주의할 점은 예를 들어 이 예에서 a 값을 'a = 2'로 수정하면 'a > 1'만 출력된다는 점입니다. 'a = 2'일 때는 elif 안에 있는 'a > -1'이라는 조건도 만족하지만 그보다 먼저 if 안에 있는 조건이 만족되고 if 문을 빠져나가므로 elif 조건은 평가되지 않고 넘어갑니다.

elif는 다른 elif나 else와 조합해서 사용할 수 있습니다.

```
a = -2

if a > 1:
    print("a > 1")
elif a > -1:
    print("1 >= a > -1")
elif a > -3:
    print("-1 >= a > -3")
else:
    print("a <= -3")
```

이 예제에서는 두 번째 elif의 조건을 만족하므로 '-1 >= a > -3'이 출력됩니다.

2.3.6.2 while 문

if는 조건식이 True일 때 한 번만 처리됩니다. 이와는 달리 어떤 조건을 만족하는 동안에는 해당 처리를 반복하는 것이 while 문입니다. 문법은 if와 같습니다.

```
while 조건식:
    처리
```

다음 예를 보겠습니다.

```
a = 5

while a > 0:
    print("a =", a)
    a -= 1
```

이 예의 결과는 다음과 같습니다.

```
a = 5
a = 4
a = 3
a = 2
a = 1
```

while 문 아래에 있는 처리가 끝나면 조건식을 다시 확인하고 해당 조건식이 False가 될 때까지 처리 내용을 실행합니다. 이때 주의할 점은 이 처리 부분에서 조건식이 나중에 False가 되도록 구현해두지 않으면 while 문이 끝없이 반복되는 무한루프에 빠지게 된다는 것입니다.

예를 들어 만일 'a -= 1' 행이 없었다면 'a = 5'인 채로 while 문 안의 처리 내용이 끝없이 반복될 것입니다. 또는 처리 내용 안에 break를 써두면 루프를 강제로 빠져나오게 할 수 있습니다.

다음을 실행하면

```
a = 5

while a > 0:
    print("a =", a)
    a -= 1

    if a == 4:
        break
```

다음과 같은 결과가 나옵니다.

```
a = 5
```

이 프로그램에서는 'a == 4'일 때 break가 실행되어 while 문에서 빠져나온다는 것을 알 수 있습니다. while 문에도 else를 사용할 수 있는데 이 else는 while 문의 조건식이 False가 될 때 실행됩니다.

다음을 실행하면

```
a = 5

while a > 0:
    print("a =", a)
    a -= 1
else:
    print("end of while")
```

다음과 같은 결과가 나옵니다.

```
a = 5
a = 4
a = 3
a = 2
a = 1
end of while
```

2.3.6.3 for 문

앞서 while 문은 조건을 만족하는 한 처리를 반복한다는 것을 알았습니다. 이와는 달리 반복할 횟수를 미리 정해놓고 이렇게 정한 횟수만큼만 처리를 반복하는 것이 for 문입니다. for 문은 일반적으로 리스트와 함께 사용될 때가 많습니다.

다음을 실행하면

```
data = [0, 1, 2, 3, 4, 5]

for x in data:
    print(x, end=' ')
```

다음과 같은 결과가 나옵니다.

```
0 1 2 3 4 5
```

for 문의 기본형은 다음과 같습니다.

```
for 변수 이름 in 리스트:
    처리
```

for도 while과 마찬가지로 break를 사용해서 루프를 강제로 빠져나오게 할 수 있습니다.

다음을 실행하면

```
data = [0, 1, 2, 3, 4, 5]

for x in data:
    print(x, end=' ')

    if x == 1:
        break
```

다음과 같은 결과가 나옵니다.

```
0 1
```

그리고 딕셔너리도 for 문과 함께 사용할 수 있습니다.

```
data = {'seoul': 1, 'new york': 2}

for x in data:
    print(x)
```

이처럼 딕셔너리와 for 문을 함께 사용한 프로그램을 실행하면 다음과 같은 결과가 나옵니다.

```
seoul
new york
```

변수에 키가 포함돼 있습니다. 키와 값 모두 변수를 통해 처리하려면 다음과 같이 딕셔너리에 `.items()`를 붙입니다.

```
data = {'seoul': 1, 'new york': 2}

for key, value in data.items():
    print(key, end=': ')
    print(value)
```

이 프로그램을 실행한 결과는 다음과 같습니다.

```
seoul: 1
new york: 2
```

2.3.7 함수

앞서 변수를 사용하면 매번 같은 값을 쓰지 않아도 되고 언제든지 값을 꺼내서 사용할 수 있다는 것을 알았습니다. 이 개념을 값이 아닌 처리에 적용한 것이 '함수'입니다. 수학에서 말하는 함수를 연상하면 이해하기 쉬울 것입니다.

포물선 $y = f(x) = x^2$이 있을 때 $x = 1, 2, 3$ 지점에서의 $f(x)$의 값을 출력하려고 합니다. 함수를 사용하지 않고 작성한 프로그램은 다음과 같습니다.

```
print(1 ** 2)
print(2 ** 2)
print(3 ** 2)
```

함수를 사용해서 작성한 프로그램은 다음과 같습니다.

```
def f(x):
    print(x ** 2)

f(1)
f(2)
f(3)
```

x를 받아서 $f(x)$의 값을 출력하는 공통적인 처리 내용을 f(x)라는 함수로 정의한 것입니다. 이 x를 인수라고 합니다. 파이썬에서 함수의 문법은 다음과 같습니다.

```
def 함수명(인수):
    처리
```

함수를 호출할 때는 f(1)처럼 '함수명(값)'과 같이 씁니다.

위의 예제에서는 인수를 처리(제곱)한 값을 print할 뿐이므로 수식을 다루듯이 다음과 같이 쓰면

```
f(1) + f(2)
```

다음과 같은 오류가 발생합니다.

```
TypeError: unsupported operand type(s) for +: 'NoneType' and 'NoneType'
```

이 오류를 발생하지 않게 하려면 함수 f에 '계산한 값을 반환하는' 처리 내용을 써넣어야 합니다. 이때 사용하는 것이 return입니다. 함수 f가 계산 결과를 출력하는 것이 아니라 반환하게 만들면 다음과 같습니다.

```
def f(x):
    return x ** 2

print(f(1) + f(2))
```

이렇게 함수가 반환하는 값을 **반환값**이라고 합니다. 물론 'a = f(1) + f(2)'처럼 리턴값을 다른 변수에 대입할 수도 있습니다. return을 포함하지 않는 함수는 '반환값이 없다'는 의미로 'None'이 반환되므로 앞서 발생한 오류는 'None + None'을 실행하려고 해서 발생한 오류였습니다.

인수나 리턴값은 여러 개가 있어도 됩니다. 앞서 $y = x^2$를 생각해봤는데 이번에는 $y = f(x) = ax^2$과 계수 a도 자유롭게 설정할 수 있게 해서 $f(x)$뿐만 아니라 $f(x) = 2ax$의 값도 구할 수 있게 해보겠습니다.

```
def f(x, a):
    return a * x ** 2, 2 * a * x
```

```
y, y_prime = f(1, 2)

print(y)
print(y_prime)
```

위의 예처럼 인수와 반환값을 나열하기만 하면 됩니다.

그리고 인수에 기본값을 설정할 수도 있습니다. 예를 들어, f(x, a)라는 함수를 f(1)로 호출하면 인수의 개수가 일치하지 않아 다음과 같은 오류가 발생합니다.

```
TypeError: f() missing 1 required positional argument: 'a'
```

그러나 f의 인수를 a=2라고 정해놓으면

```
def f(x, a=2):
    return a * x ** 2, 2 * a * x

y, y_prime = f(1)

print(y)
print(y_prime)
```

f(1)로 호출해도 f(1, 2)로 호출해도 같은 결과가 나온다는 것을 확인할 수 있습니다.

함수를 사용하면 반복해야 하는 처리를 프로그램 안에 정리해둘 수 있으므로 전체 코드량도 줄고 코드를 읽기도 편합니다. 앞의 예제에서 살펴본 함수는 모두 단순한 것이었습니다. 그러나 아무리 처리가 복잡해져도 공통 부분을 따로 떼서 함수로 묶으면 프로그램을 효율적으로 구현할 수 있습니다.

2.3.8 클래스

이제까지 공통의 값은 변수로 정리하고 공통의 처리는 함수로 정리할 수 있다는 것을 알았습니다. 파이썬뿐만 아니라 모든 프로그래밍 언어에서 이렇게 코드의 공통 부분을 잘 정리하는 것은 매우 중요합니다. 그러나 이 두 가지만으로는 코드를 정리하는 기능이 아직 충분하지 않습니다. 예를 들어, 동종 업계에 속한 기업 A, B에서 간단히 경영분석을 한다고 가정하겠습니다. 두 기업에서 다음과 같은 요청이 왔을 경우

- 매출(sales), 비용(cost), 사원 수(persons)를 알고 있다

- 이익(= 매출 − 비용)을 알고 싶다

이 사항들을 있는 그대로 프로그램으로 구현하면 다음과 같습니다.

```
company_A = {'sales': 100, 'cost': 80, 'persons': 10}
company_B = {'sales': 40, 'cost': 60, 'persons': 20}


def get_profit(sales, cost):
    return sales - cost


profit_A = get_profit(company_A['sales'], company_A['cost'])
profit_B = get_profit(company_B['sales'], company_B['cost'])
```

기업의 데이터를 포함하는 딕셔너리 company_A, company_B를 정의하고 이익을 계산하는 함수 get_profit(sales, cost)를 정의하면 기업 A, B(뿐만 아니라 다른 모든 기업)의 이익을 구할 수 있습니다.

물론 이렇게 구현한 것도 틀린 것은 아니지만 예를 들어 C, D, …라는 식으로 기업 수가 늘어났을 때 다음과 같은 거의 똑같은 처리 내용을 연달아 쓰는 것은 매우 번거롭고 변수도 각각에 대해 정의해야 합니다.

```
profit_X = get_profit(company_X['sales'], company_X['cost'])
```

이 문제를 해결할 수 있는 것이 '클래스'입니다. 클래스를 사용하면 위의 예에서 '기업'이라는 공통 부분을 묶어서 정리할 수 있습니다. 그럼 클래스를 사용해서 기업 A, B를 표현해 보겠습니다.

```
class Company:
    def __init__(self, sales, cost, persons):
        self.sales = sales
        self.cost = cost
        self.persons = persons

    def get_profit(self):
        return self.sales - self.cost


company_A = Company(100, 80, 10)
company_B = Company(40, 60, 20)
```

자세한 부분는 나중에 이야기하기로 하고 먼저 전체 구조를 살펴보겠습니다. 클래스는 함수를 모아놓은 것입니다. 클래스 안에 있는 함수는 메서드라고 합니다. 따라서 클래스를 일반적으로 표기하면 다음과 같습니다.

```
class 클래스명:
    def 메서드 A(self, 인수 A):
        처리 A

    def 메서드 B(self, 인수 B):
        처리 B
    ...
```

Company 클래스에 있는 두 개의 메서드 중 get_profit은 앞서 설명했던 함수와 (거의) 같은 것입니다. 그렇다면 __init__은 무엇일까요? 본래 클래스라는 것은 값이나 처리 내용 등 공통적인 것을 정리한 것이라고 설명했습니다. 다시 말하면 클래스를 정의했다는 것은 추상적인 존재를 만들어 낸 것일 뿐입니다. 이 추상적인 존재인 클래스를 구체적인 모양으로 만들지 않으면 실제로 데이터를 다루는 일을할 수 없습니다.

예를 들어 Company 클래스에는

- 매출(sales), 비용(cost), 사원 수(persons)를 가진다

- 매출 − 비용으로 이익을 계산한다

라는 성질이 공통으로 존재하므로 정의할 수 있지만 실제 기업 A, B의 데이터를 사용하려면 각각의 공통 부분에 구체적인 숫자를 입력해서 처리해야 합니다. 이처럼 클래스를 실제로 구체화한 데이터(company_A, company_B)를 '인스턴스'라고 하고 인스턴스를 생성하는 데 필요한 처리 내용을 수행하는것이 __init__입니다. 이 __init__을 생성자라고 합니다. 인스턴스를 생성하는 순간에 __init__의 인수에 값이 들어가고 __init__ 안에 있는 처리 내용이 자동으로 실행됩니다.

생성자 안에 있는 self.sales, self.cost, self.persons를 인스턴스 변수라고 합니다. 이 값들이 바로 각각의 인스턴스가 포함한 '공통 성질'에 관한 구체적인 값입니다. self는 인스턴스 그 자체를 나타내는데, 예를 들어 self.sales는 '인스턴스 자신의 sales 값'이라고 인식할 수 있습니다. 인스턴스 변수는 어떤 메서드든지 접근할 수 있으므로 get_profit은 sales, cost 인수 없이 정의할 수 있습니다.

정의한(구체화한) 인스턴스가 각 인스턴스에 있는 변수와 메서드에 접근하려면 '인스턴스.변수명' 또는 '인스턴스.메서드()' 같은 식으로 구현합니다. company_A는 인스턴스이므로 다음과 같이 구현하면

```
print(company_A.sales)
print(company_A.get_profit())
```

다음과 같은 결과가 나옵니다.

```
100
20
```

그리고 새로운 값을 넣을 때도 인스턴스를 통해서 합니다.

다음과 같이 구현하면

```
company_A.sales = 80
print(company_A.sales)
```

다음과 같은 결과가 나옵니다.

```
80
```

클래스를 사용하면 공통 부분을 대폭 정리할 수 있습니다. 이때 중요한 점은 '클래스를 어떻게 정의하는가'입니다. 한 개의 거대한 클래스를 정의해버리면 이것은 클래스를 사용하지 않고 구현한 것과 다르지 않습니다. 클래스는 '최소 구성 단위의 설계서' 같은 것이므로 필요한 최소한의 기능만을 포함한 클래스로 분할해서 정의하고 그 최소한의 기능이 필요해진 시점에서 인스턴스를 생성하는 것이 바람직합니다. 딥러닝 모델도 공통 부분을 깔끔하게 클래스로 표현해야 효율적으로 구현할 수 있습니다.

2.3.9 라이브러리

이제까지 파이썬의 기본 사항에 대해 알아봤습니다. 그 내용 중에 공통되는 처리를 함수나 클래스로 분류해야 프로그램을 효율적으로 구현할 수 있다고 여러 번 설명했습니다. 이 내용을 더욱 범용적인 형태로 호출해서 사용할 수 있는 것이 라이브러리입니다.

예를 들어, 수학에서 대표적인 함수는 math 라이브러리에 정리돼 있습니다. 삼각함수나 지수함수 등을 사용하려 할 때 라이브러리를 사용하지 않는다면 $sin(x)$, $cos(x)$를 자신이 직접 프로그래밍해서 구현해야 하겠지만 라이브러리를 사용하면 다음과 같이 구현하면 됩니다.

```
>>> import math
>>> math.sin(0)
0
```

이렇게 라이브러리를 사용하려면 'import 라이브러리명'이라고 써야 합니다. 그리고 다음과 같이 'import 라이브러리 as 별칭' 형태로 쓰면

```
>>> import math as m
>>> m.sin(0)
```

라이브러리 이름 대신 별칭(alias)을 사용할 수 있으므로 라이브러리 이름이 긴 경우에 편리합니다. 그리고 다음과 같이 써도 라이브러리를 호출할 수 있습니다.

```
>>> from math import sin
>>> sin(0)
```

이처럼 'from 라이브러리명 import 메서드명' 형태로 쓰면 메서드를 사용할 때 메서드 이름 앞에 아무것도 붙이지 않고 사용할 수 있습니다. 이 경우에는 'import sin'이므로 sin만 사용할 수 있지만 다음과 같이 import 뒤에 메서드 이름을 나열하면 여러 개의 메서드를 호출할 수 있습니다.

```
>>> from math import sin, cos
>>> sin(0) + cos(0)
```

라이브러리에서 제공하는 모든 메서드를 임포트하려면 다음과 같이 와일드카드(*)를 사용합니다.

```
>>> from math import *
```

이제까지 파이썬에 관한 기본 사항을 살펴봤습니다. 앞서 이야기했듯이 이번 장에서 설명한 내용은 단지 파이썬에 관해 최소한 알아야 할 내용입니다. 이번 장에서 다루지 않은 내용은 공식 사이트에 게재된 튜토리얼 문서[12]를 통해 학습할 수 있습니다.

---

12 https://docs.python.org/3/tutorial/

2.4 NumPy

파이썬에는 편리한 라이브러리가 많이 포함돼 있는데 그중에서 NumPy라는 라이브러리는 수치계산, 과학기술계산을 하는 데 없어서는 안 될 존재입니다. 특히 딥러닝 분야에서 자주 사용되는 선형대수를 구현하고 연산할 때 NumPy를 이용하면 매우 효율적으로 진행할 수 있습니다. 이 책을 통해 NumPy를 사용하는 법을 기본부터 확실하게 학습하고 수식을 프로그램으로 구현하는 감각을 기르겠습니다.

아나콘다를 설치하면 NumPy도 함께 설치됩니다.

```
import numpy as np
```

위와 같이 작성해서 사용합니다. 이제 이 행은 생략하고 설명하겠습니다.

2.4.1 NumPy 배열

앞서 파이썬에는 리스트라는 데이터형이 있다고 설명했습니다. 예를 들어 다음과 같이 정의하면

```
>>> a = [1, 2, 3]
```

세 개의 숫자가 나열돼 있으므로 말하자면 이것은 '3차원 벡터'라고 볼 수 있습니다. 마찬가지로 다음과 같이 쓰면

```
>>> B = [[4, 5, 6], [7, 8, 9]]
```

이것은 2×3 행렬이라고 볼 수 있습니다. 이처럼 벡터나 행렬을 프로그램에서 다루려면 그에 대응하는 형태의 리스트(배열)를 정의해서 계산하는 것이 기본입니다.

물론 리스트를 이대로 사용해서 계산해도 문제될 것은 없지만 리스트를 사용해서 선형대수를 연산하는 것은 꽤 힘듭니다. 예를 들어, 행렬을 다음과 같이 기술하면

```
>>> I = [[1, 0], [0, 1]]
>>> C = [[1, 2], [3, 4]]
```

위의 예제에서는 단위 행렬 I와 행렬 C를 정의하려고 한 것인데 'I + C'를 계산하면 각각의 요소의 합의 성분으로 된 행렬(리스트)이 구해질 것으로 생각하게 됩니다. 그러나 실제로 계산해보면

```
>>> I + C
[[1, 0], [0, 1], [1, 2], [3, 4]]
```

이처럼 리스트가 단순히 연결한 형태로 답이 나옵니다. 행렬의 합을 제대로 구하려면 for 문을 사용해 각 요소의 합을 차례로 구하거나 matrix_add( ) 같은 함수를 정의해서 matrix_add(I, C)로 구하는 것을 생각해볼 수 있지만 두 가지 방법 모두 직관적이지 않습니다.

그러나 NumPy를 사용하면 대부분의 경우 '해당 수식을 그 모습 그대로' 프로그램으로 구현할 수 있습니다. NumPy에서는 리스트가 아닌 **NumPy** 배열이라는 독자적인 객체를 사용해서 계산합니다. 그리고 이 배열은 다음과 같이 매우 단순하게 생성할 수 있습니다.

```
>>> I = np.array([[1, 0], [0, 1]])
>>> C = np.array([[1, 2], [3, 4]])
```

np.array( )에 인수에 리스트를 전달하면 됩니다. I와 C의 내용을 들여다 본 모습은 다음과 같습니다.

```
>>> I
array([[1, 0],
       [0, 1]])
>>> C
array([[1, 2],
       [3, 4]])
```

array라는 데이터형으로 구성되어 리스트와는 확실히 다르다는 것을 알 수 있습니다.

```
>>> I + C
array([[2, 2],
       [3, 5]])
```

수식의 모습 그대로 직관적으로 계산할 수 있습니다. 이처럼 NumPy 배열을 사용하면 선형대수를 비롯한 여러 수치계산을 효율적으로 구현할 수 있습니다. 딥러닝에서는 행렬과 벡터를 계산할 일이 많으므로 NumPy 배열을 이해하고 이용하는 법을 익히는 것은 필수입니다.

2.4.2 NumPy로 벡터, 행렬 계산

NumPy를 사용하면 벡터와 행렬의 사칙연산은 당연히 할 수 있고 1장에서 설명했던 계산도 쉽게 할수 있습니다. 예를 들어보겠습니다. 먼저 벡터의 합과 스칼라곱을 살펴보겠습니다.

```
>>> a = np.array([1, 2, 3])
>>> b = np.array([-3, -2, -1])
>>> a + b
array([-2, 0, 2])
>>> 3 * a
array([3, 6, 9])
```

'a * b'라고 쓰면 벡터의 요소끼리 곱합니다.

```
>>> a * b
array([-3, -4, -3])
```

내적을 구할 때는 np.dot( )을 사용합니다.

```
>>> np.dot(a, b)
-10
```

행렬도 벡터와 같은 방법으로 계산할 수 있습니다.

```
>>> A = np.array([[1, 2, 3], [4, 5, 6]])
>>> B = np.array([[-3, -2, -1], [-6, -5, -4]])
>>> A + B
array([[-2, 0, 2],
       [-2, 0, 2]])
>>> 3 * A
array([[ 3, 6, 9],
       [12, 15, 18]])
```

NumPy에서 행렬의 곱은 벡터 계산과 같이 각 요소끼리 단순히 곱한 요소곱입니다.

```
>>> A * B
array([[ -3, -4, -3],
       [-24, -25, -24]])
```

그러나 수학에서 행렬을 곱할 때는 각 행렬의 행벡터와 열벡터를 내적한 것이 각 성분이 됩니다. 따라서 행렬의 곱을 구할 경우 np.dot( )을 사용해야 합니다. 그러나 위의 예제에서는 행렬 A, B가 각각 2×3 행렬이므로 단순히 곱을 계산하면 오류가 발생합니다.

```
>>> np.dot(A, B)
Traceback (most recent call last):
  File "<stdin>", line 1, in <module>
ValueError: shapes (2,3) and (2,3) not aligned: 3 (dim 1) != 2 (dim 0)
```

행렬 A의 전치행렬과 B의 곱은 계산할 수 있습니다. 전치행렬을 구하려면 'A.T'라고 씁니다.

```
>>> A.T
array([[1, 4],
       [2, 5],
       [3, 6]])
>>> np.dot(A.T, B)
array([[-27, -22, -17],
       [-36, -29, -22],
       [-45, -36, -27]])
```

NumPy의 벡터(1차원 배열)에서는 행벡터와 열벡터를 구분하지 않습니다. 예를 들어, 다음과 같이 행렬과 벡터가 있을 때

$$A = \begin{pmatrix} 1 & 2 \\ 3 & 4 \end{pmatrix}, b = \begin{pmatrix} -1 \\ -2 \end{pmatrix} \tag{2.1}$$

행렬 A의 차원은 2×2이고 벡터 b의 차원은 2×1이므로 Ab로 곱을 계산할 수 있지만 bA는 계산할 수 없고 계산하려면 $b^T A$로 바꿔서 계산해야 합니다. 이 계산을 수식 그대로 다음과 같이 엄밀하게 구현할 수 있습니다.

```
>>> A = np.array([[1, 2], [3, 4]])
>>> b = np.array([-1, -2])
>>> np.dot(A, b)
array([ -5, -11])
>>> np.dot(b.T, A)
array([ -7, -10])
```

그러나 행벡터와 열벡터를 구분하지 않으므로 다음과 같이 구현하면

```
>>> np.dot(b, A)
array([ -7, -10])
```

b.T를 하지 않아도 됩니다. 딥러닝에서는 이처럼 행렬과 벡터의 곱을 계산해야 할 경우가 많으므로 이 내용을 확실하게 알고 넘어가야 합니다.

2.4.3 배열과 다차원 배열 생성

NumPy에는 배열을 초기화하는 여러 개의 메서드가 있습니다. 예를 들어, 성분이 모두 0인 벡터(배열)를 생성해두고 특정 성분만 나중에 바꿀 수 있습니다. 초기화 메서드는 대표적으로 np.zeros()와 np.ones()를 꼽을 수 있습니다. np.zeros()는 성분이 모두 0인 배열(벡터)을 생성하고 np.ones()는 성분이 모두 1인 배열을 생성합니다.

```
>>> np.zeros(4)
array([ 0., 0., 0., 0.])
>>> np.ones(4)
array([ 1., 1., 1., 1.])
```

물론 이때 생성되는 것은 일반적인 NumPy 배열이므로 다음과 같이 스칼라곱을 할 수도 있습니다.

```
>>> np.ones(4) * 2
array([ 2., 2., 2., 2.])
```

그리고 np.arange()를 사용하면 일정 범위의 수를 포함하는 배열을 생성할 수 있습니다.

```
>>> np.arange(4)
array([0, 1, 2, 3])
```

이처럼 인수가 한 개일 경우에는 0부터 시작해서 함수에 넘겨준 인수에서 하나를 뺀 수까지 1씩 증가하는 요소를 포함하는 배열이 생성됩니다. 인수가 두 개일 경우

```
>>> np.arange(4, 10)
array([4, 5, 6, 7, 8, 9])
```

위와 같이 배열의 첫 번째 값과 마지막 값을 정할 수 있습니다. 여기에 인수를 한 개 더 추가하면

```
>>> np.arange(4, 10, 3)
array([4, 7])
```

값의 간격을 변경할 수 있습니다.

NumPy에 있는 메서드를 사용하면 벡터(1차원 배열)를 쉽게 초기화할 수 있고 행렬(다차원 배열)도 초기화할 수 있습니다. 예를 들어, 2 × 3차원의 영행렬을 생성하는 방법은 다음과 같습니다.

```
>>> np.zeros(6).reshape(2, 3)
array([[ 0., 0., 0.],
       [ 0., 0., 0.]])
```

이처럼 np.reshape()를 사용하면 1차원 배열을 다차원으로 변형할 수 있습니다. 그리고 행렬을 더 쉽게 생성하는 메서드도 있습니다. 예를 들어, 다음과 같이 np.identity()를 사용하면 단위행렬이 생성됩니다.

```
>>> np.identity(3)
array([[ 1., 0., 0.],
       [ 0., 1., 0.],
       [ 0., 0., 1.]])
```

2.4.4 슬라이스

NumPy에서는 배열의 각 성분이나 배열의 일부분을 쉽게 구할 수 있습니다. 일반적인 리스트와 사용법이 비슷합니다.

```
>>> a = np.arange(10)
>>> a[0]
0
>>> a[-1]
9
```

배열의 일부분을 구하려면

```
>>> a[1:5]
array([1, 2, 3, 4])
```

위와 같이 'a[첫 인덱스 : 마지막 인덱스 + 1]'이라고 씁니다. 그리고

```
>>> a[5:]
array([5, 6, 7, 8, 9])
```

위와 같이 첫 인덱스만 쓰면 그 뒤의 모든 요소를 포함한 배열을 구할 수 있습니다.

이와 반대로

```
>>> a[:5]
array([0, 1, 2, 3, 4])
```

위와 같이 첫 인덱스를 생략할 수도 있는데 이 경우에는 첫 인덱스가 0으로 취급됩니다.

그리고 슬라이스 기능을 사용하면 더욱 유연하게 성분을 구할 수 있습니다.

```
>>> a[1:5:2]
array([1, 3])
```

위와 같이 세 번째 인수를 지정하면 요소를 구할 간격을 변경할 수 있습니다(np.arange()의 인수도 마찬가지입니다). 이를 응용하면 다음과 같이

```
>>> a[::-1]
array([9, 8, 7, 6, 5, 4, 3, 2, 1, 0])
```

본래의 배열의 순서를 거꾸로 한 배열을 구할 수도 있습니다.

지금까지 1차원 배열에 관해서만 설명했지만 다차원의 경우에도 이 기능을 적용할 수 있습니다.

```
>>> B = np.arange(1, 7).reshape(2, 3)
>>> B
array([[1, 2, 3],
       [4, 5, 6]])
```

위의 예에서 B가 2차원이므로 다음과 같이 쓰면

```
>>> B[:2]
array([[1, 2, 3],
       [4, 5, 6]])
```

본래의 배열과 같은 것이 구해집니다. 그리고 다음과 같이 쓰면

```
>>> B[:2, 0]
array([1, 4])
```

각 열을 이루는 배열의 성분을 구할 수 있습니다. 여기서 두 번째 값은 B[:2]의 배열에서 어느 성분을 구할지를 나타냅니다. 예를 들어, 0 대신 슬라이스를 쓰면 다음과 같은 결과를 구할 수 있습니다.

```
>>> B[:2, ::-1]
array([[3, 2, 1],
       [6, 5, 4]])
```

배열의 성분을 구하는 것은 매우 까다로운 일이고 특히 다차원 배열에서 성분을 구하는 일은 혼란스러울 수도 있습니다. 그러나 여기에 익숙해진다면 코드량도 줄일 수 있고 처리 속도도 향상시킬 수 있게 되므로 많이 활용하면서 연습하기 바랍니다.

2.4.5 브로드캐스트

NumPy에서는 배열끼리의 덧셈이나 곱셈을 간단하게 계산할 수 있다고 설명했습니다.

```
>>> a = np.array([1, 2, 3])
>>> b = np.array([4, 5, 6])
>>> a + b
array([5, 7, 9])
>>> a * b
array([ 4, 10, 18])
```

그러나 이 계산은 배열의 크기가 서로 같을 때만 가능합니다. 그렇다면 크기가 다를 때는 어떻게 계산해야 할까요? NumPy에서는 크기가 서로 다른 배열끼리도 계산할 수 있는데 이를 '브로드캐스트'라고 합니다. 브로드캐스트의 가장 단순한 예는 다음과 같은 배열과 스칼라 계산일 것입니다.

```
>>> a = np.array([1, 2, 3])
>>> b = 2
>>> a + b
array([3, 4, 5])
>>> a * b
array([2, 4, 6])
```

스칼라 b를 배열 a와 같은 크기로 만든 후에 계산이 실행된다는 것을 알 수 있습니다.

차원이 늘어도 같은 결과가 나옵니다.

```
>>> a = np.array([[1, 2], [3, 4]])
>>> b = 1
>>> a + b
array([[2, 3],
       [4, 5]])
```

차원이 작은 쪽이 스칼라가 아니고 배열이어도 차원이 큰 쪽에 크기를 맞춘 후에 계산됩니다.

```
>>> c = np.array([5, 6])
>>> a + c
array([[ 6,  8],
       [ 8, 10]])
```

여기까지 설명한 것이 브로드캐스트의 기본 사항이며 이를 응용하면 벡터의 외적을 쉽게 계산할 수 있습니다.

```
>>> a = np.array([1, 2, 3])
>>> a[:, np.newaxis]
array([[1],
       [2],
       [3]])
```

위와 같이 np.newaxis를 사용하면 본래의 배열을 행벡터로 봤을 때의 열벡터를 구할 수 있습니다.

이를 응용하면

```
>>> a[:, np.newaxis] * a
array([[1, 2, 3],
```

```
       [2, 4, 6],
       [3, 6, 9]])
```

위와 같이 외적을 구할 수 있습니다[13]. 곱의 계산은 이처럼 외적 계산이고 차의 계산은 각 성분의 모든 조합 간의 차를 구할 수 있습니다. 이처럼 브로드캐스트를 응용하면 다양한 계산을 편리하게 할 수 있습니다.

2.5 딥러닝을 위한 라이브러리

이제까지 파이썬의 기본 사항과 선형대수를 효율적으로 계산할 수 있는 라이브러리인 NumPy에 대해 알아봤습니다. 다음 장부터는 딥러닝을 구성하는 신경망의 이론과 구현 방법을 설명하겠습니다. 이를 위한 준비로서 이번 장의 마지막 부분에서는 딥러닝을 위한 라이브러리를 설치하는 방법을 설명하겠습니다. 라이브러리의 구체적인 사용법은 다음 장에서 실제로 구현해보며 학습하겠습니다.

2.5.1 TensorFlow

텐서플로(TensorFlow, https://www.tensorflow.org/)[14]는 2015년 11월에 구글이 오픈소스로 공개한 라이브러리입니다. 텐서플로는 신경망(딥러닝)에 많이 이용되지만 다른 알고리즘에도 사용할 수 있습니다. 텐서플로의 특징으로 다음과 같이 세 가지를 들 수 있습니다.

- 모델을 수식에 따라 구현할 수 있으므로 직관적으로 기술할 수 있다

- 모델의 일부는 메서드로 만들어져 있어 복잡하게 기술하지 않아도 된다

- 모델의 학습에 필요한 데이터를 가공하는 처리도 메서드로 만들어져 있다

그러나 모델의 수식을 자신이 직접 써야 하는 부분도 있기 때문에 모델을 제대로 이해하고 있지 않으면 구현할 수 없을 수도 있습니다(그러나 이 책을 잘 읽으면 이런 문제는 발생하지 않습니다).

이제 텐서플로를 설치하는 방법을 알아보겠습니다.[15] 2017년 1월 시점에서 최신 버전은 0.12였습니다. 이 버전부터 윈도우, 맥 OS, 리눅스로 주요 OS를 모두 지원하게 됐고, 설치도 쉽게 할 수 있게 됐습니

---

13 벡터의 외적은 np.outer()로도 구할 수 있습니다.

14 TensorFlow의 'Tensor'는 수학에서 벡터나 행렬의 확장형인 텐서를 나타냅니다. 텐서에서는 계수로 그 양이나 개념을 나타내는데, 예를 들어 스칼라는 0계 텐서이고 벡터는 1계 텐서, 행렬은 2계 텐서입니다. 단순한 신경망에서는 2계 텐서까지만 계산하지만 시계열 데이터를 다룰 때는 3계(이상) 텐서까지도 계산합니다. 그러나 프로그램을 구현할 때는 'n차원 배열이 n계 텐서에 대응한다'라고 생각하면 됩니다.

15 자세한 사항은 텐서플로의 공식 설치 페이지(https://www.tensorflow.org/install/)에 정리돼 있으므로 오류가 발생한 경우에는 이 페이지를 참조하기 바랍니다.

다. 그리고 2017년 2월 드디어 1.0이 발표됐습니다. 이 책에서도 1.0을 사용합니다. 아나콘다를 설치한 상태라면 pip라는 파이썬의 라이브러리를 관리하는 도구도 설치돼 있을 것입니다. 이 pip를 사용해 'pip install 〈라이브러리〉'를 실행하면 (만일 지원한다면) 필요한 라이브러리를 설치할 수 있습니다. 텐서플로도 pip를 통해 설치할 수 있습니다. 먼저 pip 자체를 최신 버전으로 업그레이드하겠습니다.

```
$ pip install --upgrade pip
```

그리고 다음 명령을 실행하면 텐서플로가 설치됩니다[16].

```
$ pip install tensorflow
```

또는 지금 자신이 사용하고 있는 PC에 GPU가 설치돼 있다면 다음의 명령으로 설치해서 텐서플로를 GPU 환경에서 이용할 수 있습니다.

```
$ pip install tensorflow-gpu
```

그럼 텐서플로가 설치됐는지 확인해 보겠습니다. 파이썬 인터프리터를 시작하고 다음을 입력해보기 바랍니다.

```
>>> import tensorflow as tf
```

오류가 발생하지 않았다면 제대로 설치된 것입니다.

2.5.2 케라스(Keras)

케라스(Keras)는 텐서플로(및 테아노(Theano))를 래핑한 라이브러리이며, 사용하기 쉬워 많은 인기를 얻고 있는 딥러닝 라이브러리입니다. 텐서플로에서는 모델을 설계할 때 부분적으로 개발자가 직접 수식에 맞춰 구현해야 할 경우가 있지만 케라스에서는 그런 부분에 관해서도 메서드가 마련돼 있어 모델을 쉽게 작성할 수 있습니다. 따라서 간단한 실험을 잠깐 해볼 때 사용하면 매우 편리합니다(물론 일반적인 용도로도 충분히 사용할 수도 있습니다).

---

16 (옮긴이) 이 명령을 실행할 명령 프롬프트는 관리자 권한으로 열기 바랍니다. 그렇지 않으면 권한이 부족해서 아나콘다 내부의 일부 디렉터리에 접근하지 못하고 오류가 발생할 수 있습니다.

케라스도 텐서플로를 설치할 때처럼 다음과 같이 pip를 통해 설치합니다.

```
$ pip install keras
```

그리고 파이썬 인터프리터를 시작해서 import 명령을 입력한 후 다음과 같은 메시지가 출력됐다면 제대로 설치된 것입니다.

```
>>> import keras
Using TensorFlow backend.
```

만일 'Using TensorFlow backend.'가 아니라 'Using Theano backend.'라는 메시지가 표시됐다면 홈 디렉터리 아래에 있는 ~/.keras/keras.json이라는 파일을 열고 다음과 같이 쓰여 있는 행을 찾아

```
"backend": "theano"
```

이 행을 다음과 같이 수정합니다.

```
"backend": "tensorflow"
```

이렇게 하면 텐서플로를 통해 케라스를 실행할 수 있게 됩니다.

2.5.3 테아노(Theano)

테아노[17]는 수치계산의 속도를 높여주는 파이썬 라이브러리입니다. 딥러닝이 널리 알려지기 시작했던 시절에 딥러닝 이론과 구현에 관한 내용이 가장 잘 정리됐다고 일컬어졌던 웹 문서인 'Deep Learning Tutorials[18]'에서 모델을 구현할 때 사용된 라이브러리입니다. 테아노에는 다음과 같은 두 가지 특징이 있습니다.

- 실행할 때 C 언어 코드가 생성되고 컴파일되므로 실행 속도가 빠르다
- 자동 미분 기능

---

17 http://deeplearning.net/software/theano/
18 http://deeplearning.net/tutorial/

그리고 텐서플로와 케라스처럼 GPU 환경도 지원합니다. 그리고 자동 미분 기능은 말 그대로 자동으로 함수의 미분식을 평가하고 계산하는 기능입니다. 예를 들어 $f(x) = x^2$이라는 함수가 있다고 했을 때

```
def f(x):
    return x ** 2

def f_deriv(x):
    return 2 * x
```

위와 같이 도함수를 사용한다면 해당 도함수를 별도로 정의해둬야 합니다. 다시 말하면 도함수를 개발자가 직접 미리 구해둬야 한다는 이야기입니다. 그러나 테아노를 사용하면 도함수를 이렇게 직접 구해둘 필요가 없습니다.

테아노에는 조금 독특한 기법이 필요하므로 자동 미분 기능에 대해 알아보기 전에 테아노의 기본 사항에 관해 먼저 알아보겠습니다. 먼저 다음과 같이 필요한 라이브러리를 읽어들입니다.

```
>>> import numpy as np
>>> import theano
>>> import theano.tensor as T
```

테아노에서는 벡터나 행렬, 스칼라를 나타내는 변수는 모두 '심볼'로 취급합니다. 예를 들어, 다음과 같이 쓰면

```
>>> x = T.dscalar('x')
```

float 형의 스칼라를 나타내는 x라는 심볼이 생성됩니다. dscalar의 d는 double(부동소수점)의 첫 글자입니다. 마찬가지로 iscalar를 사용하면 int 형 스칼라를 생성할 수 있고 dvector()나 dmatrix()를 사용하면 벡터나 행렬을 생성할 수 있습니다. 생성한 심볼을 사용해서 다음과 같이 수식을 정의할 수 있습니다.

```
>>> y = x ** 2
```

이렇게 $y = x^2$이 정의된 것입니다.

그러나 이것은 심볼을 사용해서 수식을 정의한 것일 뿐 아직 계산할 수는 없습니다. 수식에 대응하는 함수를 생성해야 하기 때문입니다. 이 함수는 다음과 같이 theano.function()을 사용해서 생성합니다.

```
>>> f = theano.function(inputs=[x], outputs=y)
```

이때 각각이 실행되는 데 시간이 걸린다는 것을 알 수 있습니다. 이는 theano.function()을 호출할 때 내부에서 해당 수식에 대응하는 프로그램이 컴파일되기 때문입니다. inputs는 함수의 입력, outputs은 함수의 출력에 대응하는 심볼입니다. 이처럼 함수를 정의하고 생성하면

```
>>> f(1)
array(1.0)
>>> f(2)
array(4.0)
>>> f(3)
array(9.0)
```

위와 같이 언제든지 해당 함수를 호출할 수 있습니다. 함수의 반환값이 NumPy 배열(이 예에서는 0차원 배열)인 점에 주의하기 바랍니다.

인수가 스칼라가 아닌 벡터일 경우에도 같은 방법으로 구현할 수 있습니다.

```
>>> x = T.dvector('x')
```

위와 같이 x를 벡터 심볼로 정하면 스칼라의 경우처럼 다음과 같이 기술해서

```
>>> y = x ** 2
>>> f = theano.function(inputs=[x], outputs=y)
>>> a = np.array([1, 2, 3])
>>> f(a)
array([ 1., 4., 9.])
```

위와 같은 결과가 얻어지는 것을 확인 할 수 있습니다.

심볼과 함수를 이해하면 자동 미분을 구현할 수 있습니다.

다음과 같이 정의해두겠습니다.

```
>>> x = T.dscalar('x')
>>> y = x ** 2
```

그럼 y의 미분은 다음과 같이 T.grad()를 사용해서 실행할 수 있습니다.

```
>>> gy = T.grad(cost=y, wrt=x)
```

여기서 인수 cost는 미분하려고 하는 함수이고, wrt는 어느 변수에 관해 미분할지를 나타냅니다[19]. 그리고 gy를 theano.function()에 사용해 실제 함수를 생성합니다.

```
>>> g = theano.function(inputs=[x], outputs=gy)
```

그러면 다음과 같은 결과가 나옵니다.

```
>>> g(1)
array(2.0)
>>> g(2)
array(4.0)
>>> g(3)
array(6.0)
```

$f'(x) = 2x$가 계산됐다는 것을 알 수 있습니다. 간단한 처리 내용을 실행할 경우에 테아노를 사용하면 오히려 기술할 코드의 양이 많아져 번거로울 것 같지만 사실은 복잡한 함수를 다룰수록 테아노를 사용하는 것이 편리합니다.

2.6 정리

이번 장에서는 딥러닝을 구현하기 위한 준비 과정으로 파이썬 환경을 구축하고 파이썬의 기본 사항과 대표적인 라이브러리를 사용하는 법을 살펴봤습니다. 데이터형이나 변수와 같은 파이썬에 관한 기본 중에 기본인 사항부터 시작해서 슬라이스, 브로드캐스트, NumPy 같은 라이브러리를 다루는 법까지 배웠습니다.

다음 장부터는 드디어 딥러닝의 이론과 구현을 공부하겠습니다. 먼저 딥러닝을 이루는 신경망에 관한 기본적인 내용을 살펴보겠습니다.

---

19 wrt는 수학에서 자주 사용되는 w.r.t(with regard to)를 말합니다.

이번 장에서 드디어 딥러닝의 핵심인 신경망에 대해 공부합니다. 일단 신경망이란 무엇인지, 그리고 신경망이란 어떤 기법인지를 알아보겠습니다. 이번 장에서 설명할 기법은 다음과 같습니다.

- 단순 퍼셉트론
- 로지스틱 회귀
- 다중 클래스 로지스틱 회귀
- 다층 퍼셉트론

이들 기법은 딥러닝에 관한 기초 중의 기초이며 딥러닝을 제대로 이해하려면 이 모두를 알아야 합니다. 이제 이러한 기법을 순서대로 소개할 것이므로 확실하게 이해하기 바랍니다.

3.1 신경망이란?

3.1.1 뇌와 신경망

신경망(neural network)은 여러 인공지능 분야에서 쓰이는 알고리즘 중 하나인데 신경망의 큰 특징은 '인간의 뇌 구조를 모방한다'는 것입니다. 인간의 뇌는 뉴런(neuron)이라는 신경세포로 구성돼 있고 '신경망'이라는 이름도 본래 이 뉴런에서 나온 단어입니다. 신경망을 뉴런의 네트워크라고 부르는 이유는 인간의 뇌가 뉴런이 네트워크를 이루고 있는 형태로 만들어져 있기 때문입니다. 인간의 대뇌피질에는 약 140억 개의 뉴런이 거대한 그물망과 같은 네트워크를 형성하고 있습니다. 뉴런끼리 정보를 전달하므로 인간은 사물을 인식하고 정보를 처리할 수 있는 것입니다.

뉴런과 뉴런 사이에는 전기 신호를 통해 정보가 전달됩니다. 뉴런이 다른 (여러 개의) 뉴런으로부터 입력을 받으면 자신 안에서 전기를 더한 후 전체 전기량이 어떤 임곗값을 넘으면 다음 뉴런으로 전기신호를 보냅니다. 그림 3.1은 뉴런과 뉴런 사이에서 이뤄지는 정보 전달을 보여줍니다. 이 전기신호가 뉴런의 네트워크 안에서 흐르고 있는데 각 뉴런 사이의 결합의 강도가 다르므로 어떤 뉴런이 얼마만큼의 전기신호를 받는지에 따라 네트워크 전체에서 전기신호가 전달되는 방식이 달라집니다. 이처럼 신호가 전달되는 방식이 달라지기 때문에 인간은 패턴의 차이를 인식하는 것입니다.

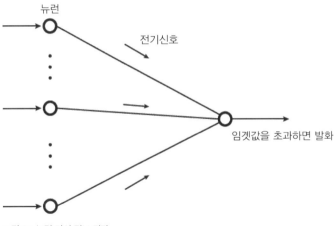

그림 3.1 뉴런 간의 정보 전달

3.1.2 딥러닝과 신경망

인간의 뇌는 뉴런이 네트워크를 이루고 있기 때문에 '신경망'이라는 명칭도 신경망이 이 네트워크 구조를 모방한 알고리즘이기 때문에 붙여진 이름이라고 이야기했습니다. 그러나 뇌는 매우 복잡한 구조를 이루고 있으므로 뇌 구조를 모델화하는 방법은 실제로 신경망 알고리즘을 연구하는 데 중요한 사항이 됐습니다. 그러므로 신경망 알고리즘을 이해하고 구현하려면 전기신호가 뉴런 사이에서 전파되는 형태를 모델로 만드는 방법에 대해서도 생각해야 합니다. 그리고 물론 이 뿐만이 아닙니다. 뉴런끼리 전기신호를 주고받고 있다고는 하지만 네트워크 안에서 신호가 아무렇게나 전달되는 것은 아니기 때문에 뉴런의 네트워크의 구조에 대해서 공부하고 모델화해야 합니다.

아직 인간의 뇌에 대해 모든 것이 밝혀진 것은 아니지만 뉴런의 네트워크 안에서 신호가 계층적으로 처리된다는 것은 오래전에 밝혀졌습니다. 그림 3.2를 참조하면 이해하기 쉬울 것입니다. 예를 들어, 인간의 시각계에서는 눈의 망막을 통해 들어온 정보가 점에 응답하는 뉴런 층에 전파됩니다. 그리고 그 뉴런 층에서 출력된 전기신호가 선에 응답하는 뉴런 층에 전파된 후에 전체 윤곽에 응답하는 층으로 전파되고, 이것이 더욱 자세한 부분에 응답하는 층으로... 이런 방식으로 전파됩니다. 그리고 마지막에는 일상에서 우리가 지각하는 "개"나 "고양이" 같은 패턴을 인식하는 것입니다.

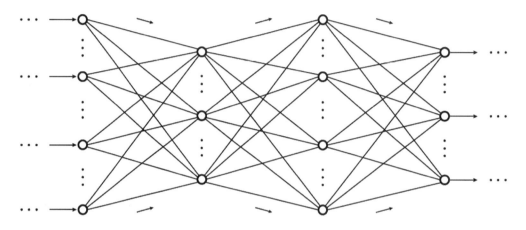

그림 3.2 정보가 계층 구조의 형태로 전달된다

딥러닝이란 기본적으로는 이런 (깊은) 계층 구조를 모델화한 신경망을 말합니다. 이 내용만 보면 간단한 문제일 것 같지만 실제로 모델화하는 데는 다양한 연구가 필요합니다. 특히 딥러닝이 등장하기 이전에는 계층을 얼마나 깊게 만들 수 있는지가 큰 과제였습니다. 딥러닝을 공부한다는 것은 신경망 기술의 발전 과정을 공부하는 것과도 연관됩니다. 먼저 단순한 네트워크 구조를 모델화해보고 점점 복잡한(여러 층으로 이뤄진) 네트워크를 모델화해 보겠습니다.

3.2 신경망이라는 회로

3.2.1 단순한 모델화

앞서 이야기한 것처럼 뉴런은 전기신호를 통해 다른 뉴런에게 정보를 전달합니다. 인간 뇌의 내부는 뉴런의 네트워크로 이뤄져 있는데 그 네트워크 사이를 전기신호가 흐르고 있으므로 인간의 뇌는 하나의 회로라고 생각할 수 있습니다. 뉴런이 어떤 임곗값 이상의 전기신호를 받으면 발화해서 다른 뉴런에게 전기신호를 보내는데 이런 기능이 회로 안에서 전기의 흐름을 제어합니다.

단순하게 예를 들어 어떤 뉴런이 두 개의 뉴런으로부터 전기신호를 받았을 경우를 생각해 보겠습니다[1]. 여기서 주의할 점은 다음과 같습니다.

- 두 개의 뉴런 중 어느 것이 어느 정도의 전기신호를 받는가

- 임곗값은 어느 정도로 설정해야 하는가

- 임곗값을 넘었을 때 어느 정도의 전기신호를 보내는가

이 세 가지 사항을 생각해야 합니다. 이 사항들을 생각하는 것이 (단순한) 신경망 모델화로 이어집니다. 일단 그림을 그려서 생각해 보겠습니다. 그림 3.3을 보기 바랍니다. 전기신호의 흐름을 살펴보려면 먼저 뉴런 두 개가 연결된 경우부터 생각해야 합니다. 이 두 개의 뉴런이 얼마만큼의 전기신호를 받는 지를 각각 x_1, x_2이라는 변수로 표현하기로 하겠습니다. 이 두 개의 뉴런은 정보의 입구(입력부)가 되는 부분이므로 이 두 개의 뉴런에는 임곗값이 없으며 다음 뉴런에게 그대로 전기신호(정보)를 전달합니다. 그러나 각 뉴런 사이에서 결합의 강도가 모두 다르므로 실제로 전기신호가 전달되는 양도 모두 다릅니다. 이 결합의 강도를 각각 w_1, w_2로 표현하겠습니다. 그렇다면 두 개의 뉴런으로부터 전달되는 전기신호의 총량은 다음과 같습니다.

$$w_1 x_1 + w_2 x_2 \tag{3.1}$$

이 w_1, w_2를 네트워크의 웨이트(가중치)라고 부릅니다.

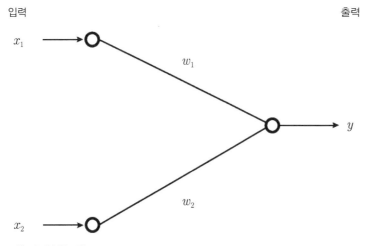

그림 3.3 단순한 모델

---

1 신경망 모델에서의 '뉴런'은 인간의 뇌 안에 있는 (생물학적인) 뉴런을 매우 단순하게 만든 것입니다. 실제 뇌에 있는 것과 엄밀하게 구분하기 위해 신경망 모델에서의 뉴런을 일반적으로 '유닛(unit)'이라고 부릅니다. 그러나 이 책에서는 독자가 상상하기 쉽도록 두 가지 모두 뉴런이라고 부릅니다.

전기신호를 받은 뉴런이 다음 뉴런으로 신호를 보낼지(발화할지) 보내지 않을지는 해당 뉴런이 받은 전기량이 임곗값을 넘었는지 넘지 않았는지에 의해 정해집니다. 따라서 이 임곗값을 θ라고 했을 때 조 건식 $w_1 x_1 + w_2 x_2 \geq \theta$를 만족하면 해당 뉴런이 발화하고 조건식을 만족하지 않으면 발화하지 않습니다. 뉴런이 발화할 때 다음 뉴런으로 전기량이 얼마나 전해지는지에 관한 정보는 네트워크의 웨이트가 가지고 있으므로 뉴런의 발화에 관해서는 +1(발화했다)과 0(발화하지 않았다)만을 생각하면 됩니다.

따라서 이전 뉴런으로부터 받는 전기신호량(= 출력)을 y라고 하면 이 y는 다음과 같은 식으로 나타낼 수 있습니다.

$$y = \begin{cases} 1 & (w_1 x_1 + w_2 x_2 \geq \theta) \\ 0 & (w_1 x_1 + w_2 x_2 < \theta) \end{cases} \tag{3.2}$$

이렇게 해서 단순한 모델을 만들어 봤습니다. 네트워크의 웨이트 w_1, w_2와 임곗값 θ를 알맞게 설정한 다면 입력 x_1, x_2에 대한 출력 y 값이 실제 뇌 안에서 전파되는 전기신호량과 같아질 것입니다. 신경망 이 아무리 복잡해져도 기본적으로 위에 나온 내용을 응용하면 됩니다.

3.2.2 논리회로

3.2.2.1 논리 게이트

인간의 뇌는 정보를 아날로그(=연속된 값) 방식으로 처리합니다. 따라서 뇌 안에 있는 신경회로는 아 날로그 회로라고 말할 수 있습니다. 기계를 구성하는 전자회로에는 아날로그 회로와 **디지털 회로**가 있 습니다. 디지털 회로를 사용하면 자연계의 정보를 디지털(0과 1) 방식으로 처리하므로 아날로그 방식 으로 신호를 처리할 때보다 정보를 빠르게 처리할 수 있습니다.

디지털 회로에서는 0과 1 신호의 입출력을 제어하기 위해 **논리 게이트**라는 회로를 사용합니다. 자세한 내용은 나중에 이야기하겠지만 논리 게이트에는 기본적으로 다음의 세 가지가 있습니다.

1. AND 게이트(논리곱)

2. OR 게이트(논리합)

3. NOT 게이트(논리부정)

이들 세 가지를 조합해서 모든 입출력 패턴을 만듭니다. 신경망으로 정보를 처리한다는 것은 인간 대 신 기계가 정보를 처리한다는 것이므로 이러한 논리 게이트를 구축할 수 있는지 여부가 가장 중요합니다. 앞서 모델화한 식은 인간의 뇌를 모방한 것이므로 이 식을 아날로그 회로와 디지털 회로 모두로 구현할 수 있습니다. 이들 세 개의 논리 게이트를 어떻게 신경망으로 구현할 수 있는지 순서대로 살펴보겠습니다.

3.2.2.2 AND 게이트

AND 게이트는 논리곱이라고도 불리는 회로입니다. 회로 기호는 그림 3.4와 같이 표현합니다.

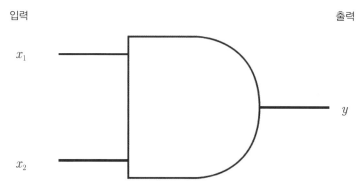

그림 3.4 AND 게이트의 회로기호

AND 게이트는 그림 3.4처럼 입력이 두 개, 출력이 한 개인데 양쪽 입력에 1이 들어왔을 때만 1을 출력하고 그 밖의 경우에는 0을 출력합니다.

표 3.1 AND 게이트의 입출력

x_1	x_2	y
0	0	0
0	1	0
1	0	0
1	1	1

AND 게이트로 만든 회로는 앞에서 본 단순한 모델과 동일한 형태(입력 두 개, 출력 한 개)이므로 AND 게이트를 신경망으로 구현하려면 표 3.1에 나온 (x_1, x_2, y)의 4가지 모든 조합을 식 3.3에 대입했을 때 이 식이 만족하도록 (w_1, w_2, θ) 값을 정하면 됩니다.

$$y = \begin{cases} 1 & (w_1 x_1 + w_2 x_2 - \theta \geq 0) \\ 0 & (w_1 x_1 + w_2 x_2 - \theta < 0) \end{cases} \tag{3.3}$$

그럼 실제로 (w_1, w_2, θ)를 구하는 방법을 알아보겠습니다. 예를 들어, 대충 $(w_1, w_2, \theta) = (2, 1, 3)$과 같은 값을 골라서 넣어봤더니 맞더라, 하는 운 좋은 경우도 있겠지만 대부분의 경우에 이런 일은 일어나지 않습니다. 값을 대충 고를 경우에는 그 값을 식에 넣어서 나오는 출력과 정답인 출력과의 차를 구하면서 값을 다시 골라가야 합니다.

예를 들어, 값을 $(w_1, w_2, \theta) = (1, 1, 0)$으로 선택하면 $(x_1, x_2) = (0, 0)$일 때 $1 \cdot 0 + 1 \cdot 0 - 0 = 0$으로 계산되어 출력은 $y = 1$이 됩니다. 그러나 본래 정답은 $y = 0$입니다. 계산 결과와 정답을 비교해서 이야기하자면 이것은 잘못 발화돼버린 결과라고 말할 수 있습니다. 다시 말하면 뉴런끼리의 결합이 강하거나 임곗값이 너무 낮은 상태이기 때문에 (입력이 0보다 크다면) 웨이트를 줄이거나 임곗값을 늘리는 방법으로 출력을 줄이는 방법을 생각해볼 수 있습니다.

이처럼 파라미터(w_1, w_2, θ)의 조합으로 이뤄진 입력을 시험해보고 이때 나온 출력이 틀렸다면 파라미터를 다시 수정하면서 정답에 접근시켜가는 방법을 '오차정정학습법'이라고 합니다. 정답인 출력값을 t라고 하고, 모델에서 출력되는 값을 그대로 y라고 했을 때 이 방법은 다음과 같이 정리할 수 있습니다.

- $t = y$일 때는 정답이 출력되므로 수정하지 않는다.

- $t = 0, y = 1$일 때는 출력이 너무 크다는 것이므로 입력이 양수이면 웨이트를 작게 하고 입력이 음수이면 웨이트를 늘리는 방향으로 수정한다. 그리고 임곗값을 크게 한다.

- $t = 1, y = 0$일 때는 출력이 너무 작다는 것이므로 입력이 양수이면 웨이트를 크게 하고 입력이 음수이면 웨이트를 작게 하는 방향으로 수정한다. 그리고 임곗값은 작게 한다.

이렇게 이전 파라미터값을 새 값으로 수정한 폭(차이)을 각각 $\Delta w_1, \Delta w_2, \Delta \theta$라고 하고 k번째 수행에 의해 구해진 웨이트와 임곗값을 각각 $w_1^{(k)}, w_2^{(k)}, \theta^{(k)}$라고 하면 오차정정학습법의 식(의 한 가지 예)은 다음과 같이 정리할 수 있습니다.

$$
\begin{aligned}
\Delta w_1 &= (t - y)x_1 \\
\Delta w_2 &= (t - y)x_2 \\
\Delta \theta &= -(t - y)
\end{aligned}
\tag{3.4}
$$

$$
\begin{aligned}
w_1^{(k+1)} &= w_1^{(k)} + \Delta w_1 \\
w_2^{(k+1)} &= w_2^{(k)} + \Delta w_2 \\
\theta^{(k+1)} &= \theta^{(k)} + \Delta \theta
\end{aligned}
\tag{3.5}
$$

k번째 수행에서 수정된 폭을 반영하고 $k + 1$번째를 또 수행하는 방식으로 수정된 폭이 없어질 때까지(표 3.1의 모든 조합을 식에 하나씩 대입했을 때 정답이 출력될 때까지) 수행을 반복합니다. 그렇다면 이 식을 사용해 실제로 AND 게이트를 구현할 수 있는지 살펴보겠습니다. 먼저 값을 대충 $(w_1, w_2, \theta) = (0, 0, 0)$으로 선택해서 수행해 보겠습니다. 이 값으로 계산한 결과를 표 3.2에 정리했습니다.

표 3.2 오차정정학습법으로 계산한 AND 게이트

k	x_1	x_2	t	w_1	w_2	θ	y	$t-y$	Δw_1	Δw_2	$\Delta\theta$
1	0	0	0	0	0	0	1	-1	0	0	1
2	0	1	0	0	0	1	0	0	0	0	0
3	1	0	0	0	0	1	0	0	0	0	0
4	1	1	1	0	0	1	0	1	1	1	-1
5	0	0	0	1	1	0	1	-1	0	0	1
6	0	1	0	1	1	1	1	-1	0	-1	1
7	1	0	0	1	0	2	0	0	0	0	0
8	1	1	1	1	0	2	0	1	1	1	-1
9	0	0	0	2	1	1	0	0	0	0	0
10	0	1	0	2	1	1	1	-1	0	-1	1
11	1	0	0	2	0	2	1	-1	-1	0	1
12	1	1	1	1	0	3	0	1	1	1	-1
13	0	0	0	2	1	2	0	0	0	0	0
14	0	1	0	2	1	2	0	0	0	0	0
15	1	0	0	2	1	2	1	-1	-1	0	1
16	1	1	1	1	1	3	0	1	1	1	-1
17	0	0	0	2	2	2	0	0	0	0	0
18	0	1	0	2	2	2	1	-1	0	-1	1
19	1	0	0	2	1	3	0	0	0	0	0
20	1	1	1	2	1	3	1	0	0	0	0
21	0	0	0	2	1	3	0	0	0	0	0
22	0	1	0	2	1	3	0	0	0	0	0
23	1	0	0	2	1	3	0	0	0	0	0
24	1	1	1	2	1	3	1	0	0	0	0

오차정정학습법이라는 이름을 보고 알 수 있듯이 정답인 출력이 구해질 때까지 수행을 반복하는 과정을 '네트워크를 **학습시킨다**'라고 말합니다. 학습한 결과로 $(w_1, w_2, \theta) = (2, 1, 3)$이라는 답이 구해졌으므로

$$2x_1 + x_2 - 3 = 0 \tag{3.6}$$

뉴런이 발화하는 경계를 식 3.6이 결정한다는 것을 알 수 있습니다. 이 식을 x_1-x_2 평면에 그래프로 나타낸 것은 그림 3.5와 같습니다. AND 게이트의 데이터가 주어진 신경망은 구해진 직선으로 데이터를 분류합니다. 그림을 보면, 다른 여러 가지 직선으로도 데이터 분류가 가능하다는 것을 알 수 있듯이 오차정정학습법에 의해 구해진 식 3.6은 어디까지나 데이터 분류가 잘 된 예 중의 하나라고 할 수 있습니다.

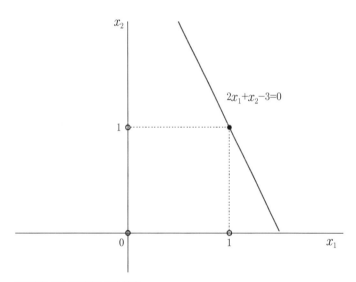

그림 3.5 AND 게이트의 분리 경계

3.2.2.3 OR 게이트

OR 게이트는 논리합이라고 하며 AND 게이트와 마찬가지로 입력이 두 개고 출력이 한 개인 회로입니다. 회로기호는 그림 3.6과 같습니다.

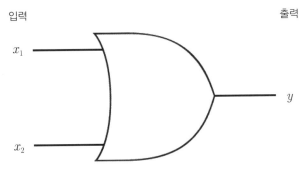

입력   출력

그림 3.6 OR 게이트의 회로기호

AND 게이트와의 차이점을 이야기하면 OR 게이트에서는 두 개의 입력 중 하나라도 1이면 출력도 1이 된다는 점입니다. 이 논리를 표 3.3에 정리했습니다.

표 3.3 OR 게이트의 입출력

x_1	x_2	y
0	0	0
0	1	1
1	0	1
1	1	1

AND 게이트도 OR 게이트도 네트워크(회로)의 형태는 같으므로 AND 게이트와 동일한 방법으로 학습할 수 있습니다. 오차정정학습법을 사용해 계산한 결과를 표 3.4에 정리했습니다. 표 3.4에 나온 결과로 식 3.7을 만들 수 있습니다.

$$x_1 + x_2 - 1 = 0 \tag{3.7}$$

이 식이 OR 게이트의 분류 직선(중의 하나)이라는 것을 알 수 있습니다.

표 3.4 오차정정학습법으로 계산한 OR 게이트

k	x_1	x_2	t	w_1	w_2	θ	y	$t-y$	Δw_1	Δw_2	$\Delta\theta$
1	0	0	0	0	0	0	1	-1	0	0	1
2	0	1	1	0	0	1	0	1	0	1	-1
3	1	0	1	0	1	0	1	0	0	0	0
4	1	1	1	0	1	0	1	0	0	0	0

k	x_1	x_2	t	w_1	w_2	θ	y	$t-y$	Δw_1	Δw_2	$\Delta \theta$
5	0	0	0	0	1	0	1	-1	0	0	1
6	0	1	1	0	1	1	1	0	1	0	0
7	1	0	1	0	1	1	0	1	0	0	-1
8	1	1	1	1	1	0	1	0	0	0	0
9	0	0	0	1	1	0	1	-1	0	0	1
10	0	1	1	1	1	1	1	0	0	0	0
11	1	0	1	1	1	1	1	0	0	0	0
12	1	1	1	1	1	1	1	0	0	0	0
13	0	0	0	1	1	1	0	0	0	0	0
14	0	1	1	1	1	1	1	0	0	0	0
15	1	0	1	1	1	1	1	0	0	0	0
16	1	1	1	1	1	1	1	0	0	0	0

이 분류직선을 $x_1 \cdot x_2$ 평면에 그린 것은 그림 3.7과 같습니다.

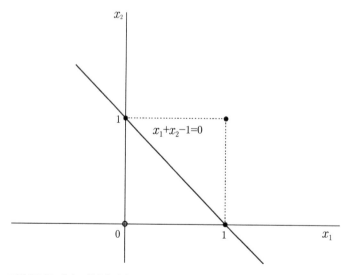

그림 3.7 OR 게이트의 분리 경계

3.2.2.4 NOT 게이트

NOT 게이트는 논리부정을 나타냅니다. AND 게이트나 OR 게이트와 달리 입력도 출력도 한 개인 회로입니다. 회로기호는 그림 3.8과 같이 나타냅니다.

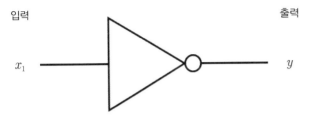

입력   출력

x_1 y

그림 3.8 NOT 게이트의 회로기호

NOT 게이트는 입력을 반전시킨 신호를 출력합니다. 입력이 0이면 1을 출력하고 입력이 1이면 0을 출력하는 것입니다. 표로 정리하면 다음의 표 3.5와 같습니다.

표 3.5 NOT 게이트의 입력과 출력

x_1	y
0	1
1	0

NOT 게이트는 입력이 한 개이므로 출력을 식 3.8과 같이 나타낼 수 있습니다.

$$y = w_1 x_1 - \theta \tag{3.8}$$

신호를 반전시킨 것이므로 $w_1 = -1$인 것은 금방 알 수 있고 그에 따라 $\theta = -1$이라는 것도 금방 구할 수 있긴 하지만 오차정정학습법을 사용해 이들 값을 구할 수 있습니다. 수정 폭은 다음 식과 같습니다.

$$\Delta w_1 = (t - y)x_1$$
$$\Delta \theta = -(t - y) \tag{3.9}$$

$$w_1^{(k+1)} = w_1^{(k)} + \Delta w_1$$
$$\theta^{(k+1)} = \theta^{(k)} + \Delta \theta \tag{3.10}$$

계산 과정을 표로 정리한 것은 표 3.6과 같습니다.

표 3.6 오차정정학습법으로 계산한 NOT 게이트

k	x_1	t	w_1	θ	y	$t-y$	Δw_1	Δw_2
1	0	1	0	0	0	1	0	-1
2	1	0	0	-1	1	-1	-1	1
3	0	1	-1	0	0	1	0	-1
4	1	0	-1	-1	0	0	0	0
5	0	1	-1	-1	1	0	0	0
6	1	0	-1	-1	0	0	0	0

결국 다음과 같은 분류식이 구해집니다.

$$y = -x_1 + 1 \tag{3.11}$$

이렇게 해서 세 개의 기본 논리 게이트를 신경망으로 표현했는데 이들을 조합해서 다른 패턴에 적용할 수 있습니다.

3.3 단순 퍼셉트론

3.3.1 모델화

앞서 신경망으로 논리 게이트를 학습할 때는 뉴런의 발화식과 함께 오차정정학습법의 수정값도 식으로 만들어 차례로 계산했습니다. 앞서 논리 게이트의 입력 개수는 많아봤자 두 개였지만 이 입력 개수가 그 이상으로 많을 경우에는 어떻게 학습해야 할까요? 입력을 n개로 확장해서 일반화해 보겠습니다. 그림 3.9에 모델의 개념을 나타냈습니다.

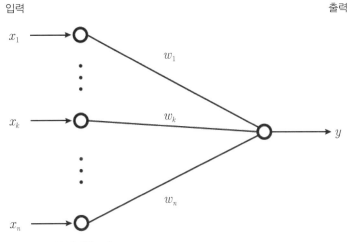

입력　　　　　　　　　　　　　　　　　　　　출력

그림 3.9 입력을 확장한 모델

입력 수가 늘어도 '받아들인 전기량이 임곗값을 넘으면 발화한다'라는 뉴런의 특징은 변함없으므로 출력은 다음과 같은 식으로 나타낼 수 있습니다.

$$y = \begin{cases} 1 & (w_1x_1 + w_2x_2 + \cdots + w_nx_n \geq \theta) \\ 0 & (w_1x_1 + w_2x_2 + \cdots + w_nx_n < \theta) \end{cases} \tag{3.12}$$

이때 다음 식과 같은 함수 $f(x)$가 있다고 하면

$$f(x) = \begin{cases} 1 & (x \geq 0) \\ 0 & (x < 0) \end{cases} \tag{3.13}$$

네트워크의 출력 y는 다음과 같이 변경할 수 있습니다.

$$y = f(w_1x_1 + w_2x_2 + \cdots + w_nx_n - \theta) \tag{3.14}$$

이 $f(x)$를 **계단함수**(step function)라고 합니다. 식을 덧셈으로 통일해서 다루기 쉽게 변형하기 위해 $b = -\theta$라고 두고 웨이트 w_k와 입력 x_k $(k = 1, 2, \ldots, n)$의 선형합 부분은 벡터의 내적을 사용해서 나타낼 수 있으므로 웨이트와 입력 변수들을 (열)벡터 $\boldsymbol{x}$와 $\boldsymbol{w}$로 아래와 같이 표현할 수 있고

$$x = \begin{pmatrix} x_1 \\ x_2 \\ \vdots \\ x_n \end{pmatrix}, \quad w = \begin{pmatrix} w_1 \\ w_2 \\ \vdots \\ w_n \end{pmatrix} \tag{3.15}$$

이 벡터를 사용해 식 3.14를 변형한 식은 다음과 같습니다.

$$y = f(\boldsymbol{w}^T \boldsymbol{x} + b) \tag{3.16}$$

이 식은 네트워크의 출력식을 일반화해서 깔끔하게 정리한 것입니다. 뉴런의 출력을 이런 형태로 나타낸 신경망 모델을 '퍼셉트론'(perceptron)이라고 하며, 특히 그림 3.9처럼 입력한 값이 바로 출력에 전파되는 가장 단순한 형태를 가진 모델을 '단순 퍼셉트론'(simple perceptron)이라고 합니다. 그리고 이 식을 위해 정의한 벡터 $\boldsymbol{w}$를 웨이트 벡터라고 하고 b를 바이어스라고 합니다.

논리 게이트를 모델화할 때 w_1, w_2나 θ 값을 조정했던 것처럼 이렇게 일반화한 모델(퍼셉트론)에서는 웨이트 벡터 $\boldsymbol{w}$와 바이어스 b를 설정해야 합니다. 벡터로 표기하면 오차정정학습법의 수정 폭을 나타내는 식도 간결하게 정리할 수 있습니다.

$$\begin{aligned} \Delta \boldsymbol{w} &= (t - y)\boldsymbol{x} \\ \Delta b &= t - y \end{aligned} \tag{3.17}$$

$$\begin{aligned} \boldsymbol{w}^{(k+1)} &= \boldsymbol{w}^{(k)} + \Delta \boldsymbol{w} \\ b^{(k+1)} &= b^{(k)} + \Delta b \end{aligned} \tag{3.18}$$

3.3.2 구현

벡터를 사용해서 퍼셉트론의 식을 표현하면 이해하기 쉽다는 장점이 있었습니다. 그뿐만 아니라 구현할 때도 벡터와 배열을 대응시키면 직관적으로 구현할 수 있다는 장점도 있습니다. 간단한 예를 살펴보겠습니다. 이제까지는 논리 게이트의 입력인 0, 1을 분류하는 것을 생각했지만 이를 더욱 일반화해서 두 종류의 정규분포를 따르는 데이터를 분류하는 방법을 생각해 보겠습니다. 분류한 결과를 가시화할 수 있도록 이번 예에서는 입력 뉴런을 두 개로 정하겠습니다.

뉴런이 발화하지 않는 데이터는 평균값이 0이고 발화하는 데이터는 평균값이 5이며 각각 10개의 데이터가 있다고 가정하겠습니다. 이 데이터를 생성하는 코드는 다음과 같습니다.

```
import numpy as np

rng = np.random.RandomState(123)

d = 2 # 데이터의 차원
N = 10 # 각 패턴마다의 데이터 수
mean = 5 # 뉴런이 발화하는 데이터의 평균값

x1 = rng.randn(N, d) + np.array([0, 0])
x2 = rng.randn(N, d) + np.array([mean, mean])
```

np.random.RandomState( )로 난수의 상태를 정합니다. 이 실험에서는 정규분포를 따르는 여러 개의 데이터를 생성해야 하는데, 아무렇게나 생성하면 매번 생성되는 데이터 값이 달라집니다. 물론 이런 데이터를 가지고도 실험은 할 수 있겠지만 매번 데이터 값이 다르다면 이 데이터를 가지고 구한 결과도 들쑥날쑥하게 되므로 계산된 결과가 정말 정확한지 평가하기 어려워집니다. 그래서 매번 '동일한 랜덤 상태'를 형성해서 동일한 조건하에서 결과를 내서 그것을 비교, 평가할 수 있도록 구현해야 합니다. 생성한 데이터 x1과 x2를 그래프로 나타내보면 그림 3.10과 같은 분포를 이룬다는 것을 알 수 있습니다. 이렇게 생성한 두 종류의 데이터를 쉽게 처리할 수 있게 x1, x2를 합쳐두겠습니다.

```
x = np.concatenate((x1, x2), axis=0)
```

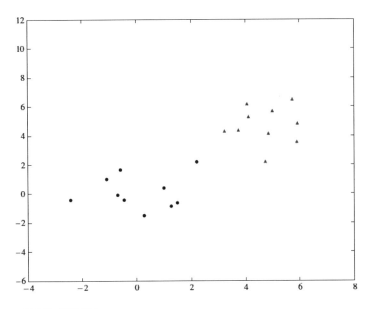

그림 3.10 데이터 분포

그럼 지금 생성한 데이터를 퍼셉트론을 통해 분류해 보겠습니다. 모델에 필요한 파라미터는 웨이트 벡터 w와 바이어스 b이므로 먼저 이것들을 초기화합니다.

```
w = np.zeros(d)
b = 0
```

출력 식은 $y = f(w^T x + b)$였습니다. 이 식을 프로그램 함수로 정의하면 다음과 같습니다.

```
def y(x):
    return step(np.dot(w, x) + b)

def step(x):
    return 1 * (x > 0)
```

이 step(x)가 계단함수를 나타냅니다. 이처럼 수식의 모양과 비슷하게 기술할 수 있어서 직관적으로 구현할 수 있다는 것을 알 수 있습니다.

파라미터를 계속 갱신하려면 제대로 된(정답인) 출력값이 필요하므로 이 출력값을 다음과 같이 정의합니다.

```
def t(i):
    if i < N:
        return 0
    else:
        return 1
```

앞서 정의한 x의 처음 N개는 뉴런이 발화하지 않는 데이터인 x1이고 나머지 N개는 뉴런이 발화하는 데이터인 x2이므로 이렇게 구현할 수 있습니다. 이렇게 해서 학습에 필요한 값(함수)을 모두 준비했습니다. 이제 오차정정학습법을 구현하겠습니다.

오차정정학습법에서는 모든 데이터가 제대로 분류될 때까지 학습을 반복합니다. 따라서 이 코드 부분의 개념을 나타낸 것은 다음과 같습니다.

```
while True:
    #
    # 파라미터 갱신 처리
    #
```

```
if '모든 데이터가 제대로 분류됐다면':
    break
```

이처럼 파라미터를 변경하는 부분에 w, b를 변경해가는 로직을 기술하고 데이터가 모두 제대로 분류됐는지 판별하는 로직도 기술합니다. 모두 구현한 코드는 다음과 같습니다.

```
while True:
    classified = True
    for i in range(N * 2):
        delta_w = (t(i) - y(x[i])) * x[i]
        delta_b = (t(i) - y(x[i]))
        w += delta_w
        b += delta_b
        classified *= all(delta_w == 0) * (delta_b == 0)
    if classified:
        break
```

delta_w와 delta_b는 각각 수식에 있던 $\Delta w, \Delta b$를 나타냅니다. 이 부분의 코드도 수식이 생긴 모양대로 만든 것이므로 자세히 설명하지 않아도 될 것 같습니다. classified는 데이터가 모두 분류됐는지 판별하는 플래그이며

```
classified *= all(delta_w == 0) * (delta_b == 0)
```

20개의 데이터 중 하나라도 $\Delta w \neq 0$또는 $\Delta b \neq 0$이면 이 행에서 classified가 0이 되고 또다시 학습을 반복합니다.

이 프로그램 전체를 실행하면 w: [2.14037745 1.2763927], b: -9라는 결과가 구해집니다. $x = (x_1 \, x_2)^T$라고 하면

$$2.14037745x_1 + 1.2763927x_2 - 9 = 0 \tag{3.19}$$

위의 식이 바로 뉴런이 발화하는지 발화하지 않는지를 판별하는 경계선이라는 것을 알 수 있습니다. 이 직선을 그래프로 나타낸 것은 그림 3.11과 같습니다.

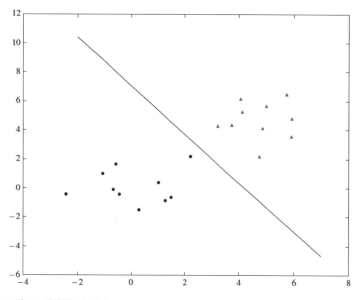

그림 3.11 데이터 분류 직선

따라서 예를 들어 (0, 0)이면 뉴런이 발화하지 않고 (5, 5)이면 뉴런이 발화할 것이라고 판단할 수 있습니다.

```
print(y([0, 0]))
print(y([5, 5]))
```

이 코드의 마지막 print( ) 부분의 결과가 각각 0, 1이 된다는 것을 확인할 수 있습니다.

단순 퍼셉트론은 신경망 중에서 가장 단순한 모델이므로 텐서플로나 케라스 같은 라이브러리를 사용하지 않아도 쉽게 구현할 수 있습니다. 이번 예제 프로그램은 수식을 처음 구현한 것이므로 자세히 설명했지만 모델이 복잡해져도 이번 예제와 같은 절차를 따르기만 하면 이론에서 구현까지 어려움 없이 진행할 수 있을 것입니다. 이후 우리가 다룰 모델이 점점 복잡해지겠지만 열심히 공부해서 모두 이해하기 바랍니다.

3.4 로지스틱 회귀

3.4.1 계단함수와 시그모이드 함수

단순 퍼셉트론에서는 뉴런이 발화하는지, 발화하지 않는지를 계단함수를 사용해서 판별하므로 뉴런에서 나오는 출력이 0과 1의 두 가지 값뿐이었습니다. 물론 이것만 가지고도 데이터는 분류할 수 있지만 현실에서 발생하는 문제에 단순 퍼셉트론을 적용하려고 하면 적합하지 않은 경우도 생깁니다.

예를 들어, 스팸 메일을 분류하는 일을 생각해 보겠습니다. 스팸이 아닌 메일이 스팸 메일함에 들어 있어 읽지 못했던 경험이 있을 것입니다. 신경망은 이제까지 주어진 데이터 안에서 스팸 메일을 골라내기 때문에 이제까지 스팸이었던 메일과 내용이 비슷한 메일(그러나 스팸이 아닌 메일)을 스팸이라고 판정해버립니다. 이런 현상은 신경망이 학습을 하는 방법의 특성상 피할 수 없는 문제입니다. 그래서 "아슬아슬"하게 스팸으로 판정된 메일은 수신함에 그대로 남겨둬서 메일을 못 읽고 지나치는 일이 없도록 할 수 있습니다. 그러나 단순 퍼셉트론으로는 이 "아슬아슬"한 정도를 수치화하는 것이 불가능합니다. 출력값이 0이나 1뿐이므로 뉴런이 "아슬아슬"하게 발화하기 직전의 상태인 데이터도 그리고 전혀 발화하지 않는 데이터도 똑같이 0에 포함돼버립니다.

이 문제를 해결하려면 출력값이 0이나 1이 아니라 출력값이 0에서 1 사이에 존재하는 확률이어야 합니다. 출력값이 확률이면 예를 들어 스팸일 확률 '50.1%'인 것은 수신함에 그대로 남겨두게 할 수도 있을 것입니다. 이런 기능을 구현하려면 계단함수 대신 '확률을 출력하는' 함수가 필요합니다. '확률을 출력'하려면 임의의 실수를 0에서 1까지 범위 안에 사상시키면 되고 이런 함수 중 하나가 다음과 같은 $\sigma(x)$ 입니다.

$$\sigma(x) = \frac{1}{1 + e^{-x}} \tag{3.20}$$

이 함수를 (로지스틱) 시그모이드 함수(sigmoid function)라고 합니다. 계단함수와 시그모이드 함수를 비교한 것은 그림 3.12와 같습니다.

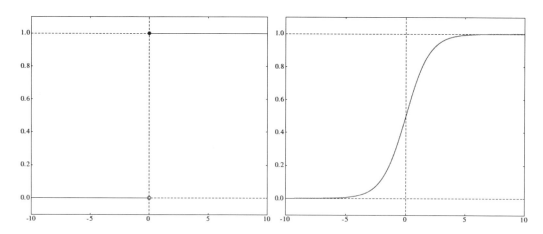

그림 3.12 계단함수(좌)와 시그모이드 함수(우)

출력값이 0에서 1 사이에 있기만 하면 아무 함수나 사용해도 되는 것은 아닙니다. 시그모이드 함수가 확률을 출력하는 함수로 사용될 수 있는 이유는 3.4.4절 '[레벨업] 시그모이드 함수와 확률밀도함수, 누적분포함수'에 정리해뒀으므로 한 번 읽어보기 바랍니다. 지금은 시그모이드 함수가 확률을 나타내는 함수의 근사값으로 사용하기 좋다는 것만 알고 있으면 됩니다. 계단함수 대신 시그모이드 함수를 사용한 모델을 '로지스틱 회귀(logistic regression)'라고 합니다. 다시 말하면 뉴런의 출력식 $y = f(\boldsymbol{w}^T\boldsymbol{x} + b)$에서 사용되는 함수인 $f(\cdot)$ 부분은 계단함수여도 되고 시그모이드 함수여도(또는 다른 함수여도) 됩니다. 뉴런의 선형결합을 계산한 후에 이들 함수처럼 비선형변환을 하는 함수를 모두 '활성화함수(activation function)'라고 합니다.

시그모이드 함수가 사용되는 이유는 이 함수의 수학적 특징에 있습니다. 시그모이드 함수를 미분해보면 다음과 같은 식이 됩니다.

$$\sigma'(x) = \sigma(x)(1 - \sigma(x)) \tag{3.21}$$

이 미분식을 보면 시그모이드 함수 자신이 또다시 미분식에 나타난다는 것을 알 수 있습니다. 이론상으로도, 그리고 구현할 때도 이 특징은 매우 도움이 됩니다. 그럼 일단 로지스틱 회귀의 이론을 살펴보겠습니다.

3.4.2 모델화

3.4.2.1 우도함수와 교차 엔트로피 오차함수

로지스틱 회귀는 단순 퍼셉트론과는 달리 확률적인 분류 모델이므로 접근하는 방법도 다릅니다. 어떤 입력 $\boldsymbol{x}$에 대해 뉴런이 발화할지 여부를 나타내는 확률변수를 C라고 하겠습니다. 다시 말하면 C는 뉴런이 발화할 경우 $C = 1$이 되고 발화하지 않을 경우 $C = 0$이 되는 확률변수입니다. 따라서 그림 3.9에 나온 단순 퍼셉트론과 똑같은 모델을 생각해보면 뉴런이 발화할 확률은 다음과 같고

$$p(C = 1|\boldsymbol{x}) = \sigma(\boldsymbol{w}^T\boldsymbol{x} + b) \tag{3.22}$$

확률을 모두 더한 것이 1이므로 반대로 뉴런이 발화하지 않을 확률은 다음과 같습니다.

$$p(C = 0|\boldsymbol{x}) = 1 - p(C = 1|\boldsymbol{x}) \tag{3.23}$$

C는 0이나 1밖에는 값을 가질 수 없으므로 $y := \sigma(\boldsymbol{w}^T\boldsymbol{x} + b)$라고 두면 식 3.22와 식 3.23은 다음과 같이 정리할 수 있습니다.

$$p(C = t|\boldsymbol{x}) = y^t(1 - y)^{1-t} \tag{3.24}$$

이때 $t \in \{0, 1\}$입니다. 따라서 N개의 입력 데이터 $\boldsymbol{x}_n(n = 1, 2, \ldots, N)$과 이 입력 데이터와 쌍을 이루는 출력 데이터 t_n이 주어졌을 때 네트워크의 파라미터인 웨이트 $\boldsymbol{w}$와 바이어스 b를 최우추정하기 위한 '우도함수(likelihood function)'는 $y_n := \sigma(\boldsymbol{w}^T\boldsymbol{x}_n + b)$를 사용해 다음과 같이 나타낼 수 있습니다.

$$
\begin{aligned}
L(\boldsymbol{w}, b) &= \prod_{n=1}^{N} p(C = t_n|\boldsymbol{x}_n) \\
&= \prod_{n=1}^{N} y_n^{t_n}(1 - y_n)^{1-t_n}
\end{aligned}
\tag{3.25}
$$

이 우도함수값이 최대가 되도록(최우추정) 파라미터를 수정해가며 찾으면 네트워크가 학습을 잘한 것입니다. 이처럼 함수가 최대나 최소가 되는 상태를 구하는 문제를 '최적화 문제(optimization problem)'라고 합니다. 함수의 최대화는 부호를 반전시키면 최소화가 되므로 일반적으로 함수를 '최적화한다'고 말할 때는 함수를 최소로 만드는 파라미터를 구하는 것을 의미합니다[2].

---

2 특히 물리학에서는 함수가 어떤 계에서 에너지를 나타내고 있다고 간주하므로 에너지 최소화 문제를 생각하므로 현실과 연결시킬 수 있습니다.

함수의 최대나 최소라는 단어를 들으면 '미분'을 떠올리게 됩니다. 예를 들어, '함수 $f(x) = x^2$의 최솟값을 구하라'라는 문제가 주어졌을 경우 $f'(x) = 2x = 0$를 구하면 $x = 0$이라고 할 수 있으므로 최솟값 $f(0) = 0$이 구해집니다. 이처럼 함수의 최대나 최소를 생각할 경우 일단 파라미터의 편미분(경사도)을 구하는 것부터 시작합니다. 따라서 우도함수의 최대화를 생각할 때도 우도함수를 각 파라미터로 편미분하면 되는데 식 3.25는 곱의 형태이므로 편미분을 계산하기가 매우 까다롭습니다. 쉽게 계산할 수 있도록 식 3.25에 로그를 취해서 식 전체를 덧셈 형태로 변형합니다. 그리고 일반적인 최적화 문제와 모양을 맞추기 위해 부호를 바꾸면 다음과 같은 식이 됩니다.

$$
\begin{aligned}
E(\boldsymbol{w}, b) &:= -\log L(\boldsymbol{w}, b) \\
&= -\sum_{n=1}^{N} \{t_n \log y_n + (1 - t_n) \log (1 - y_n)\}
\end{aligned}
\tag{3.26}
$$

이 식 3.26과 같은 형태인 함수를 '교차 엔트로피 오차 함수(cross-entropy error function)'라고 합니다. 이 함수를 최소화하는 것이 본래의 (우도) 함수를 최적화하는 것이므로 식 3.26은 최적의 상태에서 오차가 어느 정도 있는지 나타내는 식이라고 말할 수 있습니다. 일반적으로는 이 함수 E를 '오차 함수(error function)' 또는 '손실 함수(loss function)'라고 합니다.

3.4.2.2 경사하강법

교차 엔트로피 오차 함수에서 파라미터는 $\boldsymbol{w}, b$이므로 '$\boldsymbol{w}, b$로 편미분해서 0이 되는 값'을 구해야 하는데, 이 값을 해석적으로 식을 풀어서 구하기는 어렵습니다. 그래서 그렇게 하는 대신 반복학습을 통해 파라미터를 순차적으로 갱신하는 방법으로 구하겠습니다. 이런 접근법의 대표적인 기법은 **경사하강법**(gradient descent)[3]입니다.

$$
\boldsymbol{w}^{(k+1)} = \boldsymbol{w}^{(k)} - \eta \frac{\partial E(\boldsymbol{w}, b)}{\partial \boldsymbol{w}}
\tag{3.27}
$$

$$
b^{(k+1)} = b^{(k)} - \eta \frac{\partial E(\boldsymbol{w}, b)}{\partial b}
\tag{3.28}
$$

이 식에서 $\eta (> 0)$는 **학습률**(learning rate)이라는 하이퍼 파라미터이며 모델의 파라미터가 수렴되는 정도를 조절합니다. 일반적으로는 0.1이나 0.01과 같은 적당히 작은 값을 사용합니다.

---

3 최급하강법(steepest descent)이라고도 합니다.

경사하강법이나 학습률에 관해서 자세히 알고 싶다면 3.4.5절 '[레벨업] 경사강하법과 국소최적해'를 참고하기 바랍니다. 식 3.27과 식 3.28에서 파라미터가 더는 갱신되지 않는다면 그것은 경사가 0이 됐다는 것을 나타내는 것이므로 적어도 반복학습을 통해 찾을 수 있는 범위 안에서는 가장 적합한 해를 구했다는 것을 의미합니다.

이제 각 파라미터에 대한 경사를 구해 보겠습니다.

$$E_n := -\{t_n \log y_n + (1 - t_n) \log (1 - y_n)\} \tag{3.29}$$

식을 위와 같이 두면 웨이트 $\boldsymbol{w}$의 경사는 다음과 같이 구할 수 있습니다.

$$\frac{\partial E(\boldsymbol{w}, b)}{\partial \boldsymbol{w}} = \sum_{n=1}^{N} \frac{\partial E_n}{\partial y_n} \frac{\partial y_n}{\partial \boldsymbol{w}} \tag{3.30}$$

$$= -\sum_{n=1}^{N} \left(\frac{t_n}{y_n} - \frac{1 - t_n}{1 - y_n} \right) \frac{\partial y_n}{\partial \boldsymbol{w}} \tag{3.31}$$

$$= -\sum_{n=1}^{N} \left(\frac{t_n}{y_n} - \frac{1 - t_n}{1 - y_n} \right) y_n(1 - y_n) \boldsymbol{x}_n \tag{3.32}$$

$$= -\sum_{n=1}^{N} (t_n(1 - y_n) - y_n(1 - t_n)) \boldsymbol{x}_n \tag{3.33}$$

$$= -\sum_{n=1}^{N} (t_n - y_n) \boldsymbol{x}_n \tag{3.34}$$

식 3.31에서 식 3.32까지는 시그모이드 함수의 미분식 $\sigma'(\boldsymbol{x}) = \sigma(\boldsymbol{x})(1 - \sigma(\boldsymbol{x}))$을 이용했습니다. 시그모이드 함수를 사용하면 마지막 식이 깔끔하게 정리된 상태로 도출됩니다. 바이어스 b도 같은 방법으로 계산하면 다음 식을 얻을 수 있습니다.

$$\frac{\partial E(\boldsymbol{w}, b)}{\partial b} = -\sum_{n=1}^{N} (t_n - y_n) \tag{3.35}$$

따라서 식 3.27과 식 3.28은 각각 다음과 같이 나타낼 수 있습니다.

$$\boldsymbol{w}^{(k+1)} = \boldsymbol{w}^{(k)} + \eta \sum_{n=1}^{N} (t_n - y_n)\boldsymbol{x}_n \tag{3.36}$$

$$b^{(k+1)} = b^{(k)} + \eta \sum_{n=1}^{N} (t_n - y_n) \tag{3.37}$$

3.4.2.3 확률 경사하강법과 미니배치 경사하강법

경사하강법을 이용해 이론적으로는 로지스틱 회귀를 통해 학습할 수 있게 됐지만 현실적으로는 또 하나의 문제가 있습니다. 식 3.36과 식 3.37을 보면 파라미터를 변경해갈 때 N개의 모든 데이터의 합을 구해야 한다는 것을 알 수 있습니다. 이것은 N이 작을 때는 문제가 되지 않지만 N이 매우 커졌을 때 데이터를 메모리에 다 넣기에는 용량이 부족하거나 계산 시간이 엄청나게 걸린다는 문제가 발생할 것입니다.

이 문제를 해결하기 위한 기법이 바로 '**확률 경사하강법**(stochastic gradient descent)'입니다. 경사하강법은 모든 데이터의 합을 구한 후에 파라미터를 변경하지만 확률 경사하강법은 데이터를 하나씩 무작위로 골라서 파라미터를 변경합니다. 다시 말하면

$$\boldsymbol{w}^{(k+1)} = \boldsymbol{w}^{(k)} + \eta(t_n - y_n)\boldsymbol{x}_n \tag{3.38}$$

$$b^{(k+1)} = b^{(k)} + \eta(t_n - y_n) \tag{3.39}$$

이 두 식을 N개의 데이터에 대해 계산합니다. 명칭 앞에 '확률'이라는 단어가 붙어 있는 이유는 데이터를 무작위 순서로 선택하기 때문입니다. 확률 경사하강법을 사용하면 경사하강법으로 파라미터를 한 번 변경한 것과 같은 계산량으로 파라미터를 N번 변경할 수 있어 효율적으로 최적의 해를 찾을 수 있습니다. 그러나 이 계산을 N번 하면 학습이 깔끔하게 끝나는 것은 아닙니다. 다시 말하면 경사가 0으로 수렴하는 일은 거의 없으며 N개의 데이터 전체에 대해 반복해서 학습해야 합니다. 이 데이터 전체에 대한 반복 횟수를 '에폭(epoch)'이라고 하는데, 각 에폭마다 데이터를 섞어서(셔플해서) 학습하므로 학습에 있어 편향되지 않고 더욱 최적인 해를 찾기 쉬워집니다. 이해를 돕기 위해 확률 경사하강법을 파이썬 문법의 유사 코드로 표현해봤습니다.

```
for epoch in range(epochs):
    shuffle(data) # 에폭마다 데이터를 섞는다
    for datum in data: # 데이터를 1개씩 사용해 파라미터를 변경한다
        params_grad = evaluate_gradient(error_function, params, datum)
        params -= learning_rate * params_grad
```

그리고 경사하강법과 확률 경사하강법의 중간에 존재할 만한 것으로 '미니배치 경사하강법 (minibatch gradient descent)'이라는 기법이 있습니다. 이것은 N개의 데이터를 $M(\leq N)$개씩으로 나눠서(미니배치) 학습하는 것이며 일반적으로 $M = 50 \sim 500$ 정도의 값을 사용합니다. 미니배치 경사하강법의 반대라는 의미로 보통의 경사하강법을 '배치 경사하강법(batch gradient descent)'라고 부르기도 합니다. 미니배치를 통한 학습에서는 메모리의 부족함이 없이 선형대수를 연산할 수 있으므로 데이터 한 개씩 반복 계산하는 것보다 빠르게 계산할 수 있습니다. 두 가지 모두 의사코드(수도코드)로 표현해본 것은 다음과 같습니다.

```
for epoch in range(epochs):
    shuffle(data)
    batches = get_batches(data, batch_size=M)
    for batch in batches: # 각 미니배치마다 파라미터를 변경한다
        params_grad = evaluate_gradient(error_function, params, batch)
        params -= learning_rate * params_grad
```

단순히 '확률 경사하강법'이라고 말하면 이 미니배치 경사하강법을 가리키는데 미니배치 경사하강법에서 미니배치의 크기를 $M = 1$이라고 둔 것이 확률 경사하강법에 해당하므로 이 책에서도 '확률 경사하강법'이라고 명칭을 통일하겠습니다.

3.4.3 구현

로지스틱 회귀는 신경망의 이론과 수식을 어떻게 구현할지를 이해하는 데 매우 좋은 기법입니다. 단순 퍼셉트론은 (식도 간단하므로) NumPy만으로 구현했지만 이번에는 텐서플로와 케라스를 사용해 구현하면서 라이브러리 특유의 문법을 살펴보겠습니다. 그리고 라이브러리를 사용하면 어느 부분을 효율적으로 구현할 수 있게 되는지 살펴보겠습니다. 간단한 OR 게이트 학습을 예로 들어 각각의 라이브러리로 구현해 보겠습니다.

3.4.3.1 텐서플로로 구현

텐서플로에서는 크게 두 종류의 변수를 구별해서 사용합니다. 첫번째는 실제로 값이 들어 있는 변수이고 두 번째는 상자처럼 담을수 있는 변수인데 이것은 나중에 실제 값을 몇번이고 썼다 지웠다 하며 사용하는 변수입니다. 첫번째 변수는 모델의 파라미터용으로 주로 사용되며, 두번째 변수는 입력 데이터와 정답 출력 데이터 등, 학습할 때마다 값이 변하는 것들을 위해 사용됩니다. 이해를 돕기 위해 실제 예를 보겠습니다.

다음 코드는 특별한 이야기가 없다면 항상 기술한 것으로 간주하겠습니다.

```
import numpy as np
import tensorflow as tf
```

로지스틱 회귀에서 사용되는 파라미터는 웨이트 w와 바이어스 b였습니다. OR 게이트를 학습할 경우 입력은 2차원이고 출력은 1차원이며 이를 텐서플로에서 정의한 것은 다음과 같습니다.

```
w = tf.Variable(tf.zeros([2, 1]))
b = tf.Variable(tf.zeros([1]))
```

변수를 생성하려면 위와 같이 tf.Variable()을 호출해야 합니다. 이렇게 하면 텐서플로의 독자적인 데이터형으로 데이터를 다룰 수 있습니다.

괄호 안에 있는 tf.zeros()는 NumPy에도 있는 np.zeros()에 해당하는 메서드이며, 요소가 0인 (다차원) 배열을 생성합니다. 이렇게 해서 웨이트 w와 바이어스 b가 초기화됐습니다. 이때 w에 들어 있는 값을 확인하기 위해 print(w)를 실행해보면 다음과 같은 내용이 표시됩니다.

```
Tensor("Variable/read:0", shape=(2, 1), dtype=float32)
```

[0.0, 0.0]과 같은 모양의 배열에 들어 있는 내용은 확인할 수 없다는 것을 의미합니다. 단순한 print()로는 텐서플로의 데이터형에 관한 정보가 출력될 뿐입니다. 내용을 확인하는 방법에 대해서는 나중에 알아보겠습니다.

모델의 파라미터를 정의했으니 이제 실제 모델을 구축하겠습니다. 모델의 출력을 수식으로 $y = \sigma(w^T x + b)$와 같이 나타냈는데 이를 텐서플로를 사용하지 않고 구현하려면 다음과 같이 입력 x라는 인수를 포함한 함수를 정의합니다.

```
def y(x):
    return sigmoid(np.dot(w, x) + b)

def sigmoid(x):
    return 1 / (1 + np.exp(-x))
```

그리고 텐서플로를 사용하면 다음과 같이 기술합니다.

```
x = tf.placeholder(tf.float32, shape=[None, 2])
t = tf.placeholder(tf.float32, shape=[None, 1])
y = tf.nn.sigmoid(tf.matmul(x, w) + b)
```

모델의 출력을 나타내는 것은 y=… 부분이고 y를 정의하는 데 필요한 입력 x와 그에 관련된 (정답을 나타내는) 출력 t를 먼저 정의합니다. 텐서플로를 사용하면 함수를 정의하지 않고 수식의 모양대로 구현할 수 있어 매우 직관적이라고 할 수 있습니다.

함수로 정의했을 때와 마찬가지로 여기서 y는 실제 값을 포함하지 않으며 x가 함수의 인수에 해당합니다. 이런 구조를 가능하게 해주는 것이 바로 x와 t 행에 있는 tf.placeholder()입니다. "placeholder"라는 이름에서 알 수 있듯이 이것은 데이터를 넣어두는 '그릇'과 같은 존재이며, 모델을 정의할 때는 데이터의 차원만 정해둔 후에 모델을 학습시킬 때처럼 실제로 데이터가 필요한 시점에 값을 넣어 식을 평가할 수 있게 합니다. x행에 shape=[None, 2]라는 부분이 있는데 여기서 2는 입력 벡터의 차원인 2를 나타냅니다. 데이터 개수는 이번 예제에서 {0, 1}의 조합인 4개인데 None을 쓰면 데이터 개수를 가변으로 지정할 수 있는 '그릇'이 됩니다.

앞서 모델화했을 때 모델의 출력을 정의하고 나서 파라미터를 최적화하기 위한 교차 엔트로피 오차 함수를 구했습니다. 이것도 텐서플로를 사용하면 수식의 모양대로 기술할 수 있습니다.

$$E(\boldsymbol{w}, b) = -\sum_{n=1}^{N}\{t_n \log y_n + (1 - t_n)\log(1 - y_n)\} \tag{3.40}$$

위의 식은 다음과 같이 구현합니다.

```
cross_entropy = - tf.reduce_sum(t * tf.log(y) + (1 - t) * tf.log(1 - y))
```

tf.reduce_sum( )은 NumPy의 np.sum( )에 해당합니다.

앞서 최적화하기 위해 교차 엔트로피 오차 함수를 각 파라미터로 편미분해서 경사를 구하고 (확률) 경사하강법을 적용했습니다. 이 부분을 텐서플로에서는 다음과 같이 구현합니다.

```
train_step = tf.train.GradientDescentOptimizer(0.1).minimize(cross_entropy)
```

위와 같이 작성하면 되기 때문에 경사를 직접 계산할 필요는 없습니다. GradientDescentOptimizer( )에 있는 인수 0.1은 학습률을 나타냅니다. 이 코드는 '(확률) 경사하강법을 통해 교차 엔트로피 오차 함수를 최소화한다'라는 의미이며 이것은 매우 직관적이라고 할 수 있습니다.

이렇게 해서 모델을 학습시키는 부분을 정의하고 프로그램으로 구현했습니다. 실제로 학습을 실시하기 전에 학습 후에 나올 결과가 맞는지 확인하는 기능을 구현해 보겠습니다. 로지스틱 회귀에서 모델의 출력 y는 확률이므로 $y \geq 0.5$가 뉴런의 발화 여부를 정하는 기준이 됩니다. 이를 구현한 것은 다음과 같습니다.

```
correct_prediction = tf.equal(tf.to_float(tf.greater(y, 0.5)), t)
```

이렇게 해서 모델을 모두 설정했으며 이제 드디어 실제로 학습시키는 부분을 구현하겠습니다. 일단 학습용 데이터를 정의합니다.

```
X = np.array([[0, 0], [0, 1], [1, 0], [1, 1]])
Y = np.array([[0], [1], [1], [1]])
```

텐서플로에서는 데이터를 취급하는 방법인 세션이라는 것 안에서 계산이 실행됩니다. 그러나 이 세션은 특별히 어려운 것은 아니며, 다음과 같이 기술하면 됩니다.

```
init = tf.global_variables_initializer()
sess = tf.Session()
sess.run(init)
```

이 부분에서 모델을 정의할 때 선언했던 변수와 식을 초기화합니다. 학습 자체는 다음과 같이 매우 간단하게 구현합니다.

```
for epoch in range(200):
    sess.run(train_step, feed_dict={
```

```
        x: X,
        t: Y
    })
```

`sess.run(train_step)`은 경사하강법으로 학습하는 부분에 해당하는데 여기에 `feed_dict`를 써서 `placeholder`인 x와 t에 실제 값을 대입합니다. 말 그대로 `placeholder`에 값을 'feed(먹이다)'하는 것입니다. 그리고 여기서 에폭 수를 200으로 설정했습니다. 이번 예에서는 데이터 X를 한번에 모두 넘겨주므로 배치 경사하강법을 적용했다고 할 수 있습니다.

학습 결과를 확인해 보겠습니다. 예를 들어, 뉴런이 발화하는지 여부를 적절히 분류했는지 확인하려면 `.eval()`을 사용합니다.

```
classified = correct_prediction.eval(session=sess, feed_dict={
    x: X,
    t: Y
})
print(classified)
```

`correct_prediction`에도 실제 값은 들어 있지 않으므로 `feed_dict`를 써야 합니다. 그 결과는 다음과 같습니다.

```
[[ True]
 [ True]
 [ True]
 [ True]]
```

위의 결과를 보면 OR 게이트가 제대로 학습됐다는 것을 확인할 수 있습니다. 그리고 각 입력에 대한 출력 확률은 다음과 같이 구할 수 있습니다.

```
prob = y.eval(session=sess, feed_dict={
    x: X,
    t: Y
})
print(prob)
```

위의 코드를 실행한 결과는 다음과 같습니다.

```
[[ 0.22355038]
 [ 0.91425949]
 [ 0.91425949]
 [ 0.99747425]]
```

이 결과를 보면 확률이 제대로 출력됐다는 것을 알 수 있습니다.

그리고 tf.Variable()로 정의한 변수의 값은 .eval()이 아니라 sess.run()으로 구할 수 있습니다.

예를 들어, 다음과 같이 쓰고

```
print('w:', sess.run(w))
print('b:', sess.run(b))
```

이 코드를 실행한 결과는 다음과 같습니다.

```
w: [[ 3.61188436]
 [ 3.61188436]]
b: [-1.24509501]
```

여기까지 텐서플로로 구현하는 과정을 설명했습니다. 다시 정리하면 텐서플로로 구현하는 것은

1. 모델을 정의한다

2. 오차 함수를 정의한다

3. 최적화 기법을 정의한다

4. 세션을 초기화한다

5. 학습한다

위와 같은 과정을 거치게 됩니다. 이번 예에서는 기본적인 사항만 구현했지만 다음부터는 더욱 발전적인 내용을 구현하겠습니다.

마지막으로 전체 코드를 정리해 보겠습니다.

```
import numpy as np
import tensorflow as tf
```

```
'''
모델 설정
'''
tf.set_random_seed(0)  # 난수 시드

w = tf.Variable(tf.zeros([2, 1]))
b = tf.Variable(tf.zeros([1]))

x = tf.placeholder(tf.float32, shape=[None, 2])
t = tf.placeholder(tf.float32, shape=[None, 1])
y = tf.nn.sigmoid(tf.matmul(x, w) + b)

cross_entropy = - tf.reduce_sum(t * tf.log(y) + (1 - t) * tf.log(1 - y))
train_step = tf.train.GradientDescentOptimizer(0.1).minimize(cross_entropy)

correct_prediction = tf.equal(tf.to_float(tf.greater(y, 0.5)), t)

'''
모델 학습
'''
# OR 게이트
X = np.array([[0, 0], [0, 1], [1, 0], [1, 1]])
Y = np.array([[0], [1], [1], [1]])

# 초기화
init = tf.global_variables_initializer()
sess = tf.Session()
sess.run(init)

# 학습
for epoch in range(200):
    sess.run(train_step, feed_dict={
        x: X,
        t: Y
    })

'''
학습 결과를 확인한다
'''
```

```
classified = correct_prediction.eval(session=sess, feed_dict={
    x: X,
    t: Y
})
prob = y.eval(session=sess, feed_dict={
    x: X
})

print('classified:')
print(classified)
print()
print('output probability:')
print(prob)
```

3.4.3.2 케라스로 구현

텐서플로에서는 개발자 자신이 직접 수식을 프로그램으로 구현했지만 케라스에서는 x나 y를 생각할 필요 없이 더욱 쉬운 구현으로 모델을 정의할 수 있습니다. 케라스를 사용해 로지스틱 회귀의 출력을 표현한 것은 다음과 같습니다.

```
import numpy as np
from keras.models import Sequential
from keras.layers import Dense, Activation
from keras.optimizers import SGD

model = Sequential([
    Dense(input_dim=2, units=1),
    Activation('sigmoid')
])
```

Sequential( )은 계층 구조를 이루는 모델을 정의하는 메서드입니다. 이 메서드에 실제 층을 넣어서 모델을 설정합니다. Dense(input_dim=2, units=1)로 입력 차원 2와 출력 차원 1인 네트워크 구조를 이루는 층을 생성합니다[4]. 이것은 수식에서 다음 식에 해당합니다.

$$w_1 x_1 + w_2 x_2 + b \tag{3.41}$$

---

4 Keras 1에서는 output_dim=1이라고 썼지만 Keras 2에서는 units=1로 변경됐습니다.

Dense( )로 식 3.41에 해당하는 층을 만든 것입니다. 뉴런의 출력을 표현하려면 활성화 함수가 필요하므로 Activation('sigmoid')로 다음 수식을 표현하는 층을 만듭니다.

$$y = \sigma(w_1 x_1 + w_2 x_2 + b) \tag{3.42}$$

이렇게 해서 모델의 출력 부분까지 정의했습니다. 그리고 Sequential( )만 미리 선언해두고 나중에 model.add( )로 층을 계속 추가해가도록 코딩할 수도 있습니다. 이 경우는 다음과 같이 코드를 작성합니다.

```
model = Sequential()
model.add(Dense(input_dim=2, units=1))
model.add(Activation('sigmoid'))
```

확률 경사하강법은 다음과 같이 한 행으로 구현할 수 있습니다.

```
model.compile(loss='binary_crossentropy', optimizer=SGD(lr=0.1))
```

위의 행에서 lr은 학습률(learning rate)을 나타냅니다.

모델의 학습도 케라스에서는 이렇게 한 행만 코딩하면 됩니다. 그리고 다음과 같이 OR 게이트의 입력과 정답인 출력 데이터를 마련하고

```
X = np.array([[0, 0], [0, 1], [1, 0], [1, 1]])
Y = np.array([[0], [1], [1], [1]])
```

다음과 같이 model.fit( )를 실행합니다.

```
model.fit(X, Y, epochs=200, batch_size=1)
```

위의 행에서 epochs는 에폭의 개수이며[5] batch_size는 (미니) 배치의 크기입니다. 이렇게 해서 로지스틱 회귀 학습까지 구현했습니다. 학습 후에 나온 결과를 확인하려면 다음과 같이 코딩합니다.

```
classes = model.predict_classes(X, batch_size=1)
prob = model.predict_proba(X, batch_size=1)
```

---

5 이것도 Keras 1에서는 nb_epoch=200이었지만 Keras 2부터는 epoch=200으로 변경됐습니다.

이렇게 하면 분류된 패턴(= 뉴런이 발화하는지 하지 않는지)과 출력의 확률을 구할 수 있습니다.

케라스에서는 매우 단순하게 구현할 수 있으므로 우선 모델을 테스트해보고 싶을 때나 간단하게 시험해보고 싶을 때 매우 짧은 시간 안에 구현할 수 있습니다. 이번 예제의 전체 코드는 다음과 같습니다.

```python
import numpy as np
from keras.models import Sequential
from keras.layers import Dense, Activation
from keras.optimizers import SGD

np.random.seed(0)  # 난수 시드

'''
모델 설정
'''
model = Sequential([
    # Dense(input_dim=2, output_dim=1),  # Keras 1
    Dense(input_dim=2, units=1),         # Keras 2
    Activation('sigmoid')
])

model.compile(loss='binary_crossentropy', optimizer=SGD(lr=0.1))

'''
모델 학습
'''
# OR 게이트
X = np.array([[0, 0], [0, 1], [1, 0], [1, 1]])
Y = np.array([[0], [1], [1], [1]])

# model.fit(X, Y, nb_epoch=200, batch_size=1)  # Keras 1
model.fit(X, Y, epochs=200, batch_size=1)       # Keras 2

'''
학습 결과를 확인한다
'''
classes = model.predict_classes(X, batch_size=1)
prob = model.predict_proba(X, batch_size=1)
```

```
print('classified:')
print(Y == classes)
print()
print('output probability:')
print(prob)
```

이 프로그램을 실행하면 학습이 진행되는 상황을 케라스가 출력합니다.

```
Epoch 1/200
4/4 [==============================] - 0s - loss: 0.5392
Epoch 2/200
4/4 [==============================] - 0s - loss: 0.5080
...
Epoch 199/200
4/4 [==============================] - 0s - loss: 0.1057
Epoch 200/200
4/4 [==============================] - 0s - loss: 0.1053
```

그리고 다음과 같은 결과가 나옵니다.

```
classified:
[[ True]
 [ True]
 [ True]
 [ True]]

output probability:
[[ 0.21472684]
 [ 0.91356713]
 [ 0.92112124]
 [ 0.9977895 ]]
```

이 결과를 보면 학습이 제대로 실행됐다는 것을 알 수 있습니다.

3.4.4 ^{레벨업} 시그모이드 함수와 확률밀도함수, 누적분포함수

앞서 로지스틱 회귀에서 활성화 함수로 시그모이드 함수를 사용했는데, 왜 시그모이드 함수가 출력하는 값을 확률이라고 생각할 수 있을까요? 단지 '출력이라는 것이 0부터 1까지의 범위에 있는 값이므로 시그모이드 함수값은 확률이다'라고 설명한다면 그것만으로는 충분하지 않습니다.

확률을 표현하는 함수로는 확률밀도함수가 있습니다. 확률변수 X라는 것이 있을 때 X의 값이 a 이상 b 이하가 될 확률은 다음과 같은 함수로 표현되는데, 이때 $f(x)$ 부분이 확률밀도함수입니다.

$$P(a \leq X \leq b) := \int_a^b f(x)dx \tag{3.43}$$

이때 이 함수가 확률이므로 다음 식을 만족시켜야 합니다.

$$P(-\infty \leq X \leq \infty) = \int_{-\infty}^{\infty} f(x)dx = 1 \tag{3.44}$$

그리고 확률밀도함수에서 확률변수 X가 x 이하가 될 확률을 나타내는 함수를 누적분포함수라고 합니다. $F(\boldsymbol{x}) := P(X \leq \boldsymbol{x})$라고 두면 이 누적분포함수는 다음 식으로 표현됩니다.

$$F(x) = \int_{-\infty}^{x} f(t)dt \tag{3.45}$$

다시 말해 확률밀도함수와 누적분포함수 사이에는 다음과 같은 관계가 있다고 할 수 있습니다.

$$F'(x) = f(x) \tag{3.46}$$

이를 구체적으로 살펴보겠습니다. 그림 3.13과 같은 확률밀도함수 $y = f(x)$가 있다고 가정하겠습니다. 이를 식으로 표현한 것은 다음과 같습니다.

$$f(x) = \begin{cases} 4x - 4 & (1 \leq x < \frac{3}{2}) \\ -4x + 8 & (\frac{3}{2} \leq x \leq 2) \\ 0 & (x < 1, 2 < x) \end{cases} \tag{3.47}$$

이때 $1 \leq x \leq \dfrac{3}{2}$일 확률은 다음과 같습니다.

$$\int_1^{\frac{3}{2}} f(x)dx = \left[2x^2 - 4x\right]_1^{\frac{3}{2}} = \frac{1}{2} \tag{3.48}$$

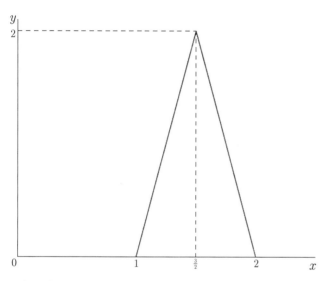

그림 3.13 확률밀도함수의 예

다시 말하면 확률밀도함수 $1 \leq x \leq \dfrac{3}{2}$에서의 $f(x)$의 면적이 확률입니다. 이때 주의해야 할 점은 확률밀도함수의 값 자체는 1을 넘을 수 있다는 것입니다. 예를 들면, $f\left(\dfrac{3}{2}\right) = 2$입니다. 그러나 누적분포함수는 '확률의 누적'이므로 반드시 $0 \leq F(x) \leq 1$이 됩니다.

확률을 표현하는 함수로는 확률밀도함수와 누적분포함수가 있습니다. 이 가운데 누적분포함수는 값이 0에서 1까지의 범위에 있으므로 '출력이 확률'을 나타내는 함수로 적절합니다. 그러나 예를 들어 식 3.47과 같이 X가 특정 값만을 취할 수 있는 함수를 사용한다면 확률변수 x의 분포에 (극단적인) 편향이 생길 것이므로 적절하지 않습니다. 그래서 확률변수의 분포 중에 가장 일반적인 정규분포를 사용하는 것을 생각해 보겠습니다. 평균이 μ이고 분산이 σ^2인 정규분포의 확률밀도함수는 다음과 같습니다.

$$f(x) = \frac{1}{\sqrt{2\pi}\sigma}e^{-\frac{(x-\mu)^2}{2\sigma^2}} \tag{3.49}$$

$\mu = 0$일 때의 확률밀도함수와 누적분포함수의 모습을 그래프로 나타낸 것은 그림 3.14와 같습니다. 정규분포의 누적분포함수도 물론 값은 0에서 1까지의 범위에 있습니다.

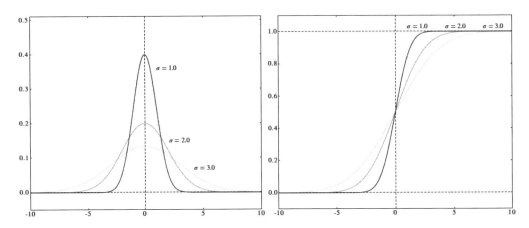

그림 3.14 정규분포의 확률밀도함수(좌)와 누적분포함수(우)

로지스틱 회귀는 활성화 함수로 시그모이드 함수를 사용하는데, 시그모이드 함수가 아니고 정규분포의 누적분포함수를 사용한 모델을 프로빗 회귀(probit regression)이라고 합니다. 그러나 프로빗 회귀가 신경망 모델에 사용될 일은 (거의) 없습니다. 이 함수가 '확률을 출력하는 함수'로 더욱 적절하다고 생각할 수도 있지만 이렇게 거의 사용되지 않는 이유는 무엇일까요? 표준정규분포의 누적분포함수(=$p(x)$라고 하겠습니다)를 사용해 뉴런을 모델화하는 것을 생각해 보겠습니다. 이때 출력은 다음과 같이 나타낼 수 있습니다.

$$y = p(\boldsymbol{w}^T \boldsymbol{x} + b) = \int_{-\infty}^{\boldsymbol{w}^T \boldsymbol{x}+b} \frac{1}{\sqrt{2\pi}} e^{-\frac{(\boldsymbol{w}^T t+b)^2}{2}} d\boldsymbol{t} \tag{3.50}$$

그러나 이 상태에서는 확률 경사하강법을 적용하기 위해 경사를 계산하기 힘듭니다. 따라서 '정규 분포의 누적분포함수와 모양은 같고 계산하기 편한 함수'인 시그모이드 함수를 사용하는 것입니다. 평균이 $\mu = 0.0$이고 표준편차가 $\sigma = 2.0$인 정규분포의 누적분포함수와 시그모이드 함수의 그래프를 겹친 것이 그림 3.15입니다.

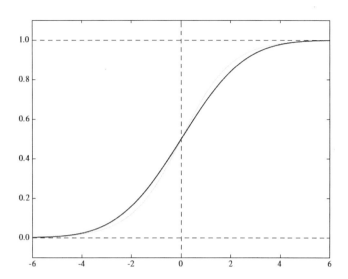

그림 3.15 시그모이드 함수(검은 선)와 정규분포의 누적분포함수(회색 선)를 비교

이처럼 딥러닝을 비롯한 정보를 처리하는 일에서는 이론도 물론 중요하지만 '현실적으로 계산 가능한 가'라는 생각을 가지고 공학적으로 접근하는 것도 중요합니다.

3.4.5 ^{레벨업} 경사하강법과 국소최적해

함수 $f(\boldsymbol{x})$가 있을 때 경사하강법은 $f(\boldsymbol{x})$를 최소로 하는 $\boldsymbol{x} = \boldsymbol{x}^*$, 다시 말해 $\boldsymbol{x}^* = \underset{x}{\mathrm{argmin}} f(\boldsymbol{x})$를 구하는 기법이며 다음과 같이 표현합니다.

$$\boldsymbol{x}^{(k+1)} = \boldsymbol{x}^{(k)} - \alpha f'(\boldsymbol{x}^{(k)}) \quad (\alpha > 0) \tag{3.51}$$

간단히 설명하기 위해 $\boldsymbol{x}$가 스칼라 x인 경우를 생각해 보겠습니다. 그림 3.16을 보면 x를 경사와 반대 방향으로 움직이면 확실히 x^*에 가까워진다는 것을 알 수 있습니다.

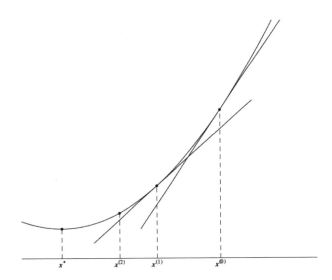

그림 3.16 경사하강법의 예

그러나 α 값이 너무 크면 x 값은 수렴하기 어렵습니다. 예를 들어, $f(x) = x^2$에서 $x^{(0)} = 1$인 지점부터 경사하강법을 적용한다고 가정하겠습니다. 이때 $\alpha = 1$라고 두면

$$
\begin{aligned}
x^{(0)} &= 1 \\
x^{(1)} &= 1 - 2 &= -1 \\
x^{(2)} &= -1 + 2 &= 1 \\
x^{(3)} &= 1 - 2 &= -1 \\
&\vdots
\end{aligned}
$$

최적해인 $x = 0$ 근처를 왔다갔다합니다.

그렇다면 단순히 α를 줄이면 될 것이라고 생각할 수도 있지만 그렇지 않습니다. α가 작을 때도 다음과 같은 두 가지 문제점이 있습니다.

- x^*로 수렴할 때까지 걸리는 스텝 수가 늘어난다

- 진짜 최적인 해를 구하기 어렵다

첫 번째 문제는 α가 작을수록 x가 한 번에 움직이는 양도 작아진다는 것을 생각하면 금방 이해할 수 있습니다. 그럼 두 번째 문제가 발생하는 이유는 뭘까요? 예를 들어, 앞서 그림 3.16에서 본 x^*는 언뜻 보면 함수의 최소점인 것 같습니다.

그러나 함수(의 왼쪽 부분)가 사실은 그림 3.17과 같은 모양이었다면 어떨까요? 이 경우 $x^{(0)}$에서 경사하강법으로 구한 해(=x'라고 하겠습니다)와는 별도로 진짜 해 x^*가 존재한다는 것을 알게 됩니다. x'에서도 경사는 0이므로 알고리즘 상으로는 틀린 것이 아닙니다. 이처럼 해당 점(의 주변)에서 함수가 최솟값이 되어 해가 구해진 것처럼 착각하게 만드는 x'를 '국소최적해'라고 부릅니다. 이와 반대로 진짜해 x^*를 대역최적해라고 합니다.

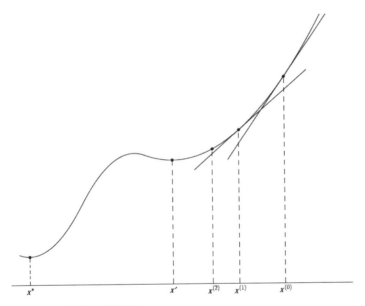

그림 3.17 국소최적해와 대역최적해

국소최적해를 진짜 해로 착각하게 되는 일은 초깃값 $x^{(0)}$를 무작위로 선택하는 이상 피할 수 없는 일입니다. 그러나 만일 α의 값이 크면 적어도 그림 3.17에 나온 함수에서 x'를 뛰어넘어 x^*가 구해질 것입니다. 이처럼 α가 작다면 국소최적해로 수렴해버리는지 그렇지 않은지는 초깃값에 크게 의존합니다. 그리고 초깃값을 처음에 국소최적해 근처로 설정하면 그냥 그대로 국소최적해로 수렴할 가능성이 높아집니다.

α가 크면 국소최적해로 수렴할 가능성을 줄일 수 있지만 수렴하기 어렵다는 문제가 있습니다. 반대로 α가 작으면 수렴은 하지만 국소최적해로 수렴하기 쉬워진다는 문제가 있다는 것을 알았습니다. 그래서 실제로 알고리즘을 구현할 때는 α를 '처음에는 크게 그리고 점점 작게' 해서 경사하강법에 존재하는 국소최적해 문제를 피하는 경우도 있습니다. 다시 말하면 α는 항상 일정한 값이 아니라 $\alpha^{(k)}$로 취급되는 것입니다. 이렇게 해서 '처음은 해를 넓게 찾고 후반에는 수렴시킬' 수 있게 된 것입니다. 그리고 이 α를 '점점 작게 하는' 기법에 관해서도 몇 가지 효율적인 기법이 연구되고 있습니다. 구체적인 내용은 4장에

서 살펴보기로 하겠습니다. 그러나 아무리 α를 알맞게 설정하더라도 국소최적해에 수렴될 가능성은 0이 되지 않습니다.

신경망에서도 학습을 통해 구한 파라미터가 국소최적해가 될 때가 있습니다. 특히 입력의 차원수가 늘어날수록 대역최적해를 찾기 어려워집니다. 그래서 실제 업무에서는 방대한 시간을 투입해도 찾을 수 있을지 없을지 모르는 대역최적해를 찾는 대신 확률 경사하강법과 같은 현실적인 시간 내에 실용성도 있는 (국소) 최적해를 찾습니다.

3.5 다중 클래스 로지스틱 회귀

3.5.1 소프트맥스 함수

이제까지 보았던 모델(단순 퍼셉트론, 로지스틱 회귀)은 뉴런이 '발화한다/안 한다'라는 두 가지 패턴을 분류하는 것이었습니다. 그러나 세상에는 두 가지 패턴만 있는 것이 아니라 더욱 많은 패턴을 분류하고 예측해야 할 때가 많습니다. 예를 들어, 내일 비가 올지 안올지라는 두 가지 패턴을 예측하는 것보다 맑음, 흐림, 비, 눈이라는 네 가지 패턴을 예측할 수 있으면 매우 편리할 것입니다. 이러한 패턴을 '클래스'라고 합니다. 이제까지 본 모델처럼 데이터를 두 클래스로 분류하는 것을 '이진분류'라고 하고 그 이상의 클래스를 분류하는 것을 '다중 클래스분류'라고 합니다.

단순 퍼셉트론이나 로지스틱 회귀는 다중 클래스분류를 실행할 수 없습니다. 그러나 활성화 함수를 계단함수에서 시그모이드 함수로 바꾸면 출력값을 확률로 간주할 수 있었던 것과 마찬가지로 시그모이드 함수의 모양을 조금 바꾸면 다중 클래스분류를 할 수 있습니다. 그 함수는 '소프트맥스 함수(softmaxfunction)'라는 것이며 n차원 벡터 $\boldsymbol{x} = (x_1 \ x_2 \ \dots \ x_n)^T$에 대해 식 3.52로 표현되는 함수입니다.

$$\text{softmax}(\boldsymbol{x})_i = \frac{e^{\boldsymbol{x}_i}}{\sum_{j=1}^{n} e^{\boldsymbol{x}_j}} \quad (i = 1, 2, \dots, n) \tag{3.52}$$

이때 $y_i = \text{softmax}(\boldsymbol{x})_i$를 성분으로 가지는 벡터를 $\boldsymbol{y}$라고 하면 소프트맥스 함수의 정의로부터 다음이 성립합니다.

$$\sum_{i=1}^{n} y_i = 1 \tag{3.53}$$

$$0 \leq y_i \leq 1 \quad (i = 1, 2, \ldots, n) \tag{3.54}$$

구체적인 예를 살펴보겠습니다. 예를 들어, $\boldsymbol{x} = (2\ 1\ 1)^T$일 때 $\boldsymbol{y} = (0.5761\ 0.2119\ 0.2119)^T$가 구해 집니다. 그리고 $\boldsymbol{x} = (10\ 3\ 2\ 1)^T$일 때는 $\boldsymbol{y} = (0.9986\ 0.0009\ 0.0003\ 0.0001)^T$가 됩니다. 성분 표시를 일반화하면 다음과 같이 나타낼 수 있습니다.

$$\begin{pmatrix} y_1 \\ y_2 \\ \vdots \\ y_n \end{pmatrix} = \frac{1}{\sum_{j=1}^{n} e^{x_j}} \begin{pmatrix} e^{x_1} \\ e^{x_2} \\ \vdots \\ e^{x_n} \end{pmatrix} \tag{3.55}$$

이처럼 소프트맥스 함수를 사용하면 벡터의 성분이 정규화되어 '출력 확률'로 취급할 수 있으므로 신경 망 모델과 잘 어울린다는 것을 알 수 있습니다.

그리고 식 3.55의 우변의 분모를 다음과 같이 두고

$$Z := \sum_{j=1}^{n} e^{x_j} \tag{3.56}$$

소프트맥스 함수의 미분을 구해보면 일단 $i = j$일 때는 다음과 같이 미분되고

$$\frac{\partial y_i}{\partial x_i} = \frac{e^{x_i} Z - e^{x_i} e^{x_i}}{Z^2} = y_i(1 - y_i) \tag{3.57}$$

$i \neq j$일 때는 다음과 같이 미분됩니다.

$$\frac{\partial y_i}{\partial x_j} = \frac{-e^{x_i} e^{x_j}}{Z^2} = -y_i y_j \tag{3.58}$$

이를 정리한 것은 식 3.59와 같습니다.

$$\frac{\partial y_i}{\partial x_j} = \begin{cases} y_i(1 - y_i) & (i = j) \\ -y_i y_j & (i \neq j) \end{cases} \tag{3.59}$$

3.5.2 모델화

다중 클래스분류를 할 때는 모델을 어떻게 확장하면 좋은지 그리고 소프트맥스 함수가 모델화에 어떻게 기여하는지 살펴보겠습니다. 데이터를 K(개의) 클래스로 분류합니다. 이때 출력이 여러 개 있으므로 신경망의 모델을 그림으로 나타내면 그림 3.18과 같습니다.

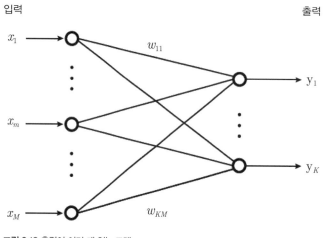

그림 3.18 출력이 여러 개 있는 모델

출력이 스칼라 y가 아니고 다음과 같이 K차원 벡터라는 것에 주의하기 바랍니다.

$$\boldsymbol{y} = \begin{pmatrix} y_1 \\ \vdots \\ y_k \\ \vdots \\ y_K \end{pmatrix}$$

데이터가 K 클래스가 됐지만 기본적인 개념은 두 값을 분류할 때와 같습니다. 출력은 벡터가 됐지만 각 뉴런의 구조는 변함이 없으므로 y_k에 대응하는 뉴런만 따로 떼서 보면 뉴런의 출력은 다음과 같이 나타낼 수 있습니다.

$$
\begin{aligned}
y_k &= f(w_{k1}x_1 + w_{k2}x_2 + \cdots + w_{kM}x_M + b_k) \\
&= f(\boldsymbol{w}_k^T \boldsymbol{x} + b_k)
\end{aligned}
$$

$$(3.60)$$

이렇게 이제까지 봐왔던 식과 같은 모양이 됩니다. 여기서 $\boldsymbol{w}_k = (w_{k1} \; w_{k2} \; \cdots \; w_{kM})^T$라고 두면

$$W = (\boldsymbol{w}_1 \; \cdots \; \boldsymbol{w}_k \; \cdots \; \boldsymbol{w}_K)^T$$

$$= \begin{pmatrix} w_{11} & \cdots & w_{1n} & \cdots & w_{1M} \\ \vdots & & \vdots & & \vdots \\ w_{k1} & \cdots & w_{kn} & \cdots & w_{kM} \\ \vdots & & \vdots & & \vdots \\ w_{K1} & \cdots & w_{Kn} & \cdots & w_{KM} \end{pmatrix} \tag{3.61}$$

$$\boldsymbol{b} = \begin{pmatrix} b_1 \\ \vdots \\ b_k \\ \vdots \\ b_K \end{pmatrix} \tag{3.62}$$

그리고 모델의 출력 전체는 다음과 같이 나타낼 수 있습니다.

$$y = f(W\boldsymbol{x} + \boldsymbol{b}) \tag{3.63}$$

식 3.61의 W를 '웨이트 행렬'이라 하고 식 3.62의 $\boldsymbol{b}$를 '바이어스 벡터'라고 합니다. 이 활성화 함수 $f(\cdot)$에 소프트맥스 함수를 적용하면 $\boldsymbol{y}$가 식 3.53과 식 3.54를 만족하므로 다중 클래스분류에 맞는 모델로 사용할 수 있게 됩니다. 이 모델을 '다중 클래스 로지스틱 회귀(multi-class logistic regression)'라고 부릅니다. 그러나 두 클래스일 때도 포함해서 모두 '로지스틱 회귀'라고 부르기도 합니다. 이 책에서도 특별한 일이 없다면 '로지스틱 회귀'라고 부르겠습니다.

실제로 입력 데이터가 각 클래스로 분류될 확률은 어떻게 나타낼 수 있을까요? 입력이 $\boldsymbol{x}$일 때 이것이 분류되어 어떤 클래스 값을 취할 확률변수를 C라고 하겠습니다. 2값 분류일 때는 $C = 0$ 또는 $C = 1$ 중에 하나였지만 다중 클래스일 때는 $C = k$ $(k = 1, 2, \ldots, K)$가 됩니다. 그러면 어떤 하나의 뉴런의 출력인 y_k를 따로 떼어 살펴보면 이것은 $\boldsymbol{x}$가 클래스 k로 분류될 확률임이 분명하므로 다음과 같이 나타낼 수 있습니다(지수함수를 $exp(\cdot)$라고 표현했습니다).

$$p(C = k | \boldsymbol{x}) = y_k = \frac{\exp\left(\boldsymbol{w}_k^T \boldsymbol{x} + b_k\right)}{\sum_{j=1}^K \exp\left(\boldsymbol{w}_j^T \boldsymbol{x} + b_j\right)} \tag{3.64}$$

이렇게 출력을 확률식으로 표현했고 이번에는 파라미터 $W, \boldsymbol{b}$를 최우추정하기 위한 우도함수에 대해 생각해 보겠습니다. N개의 입력 데이터 $\boldsymbol{x}_n (n = 1, 2, \ldots, N)$과 그에 대응하는 정답 데이터(벡터) $\boldsymbol{t}_n$이 있다고 해보겠습니다. $\boldsymbol{x}_n$이 클래스 k에 속할 때 $\boldsymbol{t}_n$의 j번째 성분인 t_{nj}는 다음과 같이 되므로 주의하기 바랍니다.

$$t_{nj} = \begin{cases} 1 & (j = k) \\ 0 & (j \neq k) \end{cases} \tag{3.65}$$

이처럼 벡터의 성분 중 어느 하나만 1이고 나머지가 0이 되도록 표현하는 것을 **1-of-K 표현**(1-of-K representation)이라고 합니다[6]. 이때 $y_n := \mathrm{softmax}(W \boldsymbol{x}_n + \boldsymbol{b})$로부터 다음과 같은 식이 구해집니다.

$$\begin{aligned} L(W, \boldsymbol{b}) &= \prod_{n=1}^N \prod_{k=1}^K p(C = k | \boldsymbol{x}_n)^{t_{nk}} \\ &= \prod_{n=1}^N \prod_{k=1}^K y_{nk}^{t_{nk}} \end{aligned} \tag{3.66}$$

이 식을 최대로 만드는 파라미터를 구하면 된다는 것을 알 수 있습니다. 이 함수도 곱의 형태이므로 2값 분류를 했을 때와 마찬가지로 로그를 취하고 부호를 반전시킨 함수는 다음과 같습니다.

$$\begin{aligned} E(W, \boldsymbol{b}) :=& \quad -\log L(W, \boldsymbol{b}) \\ =& \quad -\sum_{n=1}^N \sum_{k=1}^K t_{nk} \log y_{nk} \end{aligned} \tag{3.67}$$

이것이 다중 클래스에서의 교차 엔트로피 오차 함수이며, 이 함수를 최소화해야 하는 것입니다. 따라서 각 파라미터에 대한 경사를 구하면 이제까지 했던 것처럼 경사하강법을 적용할 수 있다는 것을 알 수 있습니다.

---

6 1-of-K로 표현할 수 있도록 구현하는 것을 one-hot 인코딩(one-hot encoding)이라고 부르기도 합니다.

먼저 웨이트 W에 대한 경사를 생각해 보겠습니다. $W = (\boldsymbol{w}_1 \; \boldsymbol{w}_2 \; \dots \; \boldsymbol{w}_K)^T$이고 식을 정리하기 위해 먼저 $E := E(W, \boldsymbol{b}) = E(\boldsymbol{w}_1, \boldsymbol{w}_2, \dots, \boldsymbol{w}_K, \boldsymbol{b})$라고 두고 $\boldsymbol{w}_j$의 경사를 구하겠습니다. I를 K차 단위행렬 $\boldsymbol{a}_n := W\boldsymbol{x}_n + \boldsymbol{b}$라고 하면 다음 식이 구해집니다.

$$\frac{\partial E}{\partial \boldsymbol{w}_j} = -\sum_{n=1}^{N}\sum_{k=1}^{K} \frac{\partial}{\partial y_{nk}}(t_{nk}\log y_{nk})\frac{\partial y_{nk}}{\partial a_{nj}}\frac{\partial a_{nj}}{\partial \boldsymbol{w}_j} \tag{3.68}$$

$$= -\sum_{n=1}^{N}\sum_{k=1}^{K} \frac{t_{nk}}{y_{nk}}\frac{\partial y_{nk}}{\partial a_{nj}}\boldsymbol{x}_n \tag{3.69}$$

$$= -\sum_{n=1}^{N}\sum_{k=1}^{K} \frac{t_{nk}}{y_{nk}}y_{nk}(\boldsymbol{I}_{kj} - y_{nk})\boldsymbol{x}_n \tag{3.70}$$

$$= -\sum_{n=1}^{N} \left(\sum_{k=1}^{K} t_{nk}\boldsymbol{I}_{kj} - \sum_{k=1}^{K} t_{nk}y_{nj}\right)\boldsymbol{x}_n \tag{3.71}$$

$$= -\sum_{n=1}^{N} (t_{nj} - y_{nj})\boldsymbol{x}_n \tag{3.72}$$

이때 식 3.69에서 식 3.70으로 변형하는 데 소프트맥스 함수를 사용했습니다. 이 같은 방법으로 계산하면 다음 식도 구해집니다.

$$\frac{\partial E}{\partial b_j} = -\sum_{n=1}^{N} (t_{nj} - y_{nj}) \tag{3.73}$$

그러면 최종적으로 구해지는 식은 다음과 같습니다.

$$\frac{\partial E}{\partial W} = -\sum_{n=1}^{N} (\boldsymbol{t}_n - \boldsymbol{y}_n)\boldsymbol{x}_n^T \tag{3.74}$$

$$\frac{\partial E}{\partial \boldsymbol{b}} = -\sum_{n=1}^{N} (\boldsymbol{t}_n - \boldsymbol{y}_n) \tag{3.75}$$

3.5.3 구현

3.5.3.1 텐서플로로 구현

텐서플로를 사용해 다음과 같이 구현해 보겠습니다.

- 입력이 두 개, 출력이 세 개이며 세 개의 클래스로 분류하는 로지스틱 회귀.
- 각 클래스의 데이터는 평균 $\mu \neq 0$인 정규분포를 따르는 샘플 데이터군을 생성해서 적용한다.
- 각 클래스의 데이터 수는 100개. 모두 300개의 데이터를 분류한다.

그리고 앞서 OR 게이트 분류를 구현할 때는 배치 경사하강법으로 학습했지만 이번에는 (미니배치) 확률 경사하강법으로 학습합니다. 그러려면 데이터를 무작위로 섞는 기능이 필요한데 sklearn이라는 라이브러리[7]에 있는 sklearn.utils.shuffle이 해당 기능을 제공하므로 이것을 사용하겠습니다.

```
from sklearn.utils import shuffle
```

먼저 이번 실험을 설정하는 데 필요한 변수를 정의해 두겠습니다.

```
M = 2      # 입력 데이터의 차원
K = 3      # 클래스 수
n = 100    # 각 클래스에 있는 데이터 수
N = n * K  # 전체 데이터 수
```

그리고 샘플 데이터군을 다음과 같이 생성합니다.

```
X1 = np.random.randn(n, M) + np.array([0, 10])
X2 = np.random.randn(n, M) + np.array([5, 5])
X3 = np.random.randn(n, M) + np.array([10, 0])
Y1 = np.array([[1, 0, 0] for i in range(n)])
Y2 = np.array([[0, 1, 0] for i in range(n)])
Y3 = np.array([[0, 0, 1] for i in range(n)])

X = np.concatenate((X1, X2, X3), axis=0)
Y = np.concatenate((Y1, Y2, Y3), axis=0)
```

이 데이터를 그림 3.19에 그래프로 나타냈습니다.

---

7   임포트한 이름은 scikit-learn(http://scikit-learn.org/)을 줄여서 쓴 것입니다.

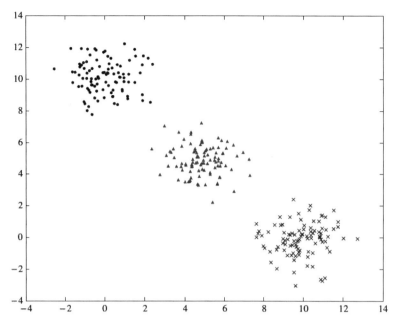

그림 3.19 샘플 데이터의 분포

이렇게 해서 설정과 준비를 마쳤습니다. 이제 모델을 정의합니다. 텐서플로를 사용할 경우 이진분류에서 sigmoid였던 부분을 softmax로 변경하기만 하면 다중 클래스로 분류한 것을 출력할 수 있습니다[8].

```
W = tf.Variable(tf.zeros([M, K]))
b = tf.Variable(tf.zeros([K]))

x = tf.placeholder(tf.float32, shape=[None, M])
t = tf.placeholder(tf.float32, shape=[None, K])
y = tf.nn.softmax(tf.matmul(x, W) + b)
```

교차 엔트로피 오차 함수도 식 3.67에 따라 기술하면 되지만 미니배치로 계산하는 것을 전제로 하고 있기 때문에 각 미니배치의 평균값을 구하려면 tf.reduce_mean( )을 사용합니다.

```
cross_entropy = tf.reduce_mean(-tf.reduce_sum(t * tf.log(y),
                                 reduction_indices=[1]))
```

---

8   주의해야 할 점은 식 3.61에서는 W가 $K \times M$차원 행렬이었지만 코드 안에서 정의한 W는 $M \times K$차원 행렬이라는 점입니다. 모델화할 때는 데이터가 하나씩, 즉 벡터 X를 전제로 해서 출력의 형태를 정했지만 구현할 때는 데이터 x가 미니배치(행렬)를 전제로 하기 때문입니다. 그러나 이 차이는 수식상으로도 $W = W^T$라고 다시 정하면 동일하게 모델화할 수 있으므로 문제되지 않습니다. 이처럼 이론과 구현에서 각각의 상황에 맞춰야 하기 때문에 이후에도 이런 차이가 가끔 발생할 수 있지만 문제가 되지는 않을 것입니다.

그리고 이 코드에서 reduction_indices는 행렬의 합을 어느 방향으로 구할지를 나타냅니다. 이 교차 엔트로피 오차 함수를 확률 경사하강법을 통해 최소화하는 것이므로 다음과 같이 작성하면 됩니다.

```
train_step = tf.train.GradientDescentOptimizer(0.1).minimize(cross_entropy)
```

그리고 제대로 분류됐는지 확인하려면 다음과 같이 작성해서 $\underset{k}{argmin}\, y_{nk} = \underset{k}{argmin}\, t_{nk}$가 되는지 살펴봅니다.

```
correct_prediction = tf.equal(tf.argmax(y, 1), tf.argmax(t, 1))
```

이제 모델을 학습시켜 보겠습니다. 미니배치의 크기를 50으로 정하고 미니배치의 개수도 미리 설정해 둡니다.

```
batch_size = 50 # 미니배치의 크기
n_batches = N // batch_size
```

확률 경사하강법에서는 각 에폭마다 데이터를 섞으며, 실제로 학습을 수행하는 코드는 다음과 같습니다.

```
for epoch in range(20):
    X_, Y_ = shuffle(X, Y)

    for i in range(n_batches):
        start = i * batch_size
        end = start + batch_size

        sess.run(train_step, feed_dict={
            x: X_[start:end],
            t: Y_[start:end]
        })
```

이 코드에서 start와 end는 각 미니배치가 전체 데이터에서 어느 곳에 위치하는지를 나타냅니다. 이렇게 해서 모델을 학습시켰고 이제 그 결과를 확인해 보겠습니다. 데이터가 많으므로 대강 선택한 10개의 데이터가 잘 분류됐는지 확인하겠습니다.

3장 신경망 | 121

```
X_, Y_ = shuffle(X, Y)

classified = correct_prediction.eval(session=sess, feed_dict={
    x: X_[0:10],
    t: Y_[0:10]
})
prob = y.eval(session=sess, feed_dict={
    x: X_[0:10]
})

print('classified:')
print(classified)
print()
print('output probability:')
print(prob)
```

이 코드의 결과는 다음과 같습니다.

```
classified:
[ True  True  True  True  True  True  True  True  True  True]

output probability:
[[ 9.98682678e-01   1.31731527e-03   2.58784910e-10]
 [ 3.43130948e-03   9.69049275e-01   2.75194254e-02]
 [ 9.69157398e-01   3.08425445e-02   5.09097688e-08]
 [ 1.93514787e-02   9.70684528e-01   9.96400509e-03]
 [ 4.12158085e-09   8.59103166e-03   9.91409004e-01]
 [ 1.71545204e-02   9.76335824e-01   6.50969939e-03]
 [ 2.30860678e-07   4.24577259e-02   9.57542002e-01]
 [ 7.25345686e-08   8.87839682e-03   9.91121531e-01]
 [ 8.43027297e-12   1.41838231e-04   9.99858141e-01]
 [ 9.95894194e-01   4.10580169e-03   2.68717937e-09]]
```

이 결과를 보면 제대로 분류됐다는 것을 알 수 있습니다.

그리고 입력 데이터는 2차원이므로 분류의 기준이 되는 직선을 그래프로 나타낼 수 있습니다. 소프트맥스 함수값이 같아지는 곳이 경계가 되는데, 예를 들어 클래스1과 클래스2를 분류한 직선은 다음과 같습니다.

$$w_{11}x_1 + w_{12}x_2 + b_1 = w_{21}x_1 + w_{22}x_2 + b_2 \tag{3.76}$$

sess.run(W)와 sess.run(b)를 통해 구해진 결과를 사용해 그래프로 나타낸 것은 그림 3.20과 같고 이 그래프를 보면 모두 제대로 분류됐다는 것을 확인할 수 있습니다.

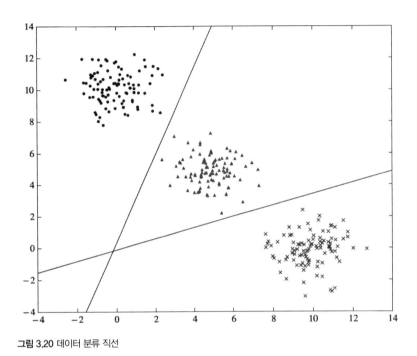

그림 3.20 데이터 분류 직선

3.5.3.2 케라스 구현

앞서 구현했던 것과 같은 것을 케라스로 구현해 보겠습니다. 데이터를 생성하는 부분은 이전과 같으므로 모델을 정의하는 부분부터 보겠습니다.

```
model = Sequential()
model.add(Dense(input_dim=M, units=K))
model.add(Activation('softmax'))

model.compile(loss='categorical_crossentropy', optimizer=SGD(lr=0.1))
```

이진분류를 할 때는 loss='binary_crossentropy'였지만 1-of-K로 표현하면 'categorical_crossentropy'라고 씁니다. 모델을 학습시키는 부분은

```
minibatch_size = 50
model.fit(X, Y, epochs=20, batch_size=minibatch_size)
```

이렇게 이전과 같이 구현합니다.

```
X_, Y_ = shuffle(X, Y)
classes = model.predict_classes(X_[0:10], batch_size=minibatch_size)
prob = model.predict_proba(X_[0:10], batch_size=minibatch_size)
print('classified:')
print(np.argmax(model.predict(X_[0:10]), axis=1) == classes)
print()
print('output probability:')
print(prob)
```

이 프로그램을 실행하면 텐서플로로 구현했을 때와 같이 데이터가 제대로 분류된다는 것을 알 수 있습니다.

3.6 다층 퍼셉트론

3.6.1 비선형 분류

3.6.1.1 XOR 게이트

기본적인 논리 게이트로는 AND 게이트, OR 게이트, NOT 게이트가 있다는 것은 이미 알고 있습니다. 이 논리 게이트 이외에 조금 특수한 논리 게이트로 **XOR 게이트**(배타 논리 게이트)라는 게이트가 있습니다. 회로기호는 그림 3.21과 같습니다.

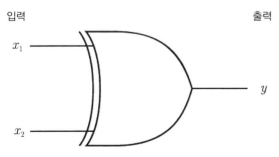

그림 3.21 XOR 게이트의 회로기호

그리고 XOR 게이트의 입출력을 표 3.7에 정리했습니다.

표 3.7 XOR 게이트의 입출력

x_1	x_2	y
0	0	0
0	1	1
1	0	1
1	1	0

XOR 게이트가 '특수하다'고 이야기했는데 이것은 이 입출력과 관련이 있습니다. x_1-x_2평면 상에 그래프로 나타내보면 알 수 있는데 AND 게이트나 OR 게이트와는 달리 XOR 게이트는 직선 하나로 데이터를 분류할 수 없습니다. 그림 3.22와 같이 적어도 두 개의 직선이 필요합니다.

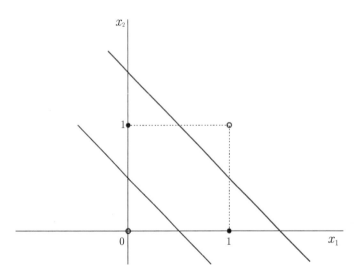

그림 3.22 XOR 게이트에서 데이터를 분류하는 직선

이제까지 본 것처럼 직선 하나(K 클래스인 경우에는 K−1개)로 데이터를 분류하는 것을 '선형분리가능'이라고 말하고 XOR과 같이 직선 하나로는 분류할 수 없는 것을 선형분리불가능이라고 말합니다[9]. 그리고 사실은 단순 퍼셉트론이나 로지스틱 회귀는 단지 선형분리가능한 문제에서만 데이터를 분류할 수 있습니다. 입력이 2차원일 경우를 생각해보면 이해하기 쉽습니다. 뉴런이 발화하는지 하지 않는지의 기준인 경계는 활성화 이전의 식에 의해 다음 식으로 정리됩니다.

---

9 데이터가 n차원일 때는 n−1차원의 초평면으로 분류할 수 있는지를 알아봐야 합니다.

$$ax_1 + bx_2 + c = 0 \tag{3.77}$$

이것은 한 개의 직선 이상으로 표현할 수 없으므로 XOR 게이트는 학습할 수 없다는 것을 알 수 있습니다. 실제로 케라스에서 로지스틱 회귀로 XOR을 분류해 보겠습니다.

```python
import numpy as np
from keras.models import Sequential
from keras.layers import Dense, Activation
from keras.optimizers import SGD

np.random.seed(0)

# XOR 게이트
X = np.array([[0, 0], [0, 1], [1, 0], [1, 1]])
Y = np.array([[0], [1], [1], [0]])

model = Sequential([
    Dense(input_dim=2, output_dim=1),
    Activation('sigmoid')
])
model.compile(loss='binary_crossentropy', optimizer=SGD(lr=0.1))
model.fit(X, Y, epochs=200, batch_size=1)

prob = model.predict_proba(X, batch_size=1)
print(prob)
```

실행한 결과는 다음과 같습니다.

```
[[ 0.5042778859]
 [ 0.50167429]
 [ 0.50263327]
 [ 0.50002992]]
```

학습에 실패한 것을 확인할 수 있습니다. 단순 퍼셉트론이나 로지스틱 회귀처럼 선형분리가능한 문제에만 적용할 수 있는 모델을 '선형 분류기(linear classifier)'라고 합니다.

3.6.1.2 게이트 조합

기본 게이트는 선형분리가능이고 XOR 게이트는 선형분리불가능인데 기본 게이트를 조합하면 XOR 게이트를 만들 수 있습니다. XOR 게이트를 구현하는 방법은 여러 가지가 있는데 그림 3.23이 그중 한 가지입니다. 일반적인 AND 게이트 앞에 세 종류의 게이트를 조합한 것(점선 부분)을 붙인 것입니다.

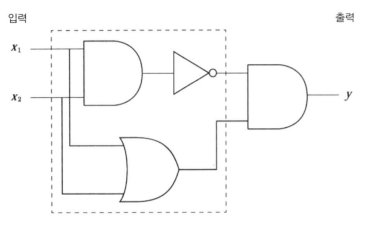

그림 3.23 기본 게이트를 조합해서 만든 XOR 게이트

XOR 게이트를 기본 게이트만으로 조합해서 만들 수 있다는 것은 신경망의 모델에 있어서 중요한 사실입니다. 기본 게이트는 뉴런으로 구현할 수 있으므로 기본 게이트의 조합처럼 뉴런도 조합하면 비선형분류를 실행할 수 있는 모델도 만들 수 있다는 이야기가 되기 때문입니다. 이를 구현하는 방법을 살펴보겠습니다. 이제까지 입력과 출력만을 생각했지만 그림 3.23의 점선 부분에 해당하는 뉴런을 추가해야 합니다. 점선 부분만 주목해보면 입력 개수도 출력 개수도 두 개이므로 신경망 모델에서는 그림 3.24처럼 나타낼 수 있습니다. 게이트를 조합한 것과 마찬가지로 입력과 출력 사이에 두 개의 뉴런이 추가됩니다. AND + NOT 게이트와 OR 게이트를 각각 뉴런으로 구현했습니다[10].

---

10 AND 게이트의 출력과 역출력하는(선형분리가능) 게이트를 NAND 게이트라고 합니다. 다시 말하면 그림 3.23에서 점선 부분은 NAND 게이트와 OR 게이트를 배치한 것이라고 생각할 수 있고 각 뉴런이 각각 NAND 게이트와 OR 게이트에 대응된 것이라고 생각하면 조금 더 직관적으로 이해할 수 있습니다.

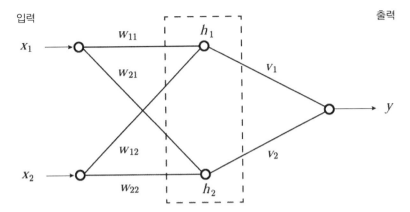

그림 3.24 XOR 게이트를 신경망으로 구현

그럼 이 신경망이 정말로 XOR 게이트를 재현한 것인지 생각해 보겠습니다. 이때도 뉴런의 구조 자체는 변함이 없으므로 각 뉴런은 다음과 같이 나타낼 수 있습니다.

$$h_1 = f(w_{11}x_1 + w_{12}x_2 + b_1) \tag{3.78}$$

$$h_2 = f(w_{21}x_1 + w_{22}x_2 + b_2) \tag{3.79}$$

$$y = f(v_1 h_1 + v_2 h_2 + c) \tag{3.80}$$

그림 3.23에 맞추기 위해 활성화 함수 $f(\cdot)$로는 계단함수를 사용하겠지만 함수의 내용이 양이냐 음이냐에 따라 출력이 정해진다는 점에서는 시그모이드 함수를 사용해도 문제되지 않습니다. 위의 식에 예를 들어 다음과 같은 값을 대입해보면

$$W = \begin{pmatrix} w_{11} & w_{12} \\ w_{21} & w_{22} \end{pmatrix} = \begin{pmatrix} 2 & 2 \\ -2 & -2 \end{pmatrix} \tag{3.81}$$

$$\boldsymbol{b} = \begin{pmatrix} b_1 \\ b_2 \end{pmatrix} = \begin{pmatrix} -1 \\ 3 \end{pmatrix} \tag{3.82}$$

$$\boldsymbol{v} = \begin{pmatrix} v_1 \\ v_2 \end{pmatrix} = \begin{pmatrix} 2 \\ 2 \end{pmatrix} \tag{3.83}$$

$$c = -3 \tag{3.84}$$

확실히 신경망으로 XOR 게이트를 재현할 수 있다는 것을 알 수 있습니다.

이처럼 입력과 출력 이외의 뉴런이 연결된 모델을 **다층 퍼셉트론**(multi-layer perceptron)이라 하고 MLP라고 약자로 줄여서 씁니다. 다층 퍼셉트론이라는 이름에서 알 수 있듯이 신경망 모델은 인간의 뇌와 마찬가지로 뉴런이 층을 이뤄 연결됐다고 생각할 수 있습니다. 따라서 입력을 받는 층을 **입력층**(input layer)이라 하고 출력하는 층을 **출력층**(output layer)이라 하고, 입력층과 출력층 사이에 이번에 추가된 층을 **은닉층**(hidden layer)이라 합니다.

3.6.2 모델화

'입력층-은닉층-출력층'이라는 3층 네트워크[11] 구조로 만들면 선형분리불가능한 데이터도 입출력을 실행할 수 있습니다. XOR은 비선형분류 중에서 가장 단순하다고 말할 수 있는 문제인데 다층 퍼셉트론 모델을 일반화하면 더욱 복잡한 데이터도 분류할 수 있게 됩니다. 다층 구조로 만들어서 이제까지 봐왔던 모델과 어느 부분이 다른지 살펴보겠습니다. 3층 신경망을 일반화했을 경우의 모델을 그림 3.25에 나타냈습니다.

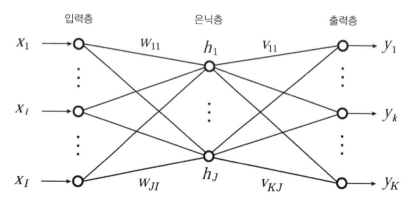

그림 3.25 3층 신경망

먼저 '입력-은닉층' 부분을 주목해보면 이제까지 살펴본 2층 신경망과 같은 모양이므로 은닉층의 '출력'을 나타내는 식은 웨이트 W, 바이어스 $\boldsymbol{b}$, 활성화 함수 $f(\cdot)$에 관해 다음과 같습니다.

$$\boldsymbol{h} = f(W\boldsymbol{x} + \boldsymbol{b})$$

$$(3.85)$$

이 식으로 구해진 $\boldsymbol{h}$가 출력층에 다시 전파되므로 '은닉층-출력층' 부분은 웨이트 V, 바이어스 $\boldsymbol{c}$, 활성화 함수 $g(\cdot)$에 관해 다음과 같은 식으로 나타낼 수 있습니다.

11 　 입력층을 층의 개수에 포함시키지 않고 이것을 2층 네트워크라고 부를 때도 있지만 이 책에서는 직관적으로 이해할 수 있도록 입력층도 개수에 포함시킵니다.

$$y = g(V\boldsymbol{h} + \boldsymbol{c}) \tag{3.86}$$

활성화 함수 f나 g에 관해 각각 생각해보면 g는 네트워크 전체의 출력을 나타내므로 다중 클래스 분류를 할 때는 소프트맥스 함수를 사용하고 이진분류를 할 때는 시그모이드 함수를 사용해야 합니다. 그러나 f는 출력층에 값(신호)을 전파하는 것이고 $g(\cdot)$ 안에 있는 $V\boldsymbol{h} + \boldsymbol{c}$는 임의의 실수이기만 하면 되므로 $\boldsymbol{h}$를 출력하는 f는 '받는 값이 작으면 출력도 작은 값을 출력하고 받는 값이 크면 큰 값을 출력하는' 함수이기만 하면 됩니다. 그러나 일반적으로는 계산하기 편하도록 시그모이드 함수가 사용됩니다. 그 밖의 활성화 함수에 관해서는 4장에서 다루겠습니다.

다층이 됐을 경우 네트워크를 어떻게 학습(파라미터를 최적화)시킬까요? 모델의 파라미터는 $W, V, \boldsymbol{b}, \boldsymbol{c}$이므로 최소화해야 할 오차함수를 E라고 하면 $E = E(W, V, \boldsymbol{b}, \boldsymbol{c})$가 되고 확률 경사하강법을 통해 가장 적합한 파라미터를 구하려면 각 파라미터에 관한 경사를 구해야 합니다. 그럼 이제까지와 마찬가지로 N개의 데이터가 있다고 가정하고 그중 n번째에 해당하는 데이터(벡터)를 x_n과 y_n이라고 하겠습니다. 그러면 이제까지 본 것처럼 N개의 데이터 각각에서 발생하는 오차 $E_n(n = 1, \ldots, N)$은 독립적이므로 다음과 같이 나타낼 수 있습니다.

$$E = \sum_{n=1}^{N} E_n \tag{3.87}$$

그럼 일단 E_n에 대한 각 파라미터의 경사를 생각해 보겠습니다. 이제부터 식을 보기 편하게 하기 위해 데이터의 순서를 나타내는 첨자 n은 생략하고 쓰겠습니다.

각 층의 활성화 이전 값을 각각 다음과 같이 두면

$$\boldsymbol{p} := W\boldsymbol{x} + \boldsymbol{b} \tag{3.88}$$

$$\boldsymbol{q} := V\boldsymbol{h} + \boldsymbol{c} \tag{3.89}$$

$W = (\boldsymbol{w}_1\, \boldsymbol{w}_2 \cdots \boldsymbol{w}_J)^T$와 $V = (\boldsymbol{v}_1\, \boldsymbol{v}_2 \cdots \boldsymbol{v}_K)^T$에 대해 다음 식이 성립하므로

$$\begin{cases} \frac{\partial E_n}{\partial \boldsymbol{w}_j} = \frac{\partial E_n}{\partial p_j} \frac{\partial p_j}{\partial \boldsymbol{w}_j} = \frac{\partial E_n}{\partial p_j} \boldsymbol{x} \\ \frac{\partial E_n}{\partial b_j} = \frac{\partial E_n}{\partial p_j} \frac{\partial p_j}{\partial b_j} = \frac{\partial E_n}{\partial p_j} \end{cases} \tag{3.90}$$

$$\begin{cases} \dfrac{\partial E_n}{\partial \boldsymbol{v}_k} = \dfrac{\partial E_n}{\partial q_k}\dfrac{\partial q_k}{\partial \boldsymbol{v}_k} = \dfrac{\partial E_n}{\partial q_k}\boldsymbol{h} \\[3mm] \dfrac{\partial E_n}{\partial c_k} = \dfrac{\partial E_n}{\partial q_k}\dfrac{\partial q_k}{\partial c_k} = \dfrac{\partial E_n}{\partial q_k} \end{cases} \tag{3.91}$$

$\dfrac{\partial E_n}{\partial p_j}$와 $\dfrac{\partial E_n}{\partial q_k}$를 구하면 각 파라미터의 경사를 구할 수 있습니다. 여기서 식 3.91에 대해 생각해 보겠습니다. '은닉층–출력층' 부분에서 소프트맥스 함수가 사용됐으므로 다중 클래스 로지스틱 회귀를 모델화할 때 나왔던 식 3.72와 식 3.73을 응용하면

$$\frac{\partial E_n}{\partial q_k} = -(t_k - y_k) \tag{3.92}$$

다음과 같은 식이 구해지므로[12] 결국 $\dfrac{\partial E_n}{\partial p_j}$를 구하면 된다는 이야기입니다. 이것도 편미분의 연쇄법칙을 사용하면

$$\begin{aligned} \frac{\partial E_n}{\partial p_j} &= \sum_{k=1}^{K} \frac{\partial E_n}{\partial q_k} \frac{\partial q_k}{\partial p_j} \\ &= \sum_{k=1}^{K} \frac{\partial E_n}{\partial q_k} \left(f'(p_j) v_{kj} \right) \end{aligned} \tag{3.93}$$

위와 같이 변형할 수 있으므로 모든 경사를 계산할 수 있다는 것을 알 수 있습니다.

수식의 계산은 이것으로 끝났고 이제 식 3.93의 의미에 대해 조금 더 생각해 보겠습니다.

여기서 다음과 같이 정해 두겠습니다.

$$\delta_j := \frac{\partial E_n}{\partial p_j} \tag{3.94}$$

$$\delta_k := \frac{\partial E_n}{\partial q_k} \tag{3.95}$$

식 3.92를 보면 알겠지만 δ_k는 모델을 계산해서 나온 출력과 정답인 값과의 순수한 오차이므로 δ_k나 δ_j를 오차(error)라고 부르겠습니다. 오차항을 정의하면 식 3.93은 다음과 같이 나타낼 수 있는데

---

[12] 물론 $E_n = -\displaystyle\sum_{k=1}^{K} t_k \log y_k$를 편미분해서 구할 수도 있습니다.

$$\delta_j = f'(p_j) \sum_{k=1}^{K} v_{kj} \delta_k \qquad (3.96)$$

$\sum_{k=1}^{K} v_{kj} \delta_k$ 부분은 이제까지 여러 번 등장한 뉴런의 출력을 나타내는 식과 모양이 같습니다. 다시 말하면 모델의 출력을 생각할 때는 입력층에서 출력으로 향하는 순방향으로 네트워크를 따라가며 봤지만 경사를 생각할 때 네트워크를 역방향으로 보면 그림 3.26처럼 δ_k가 네트워크에서 전파된다고 볼 수 있습니다. 이처럼 네트워크가 여러 층으로 구성된 경우에는 경사를 계산하기 위한 오차가 역방향으로 출력된다고 생각하게 되므로 이를 오차역전파법(backpropagation)이라 합니다.

오차역전파법은 모든 딥러닝 모델에 사용되는 기법이라고 해도 과언이 아닙니다. 그러나 기법에 어려운 이름이 붙어 있더라도 기본적으로 '오차함수를 최소화하기 위해 경사를 계산한다'라는 생각만 하면 이것이 어려운 기법은 아닙니다.

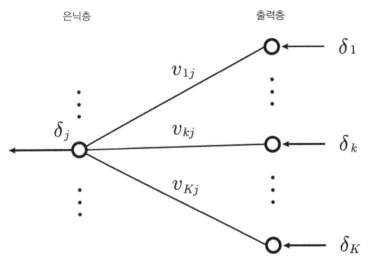

그림 3.26 오차를 역전파한다

여기까지는 오차역전파법에 관해 자세히 알아보기 위해 각 층에 있는 웨이트 행렬을 벡터로 분해해서 경사를 계산해 봤습니다. 물론 분해하지 않아도 식으로 표현할 수 있습니다. 그럴 경우에는 다음과 같이 나타낼 수 있고

$$\frac{\partial E_n}{\partial W} = \frac{\partial E_n}{\partial \boldsymbol{p}} \left(\frac{\partial \boldsymbol{p}}{\partial W} \right)^T = \frac{\partial E_n}{\partial \boldsymbol{p}} \boldsymbol{x}^T \qquad (3.97)$$

$$\frac{\partial E_n}{\partial V} = \frac{\partial E_n}{\partial \boldsymbol{q}} \left(\frac{\partial \boldsymbol{q}}{\partial V}\right)^T = \frac{\partial E_n}{\partial \boldsymbol{q}} \boldsymbol{h}^T \qquad (3.98)$$

다음과 같이 정의되는 e_h나 e_o는 각각 δ_j, δ_k를 성분으로 포함하는 벡터입니다.

$$e_h := \frac{\partial E_n}{\partial \boldsymbol{p}} \qquad (3.99)$$

$$e_o := \frac{\partial E_n}{\partial \boldsymbol{q}} \qquad (3.100)$$

따라서 다음과 같은 식이 구해집니다.

$$e_h = f'(\boldsymbol{p}) \odot V^T e_o \qquad (3.101)$$

$$e_o = -(\boldsymbol{t} - \boldsymbol{y}) \qquad (3.102)$$

3.6.3 구현

다층 퍼셉트론을 통해 XOR을 학습할 수 있는지 실제로 구현하면서 알아보겠습니다. 일단 XOR 데이터를 다음의 코드를 통해 마련하겠습니다.

```
X = np.array([[0, 0], [0, 1], [1, 0], [1, 1]])
Y = np.array([[0], [1], [1], [0]])
```

다층으로 이뤄져 있더라도 각 층을 하나씩 보면서 구현하면 어렵지 않습니다. 모델을 식으로 만들 때 특히 어려웠던 부분은 오차역전파법 부분이었지만 텐서플로나 케라스와 같은 라이브러리가 이 같은 부분을 보완하므로 특별히 주의해야 할 필요도 없습니다. 그렇지만 모델을 제대로 이해하려면 식의 어느 부분이 코드에서 어느 부분에 해당하는지를 의식하면서 구현하는 것이 바람직합니다.

3.6.3.1 텐서플로로 구현

XOR 게이트는 입력층의 차원이 2이고 출력층의 차원이 1이므로 각각에 해당하는 placeholder를 정의합니다.

```
x = tf.placeholder(tf.float32, shape=[None, 2])
t = tf.placeholder(tf.float32, shape=[None, 1])
```

다층일 경우에는 각 층의 출력을 나타내는 식을 코드 상에서 정의해야 합니다. 게이트의 조합에서는 은닉층의 차원을 2로 해서 XOR 게이트를 만들었으므로 동일한 개수로 수행해 보겠습니다. '입력층~은닉층'을 나타내는 식은 다음과 같습니다.

```
W = tf.Variable(tf.truncated_normal([2, 2]))
b = tf.Variable(tf.zeros([2]))
h = tf.nn.sigmoid(tf.matmul(x, W) + b)
```

위에 나온 tf.truncated_normal( )은 **절단정규분포**(truncated normal distribution)를 따르는 데이터를 생성하는 메서드입니다. tf.zeros( )로 파라미터를 모두 0으로 초기화하고 오차역전파법을 적용하면 오차가 제대로 반영되지 않을 경우가 있기 때문에 tf.truncated_normal( )을 사용하는 것입니다. 마찬가지로 '은닉층~출력'은 다음과 같이 구현합니다.

```
V = tf.Variable(tf.truncated_normal([2, 1]))
c = tf.Variable(tf.zeros([1]))
y = tf.nn.sigmoid(tf.matmul(h, V) + c)
```

이렇게 해서 모델의 출력 부분을 모두 구현했습니다.

학습을 실행하기 전에 오차함수를 설정해야 하는데 이번 예는 이진분류이므로 교차 엔트로피 오차 함수로는 다음과 같은 함수를 사용합니다.

```
cross_entropy = - tf.reduce_sum(t * tf.log(y) + (1 - t) * tf.log(1 - y))
```

확률 경사하강법은 이전과 동일한 방식으로 구현할 수 있습니다.

```
train_step = tf.train.GradientDescentOptimizer(0.1).minimize(cross_entropy)
correct_prediction = tf.equal(tf.to_float(tf.greater(y, 0.5)), t)
```

이것이 라이브러리를 사용해 얻는 이점이라고 말할 수 있습니다. 실제 학습도 이전과 같은 방식으로 구현합니다.

```
init = tf.global_variables_initializer()
sess = tf.Session()
sess.run(init)
```

```
for epoch in range(4000):
    sess.run(train_step, feed_dict={
        x: X,
        t: Y
    })
    if epoch % 1000 == 0:
        print('epoch:', epoch)
```

학습 횟수가 많으므로 진행 상황을 출력하는 기능을 추가했습니다.

이렇게 해서 학습을 구현했고 이제 결과를 확인해 보겠습니다.

```
classified = correct_prediction.eval(session=sess, feed_dict={
    x: X,
    t: Y
})
prob = y.eval(session=sess, feed_dict={
    x: X
})

print('classified:')
print(classified)
print()
print('output probability:')
print(prob)
```

위와 같이 구현하면

```
classified:
[[ True]
 [ True]
 [ True]
 [ True]]

output probability:
[[ 0.00766729]
 [ 0.99138135]
 [ 0.99138099]
 [ 0.01342883]]
```

위와 같은 결과가 나옵니다. XOR이 확실하게 학습됐다는 것을 알 수 있습니다.

3.6.3.2 케라스로 구현

케라스에서는 model.add()를 통해 층을 계속 추가할 수 있으므로 다음과 같이 구현하면 3층 네트워크를 구축할 수 있습니다.

```
model = Sequential()

# 입력층 - 은닉층
model.add(Dense(input_dim=2, units=2))
model.add(Activation('sigmoid'))

# 은닉층 - 출력층
model.add(Dense(units=1))
model.add(Activation('sigmoid'))

model.compile(loss='binary_crossentropy', optimizer=SGD(lr=0.1))
```

실제 학습도 이제까지와 마찬가지로 다음과 같이 구현하면 됩니다.

```
model.fit(X, Y, epochs=4000, batch_size=4)
```

다음과 같이 구현해서 결과를 확인하면 케라스에서도 제대로 학습됐다는 것을 확인할 수 있습니다.

```
classes = model.predict_classes(X, batch_size=4)
prob = model.predict_proba(X, batch_size=4)

print('classified:')
print(Y == classes)
print()
print('output probability:')
print(prob)
```

그리고 이제까지는 Dense()를 추가할 때 Dense(input_dim=2, units=2)와 같이 작성했는데 이를 다음과 같이 작성해서 'units=' 부분을 생략할 수 있습니다.

```
Dense(2, input_dim=2)
```

위에 있는 '은닉층~출력층' 부분에서 Dense(units=1)라고 썼는데 이것도 다음과 같이 쓸 수 있습니다.

```
Dense(1)
```

이제부터는 이처럼 'units='를 생략하고 구현하겠습니다[13].

3.7 모델 평가

3.7.1 분류에서 예측으로

이제까지 로지스틱 회귀와 다층 퍼셉트론과 같은 기법을 통해 간단 데이터 집합을 적절하게 분류할 수 있다는 것을 알았습니다. 그러나 이제까지는 모든 데이터가 제대로 분류되는 '깔끔한' 데이터만을 사용해 네트워크를 학습시킬 수 있는지 알아봤던 것이므로 데이터를 분류할 수 있다는 것의 의미나 가치를 실감하기 어려웠을 것입니다. 그러나 실제 사회에서 다루는 데이터는 일반적으로 매우 복잡하기도 하고 이상한 값이나 노이즈가 섞여 있기도 합니다. 그러므로 복잡한 데이터를 학습시키기 전에 기계가 데이터를 분류하는 방법을 확립하는 일은 매우 중요합니다.

그 예로 그림 3.27과 같은 두 개의 클래스를 나타내는 데이터 군을 생각해 보겠습니다. 크게 두 개의 집합으로 분류할 수 있다는 것을 금방 알 수 있지만 겹쳐진 데이터가 있기 때문에 100% 제대로 분류할 수는 없을 것 같습니다. 이 세상에서 발생하는 데이터는 '깔끔하지 않은' 경우가 대부분이므로 분류할 때 어느 정도 오차가 발생하는 것은 피할 수 없습니다. 따라서 데이터를 가장 '잘' 분류할 수 있는 방법을 생각해야 합니다.

---

13 케라스에서 Dense 클래스가 구현된 부분(https://github.com/fchollet/keras/blob/master/keras/layers/core.py)을 보면 def __init__(self, units, ..., **kwargs)라고 기술된 것을 볼 수 있으며 이것으로 'units='는 생략한다는 전제로 구현돼 있음을 알 수 있습니다.

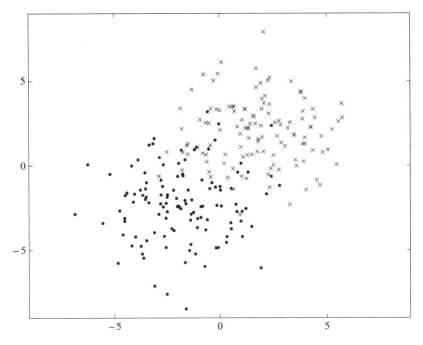

그림 3.27 겹친 부분이 있는 데이터

그럼 어떻게 '잘' 분류할 수 있을까요? 분류 방법은 여러 가지가 있지만 예를 들어 그림 3.28을 보면 오른쪽 그림보다는 왼쪽 그림이 잘 분류됐다는 것을 직관적으로 알 수 있습니다. 그러나 주어진 데이터를 잘 분류한 것은 오른쪽 그림입니다.

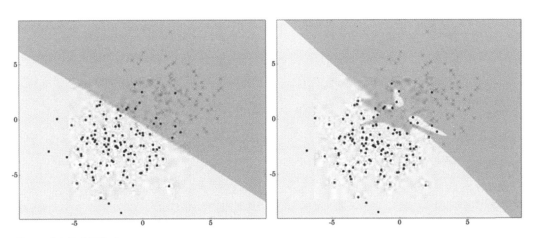

그림 3.28 데이터를 분류한 예

데이터가 지닌 진짜 패턴을 찾아내는 것이 이상적일 것입니다. 왼쪽 그림 쪽이 잘 분류됐다고 생각되는 이유는 왼쪽 그림 쪽이 주어진 데이터가 지닌 특징을 잘 파악했다고 생각되기 때문입니다. 이를 평가하려면 주어진 데이터를 분류한 후에 '비슷한 데이터가 다시 주어졌을 때 제대로 분류할 확률을 높일 방법'을 생각해야 합니다. 다시 말하면 신경망에서 학습이란 데이터를 분류하는 일뿐만 아니라 데이터가 지닌 진짜 패턴을 예측하는 일이라고 할 수 있습니다.

3.7.2 예측을 평가

데이터를 통해 적절히 예측됐는지 조사하려면 주어진 데이터 이외의 미지의 데이터도 제대로 분류되는지 살펴봐야 합니다. 다시 말하면 모델을 잘 예측했는지 조사하려면 두 개의 데이터 셋을 준비해야 합니다. 이제까지 본 것처럼 모델을 학습시키는 데 필요한 데이터를 '**훈련 데이터**(training data)'라고 하고, 모델을 잘 예측했는지 조사하는 데 필요한 데이터를 '**테스트 데이터**(test data)'라고 합니다. 그러나 정말로 처음 접하는 미지의 데이터라는 것을 손에 넣기란 어려운 일이므로 실제 개발에서는 주어진 모든 데이터를 훈련 데이터와 테스트 데이터로 (무작위로) 나눠서 유사적으로 미지의 데이터를 만들고 이를 사용해서 모델을 평가합니다[14]. 이 작업의 과정은 다음과 같이 진행됩니다.

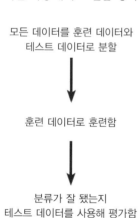

100% 제대로 분류할 수는 없으므로 평가를 위한 지표도 필요합니다. 자주 사용되는 지표로는 '**정답률** (accuracy)', '**적합률**(precision)', '**재현률**(recall)'이 있습니다. 각각 어떤 지표인지 두 클래스로 분류할 경우를 예로 들어 살펴보겠습니다. 2클래스 분류에서는 모델의 예측값 $y = 1$(뉴런이 발화한다) 또는 $y = 0$(뉴런이 발화하지 않는다)에 대해 실제 값 t도 또한 $t = 1$이나 $t = 0$를 취할 수 있으므로 (t, y)

---

14 또는 여기서 말하는 테스트 데이터를 검증 데이터(validation data)라고 하고 정말로 처음 접하는 미지의 데이터를 테스트 데이터라고 부를 때도 있습니다. 이 경우에는 세 가지 데이터 셋을 평가에 사용하는 것입니다. 특히 훈련 데이터의 개수가 많을 경우에는 일반적으로 이 검증 데이터도 실험에 사용합니다.

의 조합을 통해 예측이 정확한지 정확하지 않은지를 나타냅니다. 예를 들어, 어떤 테스트 데이터로 예측 작업을 한 결과로 표 3.8과 같은 데이터 수를 구했다고 가정하겠습니다. 이런 조합을 나타낸 것을 '혼합행렬(confusion matrix)'이라고 합니다.

표 3.8 혼합행렬

	$y = 1$	$y = 0$
$t = 1$	TP	FN
$t = 0$	FP	TN

각 조합에는 각각 이름이 붙어 있는데 $(t, y) = (1, 1)$인 것을 '진양성(true positive)', $(t, y) = (0, 1)$인 것을 '위양성(false positive)', $(t, y) = (1, 0)$인 것을 '위음성(false negative)', $(t, y) = (0, 0)$인 것을 '진음성(true negative)'이라고 합니다. 이때 위에서 말한 세 가지 지표는 각각 표 3.9와 같이 표현됩니다.

표 3.9 모델을 평가하는 지표

명칭	식
정답률	$\dfrac{TP + TN}{TP + FN + FP + TN}$
적합률	$\dfrac{TP}{TP + FP}$
재현률	$\dfrac{TP}{TP + FN}$

다시 말하면 정답률은 모든 데이터 중에서 뉴런이 발화하는 것, 발화하지 않는 것을 제대로 예측한 데이터의 비율을 나타내고, 적합률은 뉴런이 발화한 데이터 중에서 정말로 발화해야 했던 데이터의 비율을 나타내며, 재현률은 뉴런이 발화해야 하는 데이터 중에서 정말로 발화한 데이터의 비율을 나타냅니다.

모델을 잘 분류·예측했는지를 이 세 가지 지표를 사용해서 조사하는 것입니다. 엄밀하게 평가하려면 세 가지 모두 구해야 하지만 일반적으로는 정답률만 구해서 평가합니다. 단순히 '예측 정확도가 ○○였다.'라고 말할 때는 이 정답률을 말하는 것입니다.

3.7.3 간단한 실험

예측한 것을 평가하기 위해 간단한 실험을 해보겠습니다. sklearn 라이브러리를 사용하면 실험용 데이터를 쉽게 생성할 수 있습니다. 예를 들어, 다음을 실행하면 그림 3.29와 같은 달 모양의 2클래스 데이터가 150개 생성됩니다.

```
from sklearn import datasets


N = 300
X, y = datasets.make_moons(N, noise=0.3)
```

데이터가 겹치는 '깔끔하지 않은' 부분을 noise=0.3으로 만들었습니다. 그리고 전체적으로는 어떤 패턴을 형성하므로 다층 퍼셉트론을 통해 분류하고 예측할 수 있을 것입니다.

이 같은 실험적인 문제를 장난감 문제(toy problem)라고 합니다.

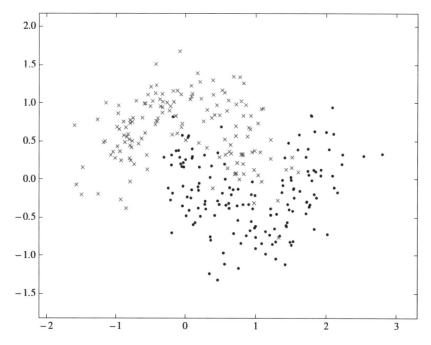

그림 3.29 장난감 문제를 위해 생성한 데이터

이 데이터 셋을 사용해 다층 퍼셉트론의 예측 정확도를 조사해 보겠습니다. 일단 모든 데이터를 훈련 데이터와 테스트 데이터로 나눠야 합니다. 이 작업은 sklearn.model_selection.train_test_split( ) 을 사용해 쉽게 구현할 수 있습니다[15].

```
from sklearn.model_selection import train_test_split

Y = y.reshape(N, 1)
X_train, X_test, Y_train, Y_test =\
    train_test_split(X, Y, train_size=0.8)
```

처음에 나오는 y.reshape( )로 텐서플로에서 사용하기 위해 정답 데이터의 차원을 맞춥니다. 이렇게 해서 훈련 데이터와 테스트 데이터가 8:2로 분할됐습니다.

모델을 생성하는 작업은 이제까지와 마찬가지입니다. 일단 은닉층의 차원을 2로 해서 실험해 보겠습니다.

```
num_hidden = 2

x = tf.placeholder(tf.float32, shape=[None, 2])
t = tf.placeholder(tf.float32, shape=[None, 1])

# 입력층~은닉층
W = tf.Variable(tf.truncated_normal([2, num_hidden]))
b = tf.Variable(tf.zeros([num_hidden]))
h = tf.nn.sigmoid(tf.matmul(x, W) + b)

# 은닉층~출력층
V = tf.Variable(tf.truncated_normal([num_hidden, 1]))
c = tf.Variable(tf.zeros([1]))
y = tf.nn.sigmoid(tf.matmul(h, V) + c)

cross_entropy = - tf.reduce_sum(t * tf.log(y) + (1 - t) * tf.log(1 - y))
train_step = tf.train.GradientDescentOptimizer(0.05).minimize(cross_entropy)
correct_prediction = tf.equal(tf.to_float(tf.greater(y, 0.5)), t)
```

---

15 sklearn의 버전이 0.17 이하라면 sklearn.model_selection이 아니라 sklearn.cross_validation입니다.
　　다음 코드를 실행했을 때
　　`print(sklearn.__version__)`
　　결과가 0.17.X라고 나오면 다음을 실행해서 버전 0.18 이상으로 업그레이드하기 바랍니다.
　　`$ pip install scikit-learn -U`

그리고 정확히 예측됐는지를 알아보기 위해 accuracy를 정의해 둡니다. 이것은 다음과 같이 기술합니다.

```
accuracy = tf.reduce_mean(tf.cast(correct_prediction, tf.float32))
```

correct_prediction은 feed_dict로 넘겨준 데이터만큼의 결과를 반환하므로 tf.reduce_mean()으로 평균값을 구하면 '정답 개수/모든 데이터의 개수'를 얻어낼 수 있습니다. 그러나 correct_prediction은 부울형을 반환하므로 tf.cast()를 통해 부동소수점으로 변환해서 수치계산을 할 수 있게 했습니다.

모델을 학습시키는 작업도 이제까지 했던 것과 같습니다.

```
batch_size = 20
n_batches = N // batch_size

init = tf.global_variables_initializer()
sess = tf.Session()
sess.run(init)

for epoch in range(500):
    X_, Y_ = shuffle(X_train, Y_train)

    for i in range(n_batches):
        start = i * batch_size
        end = start + batch_size

        sess.run(train_step, feed_dict={
            x: X_[start:end],
            t: Y_[start:end]
        })
```

그러나 여기서 주의해야 할 점이 있습니다. 학습시킬 때는 반드시 훈련 데이터를 사용하고 테스트 데이터는 사용하지 않는다는 점입니다. 테스트 데이터는 '미지의 데이터'여야 하므로 학습시킬 때 테스트 데이터를 사용해버린다면 테스트를 하는 의미가 없어집니다.

학습이 끝나면 테스트 데이터를 사용해 예측의 정확도를 평가합니다.

```
accuracy_rate = accuracy.eval(session=sess, feed_dict={
    x: X_test,
```

```
    t: Y_test
})
print('accuracy: ', accuracy_rate)
```

위의 코드를 실행하면

```
accuracy: 0.916667
```

위와 같은 결과가 나오므로 이 모델은 예측의 정확도가 91.6667%라는 것을 알 수 있습니다. 이 예측의 정확도를 높여가기 위해서는 은닉층의 차원 수나 학습률, 에폭 수 등을 조정해야 합니다. 'num_hidden = 3'으로 설정해서 실험해보면

```
accuracy: 0.933333
```

위와 같은 결과가 나오므로 은닉층의 차원 수가 3인 모델 쪽이 더 '좋은' 모델이라는 것을 알 수 있습니다. 그림 3.30에 각각의 분류 경계를 그래프로 나타냈습니다. 이 그래프를 보면 은닉층의 차원 수가 3일 때 '달 모양'이라는 데이터의 특징을 잘 포착했다는 것을 확인할 수 있습니다.

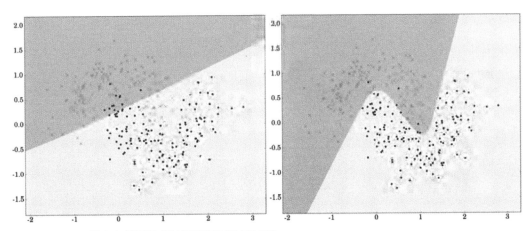

그림 3.30 은닉층의 차원 수가 2(왼쪽)일 때와 3(오른쪽)일 때의 분류 결과

케라스에서도 구현 방법은 이제까지 해왔던 것과 다르지 않습니다.

```
N = 300
X, y = datasets.make_moons(N, noise=0.3)

X_train, X_test, y_train, y_test = train_test_split(X, y, train_size=0.8)
```

위의 코드를 통해 훈련 데이터와 테스트 데이터를 마련합니다.

```
model = Sequential()
model.add(Dense(3, input_dim=2))
model.add(Activation('sigmoid'))
model.add(Dense(1))
model.add(Activation('sigmoid'))
model.compile(loss='binary_crossentropy',
              optimizer=SGD(lr=0.05),
              metrics=['accuracy'])
```

위의 코드로 모델을 생성합니다. metrics=['accuracy'] 부분이 이제까지와 다르다는 것을 알 수 있는데 케라스에서는 accuracy를 이렇게 계산할 수 있습니다.

```
model.fit(X_train, y_train, epochs=500, batch_size=20)
```

위의 코드를 통해 학습시키고

```
loss_and_metrics = model.evaluate(X_test, y_test)
print(loss_and_metrics)
```

위의 코드로 결과를 확인할 수 있습니다. 이때 나온 결과는 다음과 같습니다.

```
[0.25150140027205148, 0.88333332141240439]
```

이 첫 요소가 오차함수값이고 두 번째 요소가 예측 정확도입니다. 이번 예에서는 88%이라는 결과[16]가 나왔는데 이것은 단지 이번 예에서 사용한 파라미터의 조합이나 초깃값에 의해 얻어진 결과이며 텐서플로가 케라스보다 성능이 좋다는 것을 의미하는 것은 아니므로 주의하기 바랍니다.

---

16 케라스는 텐서플로를 래핑한 라이브러리이므로 케라스와 텐서플로의 버전 조합에 따라서는 np.random.seed()와 같은 메서드 때문에 난수 시드가 잘 되지 않을 가능성이 있습니다. 이것은 케라스 홈페이지에서도 논의되고 있습니다(https://github.com/fchollet/keras/issues/2280). 이번 실험을 포함해 이 책에서 구한 예측정확도도 독자가 실제로 사용하고 있는 환경에서 해보면 그 결과가 다르게 나올 수도 있지만 내용 상에 큰 영향을 끼치지는 않을 것입니다.

3.8 정리

이번 장에서는 딥러닝을 준비하기 위해 신경망에 관련된 여러 기법의 기본 사항을 설명했습니다. 단순 퍼셉트론으로 시작해 로지스틱 회귀, 다층 퍼셉트론이라는 순서로 살펴보며 인간의 뇌 구조를 수식으로 어떻게 표현할지, 그리고 그것을 어떻게 구현할지 알아봤습니다.

모델이 단순하건 복잡하건 기본적으로 모델을 학습시키는 과정은 다음과 같습니다.

1. 모델의 출력을 식으로 나타낸다

2. 오차함수를 정의한다

3. 오차함수를 최소화하기 위해 각 파라미터에 대한 경사를 구한다

4. 확률 경사하강법으로 최적의 파라미터를 찾는다

대개 위와 같은 흐름으로 진행됩니다. 다음 장부터는 드디어 딥러닝의 이론을 살펴볼 텐데, 이번 장에서 설명한 기본 사항을 잘 알아두면 어떤 모델이든 확실하게 이해할 수 있을 것입니다.

# 4장

심층 신경망

이번 장부터는 딥러닝 이론과 구현에 관해 설명하겠습니다. 딥러닝도 어차피 기본적으로는 지금까지 살펴본 신경망 모델을 발전시킨 형태이므로 기본 이론을 확실히 이해하고 있다면 이번 장을 어렵지 않게 읽을 수 있을 것입니다. 신경망에서 심층 신경망으로 발전시키는 과정에서 어떤 어려운 점이 있는지, 그리고 그것을 어떻게 해결할지에 대해 알아보겠습니다.

4.1 딥러닝 준비

입력층과 출력층만으로 이뤄진 모델에서는 신경망 모델은 선형적으로만 분류할 수 있고 XOR 같은 간단한 패턴조차 학습할 수 없었습니다. 그러나 논리 게이트에 대해 설명했을 때 AND 게이트, OR 게이트, NOT 게이트를 조합하면 XOR 게이트를 만들 수 있었고, 마찬가지로 신경망도 은닉층을 여러 개로 늘리면 비선형적으로 분류할 수 있다는 것을 알았습니다.

신경망이란 각 뉴런의 발화하는 패턴을 조합한 데이터를 분류하는 것이므로 논리회로와 마찬가지로 뉴런의 개수를 늘려서 조합하면 더욱 복잡한 패턴을 인식하고 분류할 수 있을 것입니다.

이를 위해서는 다음과 같은 두 가지 방법을 통해 접근해야 합니다.

- 은닉층에 해당하는 뉴런의 개수를 늘린다
- 은닉층의 개수를 늘린다

특히 은닉층의 개수를 늘리는 일은 신경망의 층을 더 깊게 만드는데, 이렇게 깊은 층을 이루는 네트워크를 **심층 신경망**(deep neural networks)이라고 합니다. 그리고 심층 신경망을 학습시키는 기법을 통틀어 **딥러닝**(deep learning) 또는 **심층학습**이라고 합니다.

여기서 간단한 실험을 해보겠습니다. 이제까지는 프로그램을 통해 생성한 장난감 문제용 데이터를 사용했지만 이번에는 **MNIST**[1]라는 현실적인 데이터를 다루겠습니다. MNIST는 신경망 모델의 예측 정확도를 비교하는 데 자주 사용되는 벤치마크 테스트용 데이터 셋이며, 0에 9까지의 손글씨 숫자가 그려진 70,000장의 이미지 데이터(학습용 데이터 60,000장, 테스트용 데이터 10,000장)로 구성돼 있습니다. 그림 4.1은 그중 하나를 예로 보여줍니다. 각 이미지의 크기는 28×28 픽셀입니다.

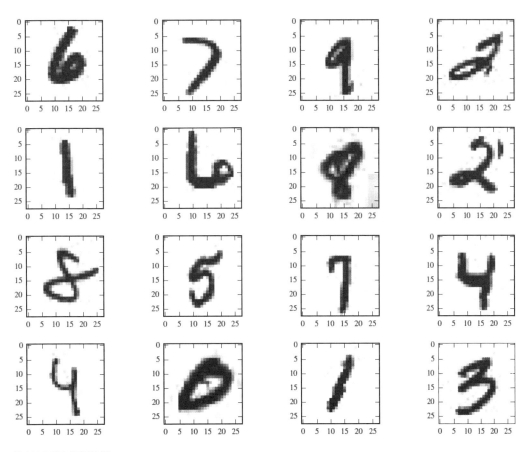

그림 4.1 MNIST 데이터의 예

---

1 http://yann.lecun.com/exdb/mnist/

MNIST 데이터는 sklearn을 사용해 쉽게 읽어들일 수 있습니다[2].

```
from sklearn import datasets
mnist = datasets.fetch_mldata('MNIST original', data_home='.')
```

위와 같이 코드를 작성하면 data_home에 지정한 디렉터리(여기서는 스크립트를 실행한 현재 디렉터리)에 MNIST의 압축 파일이 다운로드됩니다[3]. 이렇게 해두면 그다음부터는 자신의 컴퓨터에 있는 데이터로 빠르게 처리할 수 있습니다. 데이터는 mnist.data와 mnist.target으로 나눠져 있습니다. mnist.data는 각 이미지를 그레이 스케일 형태의 값으로 수치화한 데이터이고 mnist.target은 0에서 9까지의 실제 숫자값이 들어 있는 데이터입니다[4].

MNIST에 포함된 70,000장의 데이터를 모두 사용해서 실험해도 되지만 이번 예에서는 간단하게 실험할 것이므로 훈련 데이터와 테스트 데이터를 합쳐 10,000장의 데이터만 사용하겠습니다. 10,000장을 무작위로 선택하는 처리는 다음과 같습니다.

```
n = len(mnist.data)
N = 10000 # MNIST의 부분적인 데이터로 실험한다
indices = np.random.permutation(range(n))[:N] # 무작위로 N장을 선택한다
X = mnist.data[indices]
y = mnist.target[indices]
Y = np.eye(10)[y.astype(int)] # 1-of-K 표현으로 변환한다

X_train, X_test, Y_train, Y_test = train_test_split(X, Y, train_size=0.8)
```

일단 일반적인 다층 퍼셉트론을 모델로 해서 예측해 보겠습니다. 입력층의 차원을 784로 하고 은닉층의 차원을 200으로 정합니다. 이제까지 했던 것처럼 케라스를 사용해 다음과 같이 구현할 수 있습니다.

---

2 텐서플로에서는 from tensorflow.examples.tutorials.mnist import input_data로 읽어 들일 수 있고 케라스에서는 from keras.datasets import mnist로 읽어들일 수 있습니다. 이렇게 각 라이브러리에 포함된 API를 사용해 MNIST 데이터를 읽어 들일 수도 있지만 sklearn을 사용해 여러 라이브러리(그 밖의 다른 라이브러리나 자신이 직접 구현한 코드)에서 동일한 처리를 통해 읽어 들일 수 있게 한 것입니다.

3 그러나 fetch_mldata는 http://mldata.org/에 있는 데이터를 내려받는데, 이 사이트에 서버 오류가 발생한 경우에는 데이터를 받을 수 없습니다. 이 경우에는 https://github.com/yusugomori/deeplearning-tensorflow-keras/blob/master/mldata/mnist-original.mat에 같은 데이터가 있으므로 여기서 파일을 내려받고 이 내려받은 파일을 $ mkdir ./mldata 명령으로 작성한 mldata 디렉터리에 넣으면 프로그램을 실행할 수 있습니다.

4 그러나 mnist.data가 실제로는 28x28=784라는 1차원 배열이므로 print(mnist.data[0])을 통해 내용을 확인할 수 있습니다. 만일 28x28 형태로 리사이즈하고 싶다면 mnist.data[0].reshape(28, 28)으로 할 수 있습니다. 하지만 이제까지 봐왔던 신경망 모델에서는 입력층에 들어가는 데이터 형식은 1차원 배열이었으므로 mnist.data의 형식을 그대로 사용해도 문제되지 않습니다.

```
'''
모델을 설정한다
'''
n_in = len(X[0]) # 784
n_hidden = 200
n_out = len(Y[0]) # 10

model = Sequential()
model.add(Dense(n_hidden, input_dim=n_in))
model.add(Activation('sigmoid'))

model.add(Dense(n_out))
model.add(Activation('softmax'))

model.compile(loss='categorical_crossentropy',
              optimizer=SGD(lr=0.01),
              metrics=['accuracy'])

'''
모델을 학습시킨다
'''
epochs = 1000
batch_size = 100

model.fit(X_train, Y_train, epochs=epochs, batch_size=batch_size)

'''
예측 정확도를 평가한다
'''
loss_and_metrics = model.evaluate(X_test, Y_test)
print(loss_and_metrics)
```

위의 프로그램을 실행하면 예측 정확도(정답률)가 87.30%라는 결과가 나옵니다. 괜찮은 수준의 예측 정확도를 얻었지만 아직 조금 더 높은 정확도를 노릴 수 있을 것 같습니다. 그렇다면 더욱 많은 패턴을 표현할 수 있게 은닉층의 뉴런 개수를 늘리면 어떻게 될까요? 뉴런 개수를 400, 2000, 4000으로 시험한 결과를 표 4.1에 정리했습니다.

표 4.1 은닉층의 뉴런 개수를 변경한 경우

뉴런 개수	정답률(%)
200	87.3
400	88.8
2000	90.7
4000	85.95

뉴런의 개수를 늘리면 예측 정확도가 높아지는 것 같지만 이 표를 보면 단순히 개수를 늘리기만 해서 높아지는 것은 아니라는 것을 알 수 있습니다. 그리고 여기서 주의할 점은 계산 실행에 걸리는 시간입니다. 각 층의 뉴런 개수를 각각 n_i, n_h, n_o로 나타낸다면 각 뉴런이 연결된 가짓수는 $(n_i \cdot n_h) + (n_h \cdot n_o)$가 되므로 동일한 예측 정확도를 얻어낼 수 있다면 n_h가 작을수록 좋습니다.

뉴런 개수를 늘리는 방법으로는 한계가 있다는 것을 알았습니다. 그럼 은닉층의 개수 자체를 늘리는 방법은 어떨까요? 각 은닉층에 있는 뉴런 개수가 모두 200으로 같다고 가정하면 다음과 같은 행을 추가해서 구현할 수 있습니다.

```
model.add(Dense(n_hidden))
model.add(Activation('sigmoid'))
```

그래서 모델 전체는 다음과 같이 구현할 수 있습니다(은닉층이 세 개일 경우).

```
model = Sequential()
model.add(Dense(n_hidden, input_dim=n_in))
model.add(Activation('sigmoid'))

model.add(Dense(n_hidden))
model.add(Activation('sigmoid'))

model.add(Dense(n_hidden))
model.add(Activation('sigmoid'))

model.add(Dense(n_out))
model.add(Activation('softmax'))
```

은닉층 개수를 1개, 2개, 3개, 4개로 해서 각각 예측한 결과는 표 4.2와 같습니다. 층이 많을수록 복잡한 패턴이 더 잘 표현될 줄 알았지만 예측 정확도가 높아지기는커녕 더 낮아져버렸습니다. 특히 은닉층이 4개일 때의 결과를 보면 학습이 거의 되지 않았다는 것을 알 수 있습니다.

표 4.2 은닉층 수를 변경한 경우

은닉층	정답률(%)
1	87.3
2	87.3
3	82.2
4	36.2

이처럼 딥러닝의 기법 자체는 매우 단순하지만 실제로 모델을 학습시켜보면 그냥 은닉층 개수를 늘리는 것만으로는 좋은 결과를 낼 수 없다는 것을 알 수 있습니다. 그러나 모델이 깊어지면 깊어질수록 분명히 표현하고 분류할 수 있는 패턴은 많아지는 것이 사실입니다. 무슨 문제 때문에 학습이 잘 이뤄지지 않는지를 알아내고 어떻게 하면 해결할 수 있는지를 생각해야 합니다.

4.2 학습시킬 때 발생하는 문제점

4.2.1 경사 소실 문제

신경망의 모델에 단순히 은닉층 개수를 늘리기만 한다고 좋은 결과가 나오는 것은 아니라는 사실을 알았습니다. 그 원인 중 하나로 '경사 소실 문제(vanishing gradient problem)'를 꼽을 수 있습니다. 모델을 학습시킬 때 최적해를 구하기 위해 각 매개변수의 경사를 구해야 한다는 것은 알고 있습니다. 여기서 경사 소실 문제란 문자 그대로 경사가 없어져버리는(0이 돼버리는) 문제를 말합니다. 경사가 소실되면 오차역전파법을 제대로 실행할 수 없습니다. 표 4.2에 나온 결과로도 알 수 있듯이 특히 층의 개수가 늘어날수록 경사 소실 문제가 현저하게 나타나는데 이제 그 원인에 관해 생각해 보겠습니다.

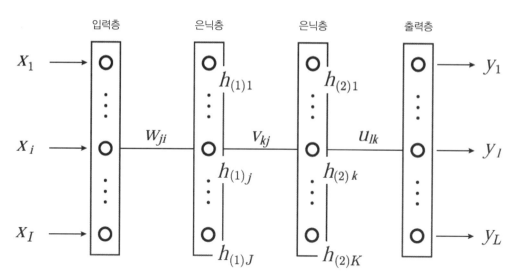

그림 4.2 은닉층이 두 개인 신경망

간단한 예를 들어보겠습니다. 그림 4.2처럼 은닉층이 두 개인 신경망이 있습니다. 보기 편하도록 뉴런 사이의 연결을 간략화해서 표현했지만 실제로는 이제까지와 마찬가지로 각 층에 있는 뉴런끼리 모두 결합됐다고 생각하기 바랍니다. 입력층의 값을 $\boldsymbol{x}$라 하고 은닉층의 값을 각각 $\boldsymbol{h}_{(1)}, \boldsymbol{h}_{(2)}$, 출력층의 값을 $\boldsymbol{y}$라고 하겠습니다. 각 층간의 웨이트 행렬을 W, V, U라고 하고 바이어스 벡터를 $\boldsymbol{b}, \boldsymbol{c}, \boldsymbol{d}$, 그리고 활성화 함수는 시그모이드 함수 $\sigma(\cdot)$를 사용한다고 하면 각 층에서 나오는 뉴런의 출력은 다음과 같은 수식으로 표현할 수 있습니다.

$$\boldsymbol{h}_{(1)} = \sigma(W\boldsymbol{x} + \boldsymbol{b}) \tag{4.1}$$

$$\boldsymbol{h}_{(2)} = \sigma(V\boldsymbol{h}_1 + \boldsymbol{c}) \tag{4.2}$$

$$\boldsymbol{y} = \text{softmax}(U\boldsymbol{h}_2 + \boldsymbol{d}) \tag{4.3}$$

이때 다층 퍼셉트론을 모델화했을 때와 마찬가지로

$$\boldsymbol{p} := W\boldsymbol{x} + \boldsymbol{b} \tag{4.4}$$

$$\boldsymbol{q} := V\boldsymbol{h}_1 + \boldsymbol{c} \tag{4.5}$$

$$\boldsymbol{r} := U\boldsymbol{h}_2 + \boldsymbol{d} \tag{4.6}$$

위와 같이 정의하면 웨이트 $W = (\boldsymbol{w}_1 \, \boldsymbol{w}_2 \, \cdots \, \boldsymbol{w}_J)^T$에 대한 경사는 다음과 같습니다.

$$\frac{\partial E_n}{\partial \boldsymbol{w}_j} = \frac{\partial E_n}{\partial p_j}\frac{\partial p_j}{\partial \boldsymbol{w}_j} = \frac{\partial E_n}{\partial p_j}\boldsymbol{x} \tag{4.7}$$

그러면 이제 $\dfrac{\partial E_n}{\partial p_j}$만 생각하면 됩니다. 편미분의 연쇄법칙을 이용하면 다음과 같이 나타낼 수 있습니다.

$$\frac{\partial E_n}{\partial p_j} = \sum_{k=1}^{K}\frac{\partial E_n}{\partial q_k}\frac{\partial q_k}{\partial p_j} \tag{4.8}$$

$$= \sum_{k=1}^{K}\frac{\partial E_n}{\partial q_k}\Big(\sigma'(p_j)v_{kj}\Big) \tag{4.9}$$

네트워크가 3층일 때는 식 3.92를 이용해 식 4.8 ~ 4.9로 각각의 경사를 구할 수 있었습니다.

그러나 네트워크가 4층일 때는 여기에 추가로 $\dfrac{\partial E_n}{\partial q_k}$도 구해야 합니다. 그래서 편미분의 연쇄법칙을 한 번 더 사용해서 다음과 같은 식을 만듭니다.

$$\frac{\partial E_n}{\partial q_k} = \sum_{l=1}^{L}\frac{\partial E_n}{\partial r_l}\frac{\partial r_l}{\partial q_k} \tag{4.10}$$

$$= \sum_{l=1}^{L}\frac{\partial E_n}{\partial r_l}\Big(\sigma'(q_k)u_{lk}\Big) \tag{4.11}$$

$\dfrac{\partial E_n}{\partial r_l}$은 출력층 부분이므로 다음과 같이 나타낼 수 있습니다.

$$\frac{\partial E_n}{\partial r_l} = -(t_l - y_l) \tag{4.12}$$

이것은 네트워크의 오차에 해당하므로 다음과 같이 두면

$$\delta_j := \frac{\partial E_n}{\partial p_j} \tag{4.13}$$

$$\delta_k := \frac{\partial E_n}{\partial q_k} \tag{4.14}$$

$$\delta_l := \frac{\partial E_n}{\partial r_l} \tag{4.15}$$

다음과 같이

$$\delta_j = \sum_{k=1}^{K} \sigma'(p_j) v_{kj} \delta_k \tag{4.16}$$

$$= \sum_{l=1}^{L} \sum_{k=1}^{K} \left(\sigma'(q_k) \sigma'(p_j) \right) \left(u_{lk} v_{kj} \right) \delta_l \tag{4.17}$$

4층 네트워크에서 사용될 오차역전파법의 식이 생깁니다. 은닉층의 개수가 늘어도 편미분의 연쇄법칙을 반복해서 적용하면 정형화된 식을 통해 각 매개변수의 경사를 구할 수 있음을 알 수 있습니다.

이론상으로는 여기에 문제가 없는 듯하지만 실제로 알고리즘을 적용해보면 큰 문제가 있다는 것을 알게 됩니다. 식 4.17을 보면 오차역전파식에는 '시그모이드 함수를 미분한 것의 곱' 부분이 있는데, 우리는 시그모이드 함수의 도함수가 다음과 같음을 이미 알고 있습니다.

$$\sigma'(x) = \sigma(x)(1 - \sigma(x)) \tag{4.18}$$

이 함수를 그래프로 나타낸 것은 그림 4.3과 같습니다. 그래프를 봐도 알 수 있듯이 시그모이드 함수의 도함수 $\sigma'(x)$는 $x = 0$일 때 최댓값이 $\sigma'(0) = 0.25$가 됩니다. 이것은 무엇을 의미할까요? 식 4.17에서 최대 0.25^2이 계수로 곱해지는 것처럼 은닉층이 N개일 경우에 오차를 계산할 때 $A_N \leq 0.25^N < 1$ 범위에 있는 계수 A_N이 곱해진다는 것을 의미합니다. 따라서 은닉층의 개수가 늘어남에 따라 오차항의 값이 급속하게 0에 가까워진다는 문제가 발생합니다.

이것이 경사 소실 문제의 원인입니다. 이 문제를 피하려면 '미분해도 값이 작아지지 않는 활성함수'를 찾아봐야 할 것입니다.

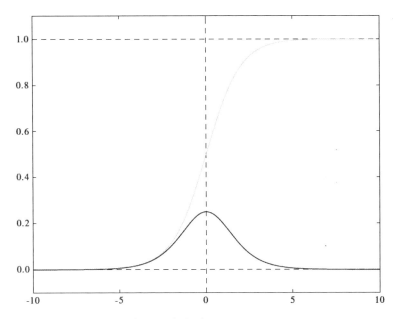

그림 4.3 시그모이드 함수(회색선)와 도함수(검은 선)

그리고 이러한 경사 소실 문제는 층이 깊지 않을 때도 발생할 수 있습니다. 특히 각 층의 차원 수가 많을 경우에 시그모이드 함수를 통해 활성화되는 $Wx + b$와 같은 값이 커지기 쉬우므로 이때도 층이 깊을 때와 마찬가지로 경사가 소실되기 쉽습니다[5].

4.2.2 오버피팅 문제

경사 소실 문제와 함께 또 하나의 큰 문제가 **오버피팅**(overfitting)입니다.

이것은 '과학습' 또는 '과잉적합'이라고도 하며 문자 그대로 '데이터를 지나치게 학습한' 상태가 되는 것을 말합니다. 이것이 어떻게 문제가 되는지 간단한 예를 들어 설명하겠습니다. 가령 그림 4.4에 나타난 것처럼 상상 속의 참분포(진짜 분포) $f(x) = \cos\left(\dfrac{3\pi}{2}x\right)$가 있고 이때 우리가 가진 것은 이 분포를 따르는 30개의 데이터라고 가정하겠습니다.

---

5   이때 시그모이드 함숫값이 $\sigma(x) \rightarrow 1$에서 움직이지 않게 됩니다.

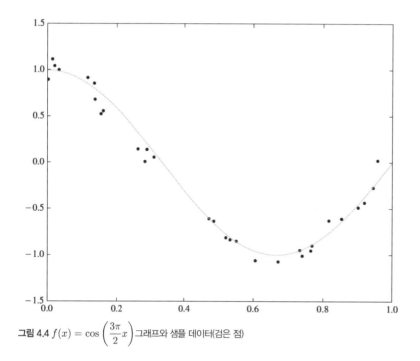

그림 4.4 $f(x) = \cos\left(\dfrac{3\pi}{2}x\right)$ 그래프와 샘플 데이터(검은 점)

참분포(함수)를 쉽게 찾을 수 있다면 문제되지 않지만 실제로는 처음에 주어진 데이터만 가지고 참분 포를 완전하게 찾아내기는 어렵습니다. 그래서 신경망(을 비롯한 데이터 분류·예측 기법)은 주어진 데이터를 가지고 가능한 한 참분포에 가까운 함수로 근사해서 예측 정확도를 높이려 합니다. 이 근사에 사용되는 함수를 어떻게 설정할지가 중요한데, 예를 들어 다음과 같은 다항식 함수로 근사하는 방법을 생각해보면

$$\hat{f}(x) = a_0 + a_1 x + a_2 x^2 + \cdots + a_n x^n = \sum_{i=0}^{n} a_i x^i \tag{4.19}$$

n을 크게 할수록 복잡한 함수를 근사할 수 있게 됩니다($n = 1$일 때는 직선으로만 표현할 수 있고 $n = 2$일 때는 곡선으로도 표현할 수 있습니다). 그렇다면 n을 단순히 크게 하기만 하면 좋은 것인가 하면 반드시 그렇지도 않습니다. 그림 4.5는 각각 $n = 1, 4, 16$일 때 30개의 데이터를 사용해 참분포를 근사한 결과를 보여줍니다.

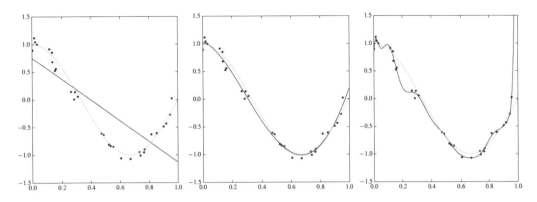

그림 4.5 1차함수로 근사한 것(왼쪽), 4차함수로 근사한 것(중간), 16차함수로 근사한 것(오른쪽)

$n = 1$일 때는 직선밖에 표현할 수 없기 때문에 근사를 제대로 할 수 없다는 것을 금방 알 수 있습니다. $n = 16$일 때는 더욱 복잡한 함수를 표현할 수 있지만 지금 가지고 있는 데이터만 표현하도록 지나치게 근사돼버리므로 결과적으로 참분포에서 멀어집니다. 이처럼 샘플 데이터는 개수가 한정돼 있기 때문에 주어진 데이터만 잘 표현할 수 있는 분포함수를 찾았다고 해도 이 분포함수가 새롭게 발생되는 미지의 데이터도 설명할 수 있다고는 장담할 수 없습니다. $n = 16$일 때처럼 샘플 데이터만을 과잉으로 근사해 버리는 상태를 '오버피팅'이라고 합니다[6].

이 오버피팅이 신경망에서는 큰 문제가 됩니다. 은닉층이나 은닉층의 뉴런 개수를 늘려도 네트워크 전체를 구성하는 뉴런 개수가 늘어나기 때문에 더욱 복잡한 패턴을 표현할 수 있게 되지만 훈련 데이터만을 복잡한 방법으로 표현한다면 데이터의 실제 분포와는 다른 패턴 분류의 형태가 될 가능성이 높아집니다. 모델을 학습시킬 때는 오차함수 E 값이 최소가 되도록 매개변수 값을 변경해갔지만 단순히 E를 최소화하면 오버피팅될 가능성이 있으므로 무조건 최소화하기만 하면 좋은 것이 아니라는 이야기입니다. 실험할 때 훈련 데이터에 관해서는 예측이 잘 됐는데 테스트 데이터에 관해서는 예측이 잘 되지 않는다면 일단 오버피팅을 의심해보는 것이 좋습니다.

4.3 효율적인 학습을 위해

심층 신경망을 제대로 학습시키기 위해서는 다양한 과제를 해결해야 한다는 것을 알았습니다. 그러나 경사 소실 문제도 오버피팅 문제도 원인은 알고 있으므로 이제는 이 문제들에 어떻게 대처하는지 생각하면 됩니다.

---

6   오버피팅(overfitting)의 반대말로 $n = 1$일 때처럼 근사가 되지 않은 상태를 언더피팅(underfitting)이라고 합니다.

딥러닝이란 기술은 네트워크를 여러 층으로 만들 때 발생하는 문제를 해결하는 방법이 축적된 기술이라고 말할 수 있습니다. 그 방법 하나하나는 전혀 어려운 것이 아니므로 금방 이해할 수 있을 것입니다. 그럼 이 방법들을 순서대로 알아보겠습니다.

4.3.1 활성화 함수

다층 퍼셉트론을 모델화할 때도 설명했지만 출력층의 활성화 함수는 반드시 확률을 출력하는 함수여야 하므로 일반적으로 시그모이드 함수 또는 소프트맥스 함수를 사용합니다. 은닉층에 걸려 있는 활성화 함수는 '받은 값이 작으면 작은 값을 출력하고 받은 값이 크면 큰 값을 출력하는' 함수이기만 하면 이론상 문제되지 않습니다. 시그모이드 함수를 사용해 경사가 소실돼버린다면 다른 활성화 함수를 사용해 이 문제를 피할 수 있을지 생각해 보겠습니다.

4.3.1.1 쌍곡탄젠트 함수(tanh)

다른 활성화 함수를 선택하려면 먼저 '시그모이드 함수와 모양이 닮았고 경사가 소실되지 않는' 함수를 생각해봐야 합니다. 이 조건을 만족하는 것이 바로 **쌍곡탄젠트 함수**(hyperbolic tangent function)입니다. '하이퍼볼릭 탄젠트 함수'라고도 합니다. 이 함수는 $\tanh(x)$라고 쓰며 다음과 같이 정의됩니다.

$$\tanh(x) = \frac{e^x - e^{-x}}{e^x + e^{-x}} \tag{4.20}$$

그리고 이 함수를 그래프로 나타낸 것은 그림 4.6과 같습니다. 시그모이드 함수 $\sigma(x)$와 비슷하지만[7] $-\infty < x < +\infty$ 범위에서 시그모이드의 함수값이 $0 < \sigma(x) < 1$ 범위에 있었던 것에 비해 쌍곡탄젠트 함수의 함수값은 $-1 < \tanh(x) < 1$ 범위에 있다는 점에 주의하기 바랍니다.

활성화 함수로 쌍곡탄젠트 함수를 사용할 경우 경사를 구하려면 $\tanh'(x)$가 필요한데 이를 계산하면 식 4.21이 구해집니다.

$$\tanh'(x) = \frac{4}{(e^x + e^{-x})^2} \tag{4.21}$$

---

[7] 시그모이드 함수와 쌍곡탄젠트 함수는 $\tanh(x) = 2\sigma(2x) - 1$이라는 관계가 있으므로 모양이 비슷한 것은 당연하다고 말할 수 있습니다. 시그모이드 함수를 '가로로 짧게 세로로 길게' 하면(스케일링하면) 쌍곡탄젠트 함수가 됩니다.

이 식도 그래프로 나타내면 그림 4.7과 같습니다. 시그모이드 함수의 도함수 $\sigma'(x)$의 최댓값은 $\sigma(0) = 0.25$였지만 $\tanh'(x)$은 $\tanh'(0) = 1$이 최댓값이므로 시그모이드 함수와 비교하면 경사가 소실되기 힘들다는 것을 알 수 있습니다.

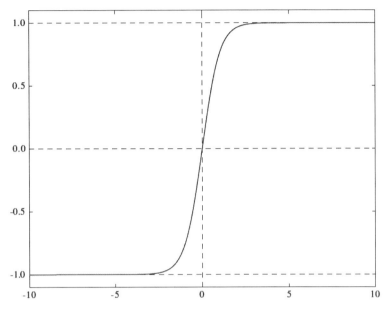

그림 4.6 쌍곡탄젠트 함수의 그래프

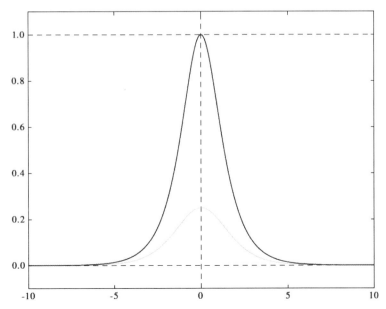

그림 4.7 시그모이드 함수의 도함수(회색 선) 쌍곡탄젠트 함수의 도함수(검은 선)

실제로 쌍곡탄젠트 함수를 사용해서 구현할 때는 텐서플로에서는 tf.nn.sigmoid() 대신 tf.nn.tanh()를 사용하고 케라스에서는 Activation('sigmoid') 대신 Activation('tanh')를 사용하면 되므로 쉽게 적용할 수 있습니다. 시그모이드 함수로는 학습시킬 수 없었던 은닉층이 4개인 네트워크를 MNIST 데이터 10,000장으로 실험해 보겠습니다. 케라스 코드(모델 부분)는 다음과 같습니다.

```python
model = Sequential()
model.add(Dense(n_hidden, input_dim=n_in))
model.add(Activation('tanh'))

model.add(Dense(n_hidden))
model.add(Activation('tanh'))

model.add(Dense(n_hidden))
model.add(Activation('tanh'))

model.add(Dense(n_hidden))
model.add(Activation('tanh'))

model.add(Dense(n_out))
model.add(Activation('softmax'))

model.compile(loss='categorical_crossentropy',
              optimizer=SGD(lr=0.01),
              metrics=['accuracy'])
```

이 코드를 실행하면 예측 정확도는 91.60%가 나옵니다. 따라서 학습이 제대로 됐다는 것을 알 수 있습니다[8][9].

4.3.1.2 ReLU

쌍곡탄젠트 함수를 사용하면 경사가 소실되기 어렵게 되어 좋긴 하지만 시그모이드 함수와 마찬가지로 고차원 데이터를 다룰 경우처럼 값이 커질 경우에는 경사가 소실되는 문제가 발생합니다. 복잡한 데이터일수록 고차원이 되는 경우가 많기 때문에 이 문제를 회피할 수 있는 활성화 함수를 사용하는 것이 바람직합니다. 그래서 사용하게 된 것이 **ReLU**(rectified linear unit)라는 함수입니다[10].

---

8 텐서플로 코드는 여기서 설명하지 않았지만 구현 방법을 https://github.com/yusugomori/deeplearning-tensorflow-keras/blob/master/4/tensorflow/01_mnist_tanh_tensorflow.py에서 확인할 수 있습니다.

9 시그모이드 함수와 쌍곡탄젠트 함수를 각각 활성화 함수로 사용한 비교 실험은 문헌[1]에 자세히 정리돼 있으므로 참고하기 바랍니다.

10 '램프함수' 또는 '정규화 선형 함수'라고도 하는데 일반적으로는 ReLU라고 그대로 부르는 경우가 많으므로 이 책에서도 ReLU라는 이름을 사용합니다.

이 함수를 식으로 정의한 것은 다음과 같습니다.

$$f(x) = max(0, x) \tag{4.22}$$

그래프로 나타낸 것은 그림 4.8입니다. 시그모이드 함수나 쌍곡탄젠트 함수와는 달리 곡선 부분이 없다는 것이 이 함수의 특징입니다. 그리고 ReLU를 미분하면 다음과 같이 계단함수가 된다는 것을 알 수 있습니다.

$$f'(x) = \begin{cases} 1 & (x > 0) \\ 0 & (x \le 0) \end{cases} \tag{4.23}$$

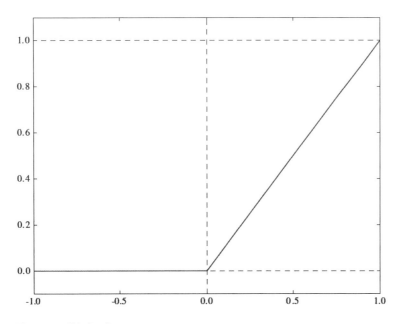

그림 4.8 ReLU 함수의 그래프

ReLU의 도함수는 x가 아무리 커져도 1을 반환하므로 경사가 소실되지 않습니다. 그러므로 시그모이드 함수나 쌍곡탄젠트 함수와 비교해서 학습의 진행 속도가 빠르다고 알려져 있습니다. ReLU와 ReLU의 도함수는 지수함수를 포함하지 않는 단순한 식으로 표현되므로 빠르게 계산된다는 장점도 있습니다[11].

---

11 ReLU를 활성화 함수로 사용하면 학습을 효율적으로 실행할 수 있다는 내용이 문헌[2]에 정리돼 있습니다.

그러나 $x \leq 0$일 때는 함수값도 경사도 0이 되므로 ReLU를 활성화 함수로 사용한 네트워크에 포함된 뉴런은 한 번 활성화되지 않는 상태가 되면 학습시키는 동안 계속 활성화되지 않은 상태로 있게 됩니다. 특히 학습률을 큰 값으로 설정하면 첫 오차역전파에서 뉴런의 값이 너무 작아져 해당 뉴런은 네트워크 안에서 존재하지 않는 것이나 다름없는 상태가 되므로 주의해야 합니다. 그렇긴 하지만 ReLU가 지닌 편리함 때문에 딥러닝에서 가장 많이 사용되는 활성화 함수 중 하나입니다.

텐서플로와 케라스에서 각각 `tf.nn.relu()`와 `Activation('relu')`를 통해 ReLU를 쉽게 이용할 수 있습니다. 예를 들어, 케라스에서는 쌍곡탄젠트 함수를 예로 들었을 때처럼 다음과 같이 모델을 정의할 수 있습니다.

```
model = Sequential()
model.add(Dense(n_hidden, input_dim=n_in))
model.add(Activation('relu'))

model.add(Dense(n_hidden))
model.add(Activation('relu'))

model.add(Dense(n_hidden))
model.add(Activation('relu'))

model.add(Dense(n_hidden))
model.add(Activation('relu'))

model.add(Dense(n_out))
model.add(Activation('softmax'))

model.compile(loss='categorical_crossentropy',
              optimizer=SGD(lr=0.01),
              metrics=['accuracy'])
```

위 코드를 실행하면 에폭 수가 50이 됐을 때 93.5%라는 예측 정확도가 나온다는 것을 확인할 수 있습니다[12].

---

12 이 코드도 텐서플로에서 구현한 내용을 https://github.com/yusugomori/deeplearning-tensorflow-keras/blob/master/4/tensorflow/02_mnist_relu_tensorflow.py에 게재했습니다.

4.3.1.3 LeakyReLU

LeakyReLU(LReLU)는 ReLU의 개정판이라고 할 수 있는 함수이며, 다음 식으로 정의됩니다.

$$f(x) = max(\alpha x, x) \tag{4.24}$$

이때 α는 0.01과 같이 작은 상수값을 나타냅니다. 이 함수를 그래프로 나타낸 것은 그림 4.9와 같습니다. ReLU와 다른 점은 이 αx 부분이고 이 부분에 의해 $x < 0$일 때도 작은 경사(=α)를 가집니다. 이것은 LReLU를 미분해보면 확인할 수 있습니다.

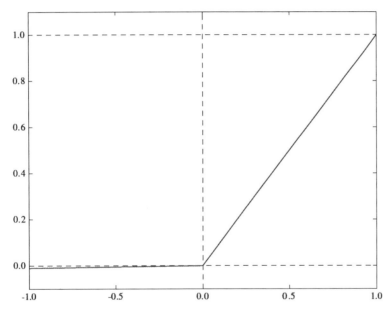

그림 4.9 LeakyReLU 그래프

$$f'(x) = \begin{cases} 1 & (x > 0) \\ \alpha & (x \leq 0) \end{cases} \tag{4.25}$$

ReLU는 $x \leq 0$일 때 경사가 사라져버려서 학습 과정이 불안정해질 수 있다는 문제가 있었지만 LReLU는 $x \leq 0$일 때도 학습이 진행되므로 ReLU보다 효과적인 활성화 함수라고 기대했습니다. 그러나 실제로는 효과가 나타날 때도 있고 효과가 없을 때도 있어 언제 효과가 나타나는지에 관해 아직 밝혀진 바가 없습니다[13].

LReLU를 사용해서 구현할 경우 텐서플로에서는 API가 제공되지 않기 때문에 자신이 직접 정의해야 합니다. 그렇다고는 해도 LReLU의 식이 단순하므로 어렵지는 않습니다.

```
def lrelu(x, alpha=0.01):
    return tf.maximum(alpha * x, x)
```

위와 같이 함수를 정의하면 이제까지 tf.nn.relu( )라고 썼던 부분에 lrelu( )라고 써서 구현할 수 있습니다. 그래서 모델의 출력 부분은 다음과 같이 쓸 수 있습니다.

```
# 입력층 - 은닉층
W0 = tf.Variable(tf.truncated_normal([n_in, n_hidden], stddev=0.01))
b0 = tf.Variable(tf.zeros([n_hidden]))
h0 = lrelu(tf.matmul(x, W0) + b0)

# 은닉층 - 은닉층
W1 = tf.Variable(tf.truncated_normal([n_hidden, n_hidden], stddev=0.01))
b1 = tf.Variable(tf.zeros([n_hidden]))
h1 = lrelu(tf.matmul(h0, W1) + b1)

W2 = tf.Variable(tf.truncated_normal([n_hidden, n_hidden], stddev=0.01))
b2 = tf.Variable(tf.zeros([n_hidden]))
h2 = lrelu(tf.matmul(h1, W2) + b2)

W3 = tf.Variable(tf.truncated_normal([n_hidden, n_hidden], stddev=0.01))
b3 = tf.Variable(tf.zeros([n_hidden]))
h3 = lrelu(tf.matmul(h2, W3) + b3)

# 은닉층 - 출력층
W4 = tf.Variable(tf.truncated_normal([n_hidden, n_out], stddev=0.01))
b4 = tf.Variable(tf.zeros([n_out]))
y = tf.nn.softmax(tf.matmul(h3, W4) + b4)
```

---

13 예를 들어, LReLU를 처음 제안한 문헌[3]에서는 'LReLU에 의한 효과는 없다'라고 언급합니다.

그리고 케라스에서 이제까지는 `keras.layers.core`에서 `Activation`을 임포트해서 사용했지만 LReLU 는 `keras.layers.advanced_activations`에서 제공됩니다.

```
from keras.layers.advanced_activations import LeakyReLU
```

파일의 첫 부분에 위와 같이 코드를 작성해서 임포트해두면

```
alpha = 0.01

model = Sequential()
model.add(Dense(n_hidden, input_dim=n_in))
model.add(LeakyReLU(alpha=alpha))

model.add(Dense(n_hidden))
model.add(LeakyReLU(alpha=alpha))

model.add(Dense(n_hidden))
model.add(LeakyReLU(alpha=alpha))

model.add(Dense(n_hidden))
model.add(LeakyReLU(alpha=alpha))

model.add(Dense(n_out))
model.add(Activation('softmax'))
```

위와 같이 구현할 수 있습니다.

4.3.1.4 Parametric ReLU

LReLU는 $x < 0$일 때 경사 α가 고정됐지만 이 부분도 학습으로 최적화하는 것이 **Parametric ReLU**(PReLU)입니다. 활성화 이전의 값(벡터) $\boldsymbol{p} := (p_1 \ \cdots \ p_j \cdots \ p_J)^T$에 대해 활성화 함수 PReLU 는 다음과 같이 주어집니다.

$$f(p_j) = \begin{cases} p_j & (p_j > 0) \\ \alpha_j p_j & (p_j \leq 0) \end{cases} \tag{4.26}$$

다시 말해 스칼라 값 α가 아닌 벡터 $\boldsymbol{\alpha} := (\alpha_1 \; \cdots \; \alpha_j \; \cdots \; \alpha_J)^T$가 PReLU 함수에 주어집니다.

이 벡터가 최적화해야 할 매개변수(중 하나)가 되므로 웨이트와 바이어스를 최적화할 때와 마찬가지로 오차 함수 E에 포함된 α_j에 대한 경사를 구하면 됩니다. 이를 계산해 보겠습니다. 편미분의 연쇄법칙을 사용해 다음과 같이 나타내고

$$\frac{\partial E}{\partial \alpha_j} = \sum_{p_j} \frac{\partial E}{\partial f(p_j)} \frac{\partial f(p_j)}{\partial \alpha_j} \tag{4.27}$$

우변에 있는 두 항 중에 $\dfrac{\partial E}{\partial f(p_j)}$는 앞쪽에 있는 층(순전파에서는 다음 층)에서 역전파해오는 오차항이 므로 우리가 이미 알고 있고 $\dfrac{\partial f(p_j)}{\partial \alpha_j}$는 식 4.26에 의해 다음과 같이 구해집니다.

$$\frac{\partial f(p_j)}{\partial \alpha_j} = \begin{cases} 0 & (p_j > 0) \\ p_j & (p_j \leq 0) \end{cases} \tag{4.28}$$

이렇게 경사를 계산할 수 있으므로 확률 경사하강법으로 매개변수를 최적화할 수 있다는 것을 알 수 있습니다.

이를 구현할 때는 LReLU와 마찬가지로 텐서플로에 해당 API가 없으므로 자신이 직접 PReLU 함수를 정의해야 합니다. 이때 식 4.26은 다음과 같이 형태를 바꿀 수 있고

$$f(p_j) = \max(0, p_j) + \alpha_j \min(0, p_j) \tag{4.29}$$

구현할 때는 이렇게 한 줄로 쓸 수 있는 식을 사용하는 것이 바람직합니다. 이 식을 prelu( ) 함수로 정의한 것은 다음과 같습니다.

```
def prelu(x, alpha):
    return tf.maximum(tf.zeros(tf.shape(x)), x) \
        + alpha * tf.minimum(tf.zeros(tf.shape(x)), x)
```

그리고 $\boldsymbol{\alpha}$는 매개변수이므로 각 층은 다음과 같이 정의합니다.

```
# 입력층 - 은닉층
W0 = tf.Variable(tf.truncated_normal([n_in, n_hidden], stddev=0.01))
```

```
b0 = tf.Variable(tf.zeros([n_hidden]))
alpha0 = tf.Variable(tf.zeros([n_hidden]))
h0 = prelu(tf.matmul(x, W0) + b0, alpha0)

# 은닉층 - 은닉층
W1 = tf.Variable(tf.truncated_normal([n_hidden, n_hidden], stddev=0.01))
b1 = tf.Variable(tf.zeros([n_hidden]))
alpha1 = tf.Variable(tf.zeros([n_hidden]))
h1 = prelu(tf.matmul(h0, W1) + b1, alpha1)

W2 = tf.Variable(tf.truncated_normal([n_hidden, n_hidden], stddev=0.01))
b2 = tf.Variable(tf.zeros([n_hidden]))
alpha2 = tf.Variable(tf.zeros([n_hidden]))
h2 = prelu(tf.matmul(h1, W2) + b2, alpha2)

W3 = tf.Variable(tf.truncated_normal([n_hidden, n_hidden], stddev=0.01))
b3 = tf.Variable(tf.zeros([n_hidden]))
alpha3 = tf.Variable(tf.zeros([n_hidden]))
h3 = prelu(tf.matmul(h2, W3) + b3, alpha3)

# 은닉층 - 출력층
W4 = tf.Variable(tf.truncated_normal([n_hidden, n_out], stddev=0.01))
b4 = tf.Variable(tf.zeros([n_out]))
y = tf.nn.softmax(tf.matmul(h3, W4) + b4)
```

케라스에서는 LeakyReLU와 마찬가지로 keras.layers.advanced_activations에서 PReLU를 임포트하면
PReLU를 사용할 수 있습니다. 이렇게 케라스에서 모델을 정의한 것은 다음과 같습니다[14].

```
from keras.layers.advanced_activations import PReLU

model = Sequential()
model.add(Dense(n_hidden, input_dim=n_in))
model.add(PReLU())


model.add(Dense(n_hidden))
model.add(PReLU())
```

14 다른 기법과 비교한 실험에 관해서는 PReLU를 제안한 문헌[4]에 잘 정리돼 있습니다.

```
model.add(Dense(n_hidden))
model.add(PReLU())

model.add(Dense(n_hidden))
model.add(PReLU())

model.add(Dense(n_out))
model.add(Activation('softmax'))

model.compile(loss='categorical_crossentropy',
              optimizer=SGD(lr=0.01),
              metrics=['accuracy'])
```

이제까지 $x \leq 0$일 때 경사가 존재하는 것으로 ReLU에서 파생된 LReLU와 PReLU를 살펴봤는데 사실은 이 밖에도 가령 학습시킬 때는 경사를 모두 난수로 선택하고 테스트할 때는 그 평균을 사용하는 **Randomized ReLU**(RReLU)도 있고

$$f(x) = \begin{cases} x & (x > 0) \\ e^x - 1 & (x \leq 0) \end{cases} \tag{4.30}$$

위와 같은 함수 $f(\cdot)$를 사용하는 **Exponential Linear Units**(ELU)도 있습니다. ReLU를 기반으로 한 많은 활성화 함수가 고안돼 있습니다. 그러나 어떤 활성화 함수도 기본 사항은 이제까지 봤던 것과 다르지 않습니다. 그리고 '어느 활성화 함수를 사용해서 실험할지' 고민하고 있을 때는 일단 ReLU 또는 LReLU를 사용해 충분히 만족스러운 결과가 나올 경우가 많습니다. RReLU와 ELU에 관한 상세한 내용은 문헌 [5], [6]을 참고하기 바랍니다.

4.3.2 드롭아웃

활성화 함수에서 이제 경사 소실 문제는 해결됐지만 심층 신경망을 학습시킬 때 오버피팅이라는 또 하나의 문제가 있었습니다. 훈련 데이터에만 최적화되지 않고 테스트 데이터(미지의 데이터)에 대해서도 예측 정확도가 높아지도록 패턴 분류를 실행하는 것을 '일반화(generalization)'라고 하는데, 오버피팅을 방지하기 위해서는 모델의 일반화 성능을 향상시켜야 합니다.

다행히도 단순한 기법을 통해 신경망의 일반화 성능을 향상시킬 수 있습니다. 그 기법을 드롭아웃(dropout)이라고 하며, 이름에서 알 수 있듯이 학습시킬 때 무작위로 뉴런을 '드롭아웃(=제외)'시키는

것입니다. 드롭아웃을 적용한 신경망의 예를 그림 4.10에 나타냈습니다. x로 표시된 뉴런이 드롭아웃한 뉴런이고 이 뉴런은 마치 '네트워크 상에 존재하지 않는 것'으로 취급됩니다. 학습시킬 때마다 드롭아웃할 뉴런을 무작위로 선택해서 학습 전체에서는 매개변수값이 조정되게 합니다. 드롭아웃의 확률 p 는 일반적으로는 $p = 0.5$라는 값이 사용됩니다. 학습이 끝난 후에 테스트와 예측을 실행할 때 드롭아웃은 하지 않지만 예를 들어 웨이트가 W라고 했을 때 학습 전체의 '평균'을 나타내는 $(1 - p)W$를 출력에 사용합니다.

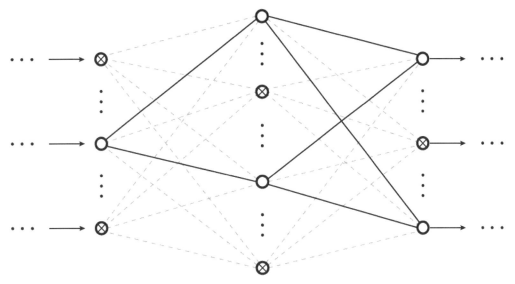

그림 4.10 드롭아웃을 적용한 신경망의 예

왜 드롭아웃을 하면 일반화 성능이 향상되는 것일까요? 그것은 드롭아웃을 적용하면 실질적으로 많은 모델을 생성·학습하고 그 안에서 예측을 실행하기 때문이라고 생각하면 됩니다. 하나의 모델로 학습하면 어쩔 수 없이 오버피팅이 생길 가능성이 있지만 다수의 모델로 학습을 하고 각 모델로 예측을 한다면 소위 '집단지성'을 얻게 되어 오버피팅의 위험을 줄일 수 있습니다. 드롭아웃하는 신경망 모델은 본래 한 개지만 여러 개의 모델을 생성해서 학습을 실행하는 것을 '앙상블 학습(ensemble learning)'이라고 합니다. 다시 말해 드롭아웃은 유사적으로 앙상블 학습을 실행하는 것이라고 말할 수 있습니다[15].

드롭아웃은 수식으로 어떻게 나타낼 수 있을까요? 사실 그다지 어렵지 않습니다. 뉴런에 무작위로 0이나 1이라는 값을 취하는 '마스크'를 씌우면 됩니다. $\boldsymbol{m} := (m_1 \ \cdots \ m_j \ \cdots \ m_J)^T$라는 벡터가 있을 때

---

15 4.3.1.4절에서 설명했던 Randomized ReLU도 앙상블 학습을 실행한다고 말할 수 있습니다.

m_j는 확률 $(1-p)$로 1을, 확률 p로 0을 취하는 값이라고 가정하겠습니다. 드롭아웃이 없을 경우에는 하나의 층에 관한 네트워크의 순전파 식은 다음과 같이 나타냈습니다.

$$\boldsymbol{h}_1 = f(W\boldsymbol{x} + \boldsymbol{b}) \tag{4.31}$$

드롭아웃이 있을 경우에는 여기에 마스크를 추가하며 이때의 순전파 식은 다음과 같습니다.

$$\boldsymbol{h}_1 = f(W\boldsymbol{x} + \boldsymbol{b}) \odot \boldsymbol{m} \tag{4.32}$$

다시 말하면 드롭아웃은 마스크 벡터 $\boldsymbol{m}$을 씌워서 표현하면 되므로 매우 단순한 형태로 정리된다는 것을 알 수 있습니다. 그러나 순전파에서 마스크가 씌워진다는 것은 순전파를 할 때도 마스크 항이 추가된다는 점에 주의해야 합니다. $\boldsymbol{h}_1$의 다음의 층을

$$\boldsymbol{h}_2 = g(V\boldsymbol{h}_1 + \boldsymbol{c}) \tag{4.33}$$

위와 같이 정의하면

$$\boldsymbol{p} := W\boldsymbol{x} + \boldsymbol{b} \tag{4.34}$$

$$\boldsymbol{q} := V\boldsymbol{h}_1 + \boldsymbol{c} \tag{4.35}$$

위의 식에 대한 오차항 $\boldsymbol{e}_{h1}, \boldsymbol{e}_{h2}$는

$$\boldsymbol{e}_{h_1} := \frac{\partial E_n}{\partial \boldsymbol{p}} \tag{4.36}$$

$$\boldsymbol{e}_{h_2} := \frac{\partial E_n}{\partial \boldsymbol{q}} \tag{4.37}$$

위와 같이 나타낼 수 있습니다(식 3.97 ~ 식 3.101 참조). 이때

$$\boldsymbol{q} = Vf(\boldsymbol{p}) \odot \boldsymbol{m} + \boldsymbol{c} \tag{4.39}$$

위의 식이 성립하므로 다음 식이 구해집니다.

$$\boldsymbol{e}_{h_1} = \frac{\partial E_n}{\partial \boldsymbol{q}} \frac{\partial \boldsymbol{q}}{\partial \boldsymbol{p}} \tag{4.40}$$

$$= f'(\boldsymbol{p}) \odot \boldsymbol{m} \odot V^T \boldsymbol{e}_{h_2} \tag{4.41}$$

오차역전파에서도 마스크 $\boldsymbol{m}$이 필요하다는 것을 알 수 있습니다.

드롭아웃은 구현하는 방법도 단순합니다. 먼저 텐서플로부터 살펴보겠습니다. 드롭아웃을 적용하려면 tf.nn.dropout()을 사용합니다. 식을 구할 때 순전파의 기본식을 구하고 나서 마스크를 씌우는 순서로 계산했는데 구현할 때도 이 순서로 모델을 정의해갑니다. 예를 들어, '입력층–출력층' 부분에서 이제까지는 다음과 같이 구현했지만

```
W0 = tf.Variable(tf.truncated_normal([n_in, n_hidden], stddev=0.01))
b0 = tf.Variable(tf.zeros([n_hidden]))
h0 = tf.nn.relu(tf.matmul(x, W0) + b0)
```

드롭아웃을 적용할 경우에는

```
h0_drop = tf.nn.dropout(h0, keep_prob)
```

위와 같이 정의합니다. keep_prob은 드롭아웃하지 않을 확률인 ($= 1 - p$를 나타냅니다. 이 keep_prob은 학습을 실행할 때는 0.5이고 테스트할 때는 1.0으로 값이 변하므로 placeholder로 정의해둬야 합니다. 모델 전체의 구현은 다음과 같습니다. 이번 예에서는 은닉층이 세 개입니다.

```
x = tf.placeholder(tf.float32, shape=[None, n_in])
t = tf.placeholder(tf.float32, shape=[None, n_out])
keep_prob = tf.placeholder(tf.float32) # 드롭아웃하지 않을 확률

# 입력층 - 은닉층
W0 = tf.Variable(tf.truncated_normal([n_in, n_hidden], stddev=0.01))
b0 = tf.Variable(tf.zeros([n_hidden]))
h0 = tf.nn.relu(tf.matmul(x, W0) + b0)
h0_drop = tf.nn.dropout(h0, keep_prob)

# 은닉층 - 은닉층
W1 = tf.Variable(tf.truncated_normal([n_hidden, n_hidden], stddev=0.01))
b1 = tf.Variable(tf.zeros([n_hidden]))
h1 = tf.nn.relu(tf.matmul(h0_drop, W1) + b1)
h1_drop = tf.nn.dropout(h1, keep_prob)
```

```
W2 = tf.Variable(tf.truncated_normal([n_hidden, n_hidden], stddev=0.01))
b2 = tf.Variable(tf.zeros([n_hidden]))
h2 = tf.nn.relu(tf.matmul(h1_drop, W2) + b2)
h2_drop = tf.nn.dropout(h2, keep_prob)

# 은닉층 - 출력층
W3 = tf.Variable(tf.truncated_normal([n_hidden, n_out], stddev=0.01))
b3 = tf.Variable(tf.zeros([n_out]))
y = tf.nn.softmax(tf.matmul(h2_drop, W3) + b3)
```

학습을 실행할 때 이 모델에 실제로 드롭아웃을 적용하는 코드는 다음과 같습니다.

```
for epoch in range(epochs):
    X_, Y_ = shuffle(X_train, Y_train)

    for i in range(n_batches):
        start = i * batch_size
        end = start + batch_size

        sess.run(train_step, feed_dict={
            x: X_[start:end],
            t: Y_[start:end],
            keep_prob: 0.5
        })
```

keep_prob: 0.5라는 확률을 설정한 부분에 주의하기 바랍니다. 학습 후에 실행하는 테스트에서는 드롭아웃을 적용하지 않으므로 다음과 같이 구현합니다.

```
accuracy_rate = accuracy.eval(session=sess, feed_dict={
    x: X_test,
    t: Y_test,
    keep_prob: 1.0
})
```

케라스에서도 같은 방법으로 구현합니다.

```
from keras.layers.core import Dropout
```

위의 코드로 Dropout을 임포트하면

```
model.add(Dense(n_hidden, input_dim=n_in))
model.add(Activation('tanh'))
model.add(Dropout(0.5))
```

위와 같이 손쉽게 드롭아웃을 적용할 수 있습니다. 여기서 0.5는 텐서플로에서와는 달리 드롭아웃하지 않을 확률을 나타냅니다. 그리고 드롭아웃 식을 떠올려 보면 알 수 있지만 활성화 함수로는 무엇을 사용하든 문제되지 않으므로 이번 예에서는 시험 삼아 Activation('tanh')로 정하겠습니다.

모델 전체는 다음과 같이 구현합니다.

```
model = Sequential()
model.add(Dense(n_hidden, input_dim=n_in))
model.add(Activation('tanh'))
model.add(Dropout(0.5))

model.add(Dense(n_hidden))
model.add(Activation('tanh'))
model.add(Dropout(0.5))

model.add(Dense(n_hidden))
model.add(Activation('tanh'))
model.add(Dropout(0.5))

model.add(Dense(n_out))
model.add(Activation('softmax'))
```

이제까지 했던 것처럼 라이브러리를 사용하면 드롭아웃할 때 오차역전파로 경사를 계산하는 것을 의식하지 않고 구현할 수 있습니다.

4.4 구현 설계

4.4.1 기본 설계

이제까지 ReLU와 같은 활성화 함수와 드롭아웃을 사용해 딥러닝 모델을 구현했습니다. 텐서플로나 케라스와 같은 라이브러리를 사용하면 다음과 같은 코드

```
W = tf.Variable(tf.truncated_normal([m, n], stddev=0.01))
b = tf.Variable(tf.zeros([n]))
h = tf.nn.relu(tf.matmul(x, W) + b)
h_drop = tf.nn.dropout(h, keep_prob)
```

또는 다음과 같은 코드로

```
model.add(Dense(n))
model.add(Activation('relu'))
model.add(Dropout(0.5))
```

층을 계속 추가하는 방식으로 모델을 손쉽게 설정할 수 있습니다. 그러나 층의 개수를 더 늘리고 싶거나 모델의 일부분을 변경하고 싶을 때(예를 들어, 활성화 함수를 다른 것으로 변경하고 싶을 때) 이제까지 해왔던 구현에서는 변경하기가 조금 불편했습니다. 그래서 지금은 딥러닝 이론에서 한 발 물러나서 어떻게 구현하면 효율적으로 모델을 정의할 수 있을지 살펴보겠습니다.

4.4.1.1 텐서플로로 구현

신경망 모델을 정의하는 전체적인 과정을 정리하면 다음과 같습니다.

모델의 출력을 정의

↓

오차함수를 정의

↓

모델을 학습시킨다

텐서플로에서는 이 과정을 단계별로 함수화할 것을 권장하고 있으며 각각 inference(), loss(), training()이라고 정의해야 한다고 말합니다[16]. 다시 말하면 이 함수들은 다음과 같이 정리할 수 있습니다.

---

16 https://www.tensorflow.org/get_started/mnist/mechanics

- inference( ) ··· 모델 전체를 설정하고 모델의 출력(예측 결과)을 반환한다

- loss( ) ··· 모델의 오차함수를 정의하고 오차 · 손실을 반환한다

- training( ) ··· 모델을 학습시키고 학습시킨 결과(진척 상황)를 반환한다

따라서 구현 방식의 전체적인 흐름은 다음과 같습니다[17].

```
def inference(x):
    # 모델을 정의한다


def loss(y, t):
    # 오차함수를 정의한다


def training(loss):
    # 학습 알고리즘을 정의한다


if __name__ == '__main__':
    # 1. 데이터를 준비한다
    # 2. 모델을 설정한다
    y = inference(x)
    loss = loss(y, t)
    train_step = training(loss)
    # 3. 모델을 학습시킨다
    # 4. 모델을 평가한다
```

inference( ), loss( ), training( )은 위에서 나온 '2. 모델을 설정한다' 항목을 깔끔하게 구현하기 위한 방법이라고 할 수 있습니다. 각 함수를 순서대로 살펴보겠습니다.

먼저 y=inference(x)에 대해 이야기해 보겠습니다. 이제까지는 각 층을 h0, h1 등으로 정의했습니다. 이를 한꺼번에 정의하기 위해 각 층에 있는 뉴런의 개수를 인수로 받게 만듭니다. 그리고 드롭아웃을 지원하기 위해 x 이외에 keep_prob을 인수로 받아야 하므로

```
def inference(x, keep_prob, n_in, n_hiddens, n_out):
    # 모델을 정의한다


if __name__ == '__main__':
    # 2. 모델을 설정한다
```

17 if __name__ == '__main__': 부분은 없어도 괜찮지만 예를 들어 외부 파일로부터 함수만 참조하려고 할 때 이 부분을 쓰면 함수가 실행되지 않아 편리합니다.

```
n_in = 784
n_hiddens = [200, 200, 200] # 각 은닉층의 차원 수
n_out = 10

x = tf.placeholder(tf.float32, shape=[None, n_in])
keep_prob = tf.placeholder(tf.float32)

y = inference(x, keep_prob, n_in=n_in, n_hiddens=n_hiddens, n_out=n_out)
```

위와 같이 정의하면 해당 처리를 구현할 수 있습니다. 이제 inference( )의 내부를 정의하겠습니다. 입력층에서 출력층의 바로 앞까지는 모든 출력을 같은 식으로 나타낼 수 있지만 출력층만은 활성화 함수가 소프트맥스 함수(또는 시그모이드 함수)로 지정돼 있으므로 다음과 같이 구현할 수 있습니다.

```
def inference(x, keep_prob, n_in, n_hiddens, n_out):
    def weight_variable(shape):
        initial = tf.truncated_normal(shape, stddev=0.01)
        return tf.Variable(initial)

    def bias_variable(shape):
        initial = tf.zeros(shape)
        return tf.Variable(initial)

    # 입력층 - 은닉층, 은닉층 - 은닉층
    for i, n_hidden in enumerate(n_hiddens):
        if i == 0:
            input = x
            input_dim = n_in
        else:
            input = output
            input_dim = n_hiddens[i-1]

        W = weight_variable([input_dim, n_hidden])
        b = bias_variable([n_hidden])

        h = tf.nn.relu(tf.matmul(input, W) + b)
        output = tf.nn.dropout(h, keep_prob)
```

```
# 은닉층 - 출력층
W_out = weight_variable([n_hiddens[-1], n_out])
b_out = bias_variable([n_out])
y = tf.nn.softmax(tf.matmul(output, W_out) + b_out)
return y
```

weight_variable( )과 bias_variable( )을 정의해서 웨이트와 바이어스를 초기화하는 처리를 정리했습니다[18]. for 문의 내부에서 '입력층 − 은닉층'과 '은닉층 − 은닉층'은 각각 처리가 다르지만 기본적으로는 이전 층의 output이 다음 층의 input이 되는 구조를 그대로 구현한 것입니다.

모델의 출력을 정의했으므로 이제 loss(y, t)와 training(loss)가 남았는데 이것은 이제까지 구현했던 방식과 다르지 않습니다. 다음과 같이 구현합니다.

```
def loss(y, t):
    cross_entropy = tf.reduce_mean(
        -tf.reduce_sum(t * tf.log(y), reduction_indices=[1]))
    return cross_entropy


def training(loss):
    optimizer = tf.train.GradientDescentOptimizer(0.01)
    train_step = optimizer.minimize(loss)
    return train_step
```

함수의 본체에 쓴 코드 자체는 이제까지와 다르지 않지만 함수의 형태로 나누면 전체적인 설계가 깔끔하게 정리된다는 이점이 있습니다[19]. 그리고 텐서플로에는 모델을 설계하고 학습하는 과정의 진척 상황을 브라우저로 볼 수 있게 하는 가시화 기능이 있습니다. 자세한 내용은 A.2절 'TensorBoard'에 정리돼 있는데 위의 코드처럼 설계하면 가시화를 쉽게 적용할 수 있습니다.

4.4.1.2 케라스로 구현

케라스는 본래 단순하게 구현하려고 사용하는 것이므로 텐서플로에서 했던 것처럼 구현 방침 같은 것이 명확히 정해져 있지 않습니다. 그러나 텐서플로에서 구현할 때처럼 각 층을 한꺼번에 정의할 수 있으므로 모델을 설정하는 코드를 다음과 같이 작성할 수 있습니다.

---

18 물론 weight_variable( )과 bias_variable( )은 inference( ) 바깥에서 정의할 수도 있지만 inference( )라는 '모델'에 관련된 웨이트와 바이어스라는 의미로 함수 안에 정의했습니다.

19 이번 절에 나온 코드는 https://github.com/yusugomori/deeplearning-tensorflow-keras/blob/master/4/tensorflow/06_mnist_plot_tensorflow.py에 정리돼 있습니다.

```
n_in = 784
n_hiddens = [200, 200]
n_out = 10
activation = 'relu'
p_keep = 0.5

model = Sequential()
for i, input_dim in enumerate(([n_in] + n_hiddens)[:-1]):
    model.add(Dense(n_hiddens[i], input_dim=input_dim))
    model.add(Activation(activation))
    model.add(Dropout(p_keep))

model.add(Dense(n_out))
model.add(Activation('softmax'))
```

([n_in] + n_hiddens)[:-1]을 루프로 반복해서 출력층 바로 앞까지의 각 층의 입력과 출력의 차원을 Dense()에 넘겨줍니다. 층을 각각 따로 정의했을 때와 비교하면 꽤 깔끔하게 작성됐다고 말할 수 있습니다[20].

4.4.1.3 레벨업 텐서플로에서 모델을 클래스로 만든다

텐서플로에서는 각 처리를 inference(), loss(), training()이라는 세 개의 함수로 분리했기 때문에 구현하기 쉬워졌습니다. 그러나 모델을 실제로 학습시키는 부분은 이 세 개의 함수에 포함되지 않으므로 메인 부분에 코드로 작성할 것이 많아질 수 있습니다. 학습시키는 부분도 포함해서 모든 것을 하나의 클래스에 정리하면 다음의 예와 같이

```
model = DNN()
model.fit(X_train, Y_train)
model.evaluate(X_test, Y_test)
```

케라스로 한 것과 비슷하게 코딩할 수 있게 됩니다. 이 스킴을 구현하는 방법을 생각해 보겠습니다. 전체적인 구성은 다음과 같습니다.

```
class DNN(object):
    def __init__(self):
```

---

20 이 부분도 전체 코드를 https://github.com/yusugomori/deeplearning-tensorflow-keras/blob/master/4/keras/06_mnist_plot_keras.py에 정리했습니다.

```python
    # 초기화 처리

def weight_variable(self, shape):
    initial = tf.truncated_normal(shape, stddev=0.01)
    return tf.Variable(initial)

def bias_variable(self, shape):
    initial = tf.zeros(shape)
    return tf.Variable(initial)

def inference(self, x, keep_prob):
    # 모델을 정의한다
    return y

def loss(self, y, t):
    cross_entropy = tf.reduce_mean(-tf.reduce_sum(t * tf.log(y),
                                    reduction_indices=[1]))
    return cross_entropy

def training(self, loss):
    optimizer = tf.train.GradientDescentOptimizer(0.01)
    train_step = optimizer.minimize(loss)
    return train_step

def accuracy(self, y, t):
    correct_prediction = tf.equal(tf.argmax(y, 1), tf.argmax(t, 1))
    accuracy = tf.reduce_mean(tf.cast(correct_prediction, tf.float32))
    return accuracy

def fit(self, X_train, Y_train):
    # 학습 처리

def evaluate(self, X_test, Y_test):
    # 평가 처리
```

loss( ), training( ), accuracy( )는 메서드화하기 위해 self를 인수로 설정한 점 이외에는 이제까지
했던 것과 같습니다.

일단 모델을 초기화하는 부분에 관해 생각해 보겠습니다. 이 초기화 부분에서 모델의 구성을 결정하는 것이 바람직하므로 각 층의 차원 수를 인수로 받게 합니다. 그리고 모델의 구성을 결정해야 하므로 각 층에 관련된 웨이트와 바이어스도 정의해둡니다.

```python
def __init__(self, n_in, n_hiddens, n_out):
    self.n_in = n_in
    self.n_hiddens = n_hiddens
    self.n_out = n_out
    self.weights = []
    self.biases = []
```

이제 inference( )를 다음과 같이 구현할 수 있습니다.

```python
def inference(self, x, keep_prob):
    # 입력층 - 은닉층 은닉층 - 은닉층
    for i, n_hidden in enumerate(self.n_hiddens):
        if i == 0:
            input = x
            input_dim = self.n_in
        else:
            input = output
            input_dim = self.n_hiddens[i-1]

        self.weights.append(self.weight_variable([input_dim, n_hidden]))
        self.biases.append(self.bias_variable([n_hidden]))

        h = tf.nn.relu(tf.matmul(
            input, self.weights[-1]) + self.biases[-1])
        output = tf.nn.dropout(h, keep_prob)

    # 은닉층 - 출력층
    self.weights.append(self.weight_variable([self.n_hiddens[-1], self.n_out]))
    self.biases.append(self.bias_variable([self.n_out]))

    y = tf.nn.softmax(tf.matmul(
        output, self.weights[-1]) + self.biases[-1])
    return y
```

이제까지는 각 층의 차원 수를 인수를 통해 받아들였지만 self.n_in 등으로 대체할 수 있게 됐습니다.

이어서 학습을 실행하는 fit()를 살펴보겠습니다. 케라스에서와 마찬가지로 학습 데이터, 에폭 수, 배치 크기를 인수를 통해 받아들이는 것이 바람직할 것입니다. 이번 예제에서는 드롭아웃도 함께 실행할 것이므로 드롭아웃의 확률도 인수로 둡니다. 그러면 다음과 같이 구현됩니다. 이제까지 구현했던 메인 부분과 비슷합니다.

```python
def fit(self, X_train, Y_train,
        epochs=100, batch_size=100, p_keep=0.5,
        verbose=1):
    x = tf.placeholder(tf.float32, shape=[None, self.n_in])
    t = tf.placeholder(tf.float32, shape=[None, self.n_out])
    keep_prob = tf.placeholder(tf.float32)

    # evaluate()용으로 작성해둔다
    self._x = x
    self._t = t
    self._keep_prob = keep_prob

    y = self.inference(x, keep_prob)
    loss = self.loss(y, t)
    train_step = self.training(loss)
    accuracy = self.accuracy(y, t)

    init = tf.global_variables_initializer()
    sess = tf.Session()
    sess.run(init)

    # evaluate()용으로 작성해둔다
    self._sess = sess

    N_train = len(X_train)
    n_batches = N_train // batch_size

    for epoch in range(epochs):
        X_, Y_ = shuffle(X_train, Y_train)

        for i in range(n_batches):
            start = i * batch_size
```

```
        end = start + batch_size

        sess.run(train_step, feed_dict={
            x: X_[start:end],
            t: Y_[start:end],
            keep_prob: p_keep
        })
    loss_ = loss.eval(session=sess, feed_dict={
        x: X_train,
        t: Y_train,
        keep_prob: 1.0
    })
    accuracy_ = accuracy.eval(session=sess, feed_dict={
        x: X_train,
        t: Y_train,
        keep_prob: 1.0
    })
    # 값을 기록해둔다
    self._history['loss'].append(loss_)
    self._history['accuracy'].append(accuracy_)


    if verbose:
        print('epoch:', epoch,
              ' loss:', loss_,
              ' accuracy:', accuracy_)
return self._history
```

코드 내부에 있는 주석에도 적혀 있듯이 테스트할 때도 사용되는 변수는 evaluate()에도 필요하므로 클래스 내부에 둬야 합니다. 그리고 학습의 진척 상황을 클래스에서 파악하고 있으면 학습을 실행한 후에 데이터를 처리하기 쉬워지므로 self._history를 정의했습니다. 이 요소들을 __init__()의 마지막 부분에 정의해두겠습니다.

```
def __init__(self, n_in, n_hiddens, n_out):
    self.n_in
    # ...
    self._x = None
    self._t = None,
    self._keep_prob = None
```

```
    self._sess = None
    self._history = {
        'accuracy': [],
        'loss': []
    }
```

evaluate( )도 이제까지 했던 것과 비슷하므로 앞서 정의한 self._sess 등을 사용해 다음과 같이 정의합니다.

```
def evaluate(self, X_test, Y_test):
    return self.accuracy.eval(session=self._sess, feed_dict={
        self._x: X_test,
        self._t: Y_test,
        self._keep_prob: 1.0
    })
```

이렇게 해서 클래스를 정의하는 작업을 끝냈습니다. 이 DNN을 정의해두면 메인 부분에서 다음과 같이 코딩할 수 있고

```
model = DNN(n_in=784,
            n_hiddens=[200, 200, 200],
            n_out=10

model.fit(X_train, Y_train,
          epochs=50,
          batch_size=200,
          p_keep=0.5)

accuracy = model.evaluate(X_test, Y_test)
print('accuracy: ', accuracy)
```

DNN을 높은 레벨의 단순한 API처럼 사용할 수 있습니다[21].

이번 예제에서는 fit( )가 수행하는 처리 내용을 단순한 형태로 코딩했는데 내부에 있는 처리 내용을 다시 분할해서 코딩하면 더욱 범용으로 편리하게 사용할 수 있는 API가 됩니다. 텐서플로에서는 이러한 높은 레벨의 API도 제공하고 있고 이것은 tf.contrib.learn을 통해 이용할 수 있습니다. 그러나 이

21　전체 코드는 https://github.com/yusugomori/deeplearning-tensorflow-keras/blob/master/4/tensorflow/99_mnist_mock_contrib_tensorflow.py에 정리했습니다.

책에서는 이론을 이해한 후에 '구현에 돌입하는' 그리고 '수식을 바탕으로 프로그램을 커스터마이징하는' 개념을 토대로 설명하고 있으므로 tf.contrib.learn을 사용해서 구현하지 않습니다. 간단한 사용법에 관해서는 A.3절 'tf.contrib.learn'에 정리돼 있으므로 참고하기 바랍니다.

4.4.2 학습을 가시화한다

지금까지 몇 가지 기법을 사용해 실험 결과를 살펴봤는데 정량적인 평가는 테스트 데이터에 대한 예측 정확도라는 형태로만 실시했습니다. 훈련 데이터에 대해서도 오차 함수의 값이나 예측 정확도를 출력하기는 했어도 이것은 단지 학습이 진행되는지만을 확인하기 위한 것이었고 어떤 학습이 진행되고 있는지는 대략적으로만 파악할 수 있었습니다.

그러나 특히 데이터의 규모가 커지면 검증 데이터를 사용해서 학습을 평가하는 작업도 적절한 선에서 실시해야 합니다. 테스트 데이터에 대한 예측 정확도는 (데이터 셋이 한 개일 경우) 결과가 하나의 수치값의 형태로 나오지만 훈련 데이터 또는 검증 데이터에 관한 예측 정확도는 각 에폭마다 평가해야 하므로 여러 개의 수치값을 한 눈에 봐야 합니다. 물론 숫자들을 단순히 늘어놓고 봐도 문제되지는 않지만 학습이 진행되는 상황을 그래프의 형태로 볼 수 있다면 직관적으로 파악할 수 있을 것입니다. 그래서 4.3절에서 구현한 코드에

- 검증 데이터를 사용해서 학습시키고 예측한다
- 학습시킬 때의 예측 정확도를 가시화한다

위와 같은 처리 내용을 추가해서 모델을 더욱 효과적으로 평가할 수 있게 해보겠습니다.

4.4.2.1 텐서플로로 구현

일단 훈련 데이터, 검증 데이터, 테스트 데이터를 준비하는 부분을 구현하겠습니다.

```
train_size = 0.8
X_train, X_test, Y_train, Y_test =\
    train_test_split(X, Y, train_size=train_size)
```

이제까지는 위와 같이 훈련 데이터와 테스트 데이터를 준비했지만 검증 데이터를 사용할 경우에는 훈련 데이터를 분할하도록 구현합니다.

```
N_train = 20000
N_validation = 4000

X_train, X_test, Y_train, Y_test = \
    train_test_split(X, Y, train_size=N_train)

# 훈련 데이터를 훈련 데이터와 검증 데이터로 분할한다
X_train, X_validation, Y_train, Y_validation = \
    train_test_split(X_train, Y_train, test_size=N_validation)
```

그리고 이때 분할한 검증 데이터는 모델의 학습을 평가하는 데도 사용됩니다[22]. 검증 데이터에 대한 손실(오차 함수의 값)이나 예측 정확도는 각 에폭마다 평가하므로 모델을 학습시키는 부분은 다음과 같이 구현합니다.

```
for epoch in range(epochs):
    X_, Y_ = shuffle(X_train, Y_train)

    for i in range(n_batches):
        start = i * batch_size
        end = start + batch_size

        sess.run(train_step, feed_dict={
            x: X_[start:end],
            t: Y_[start:end],
            keep_prob: p_keep
        })

    # 검증 데이터를 사용해 평가한다
    val_loss = loss.eval(session=sess, feed_dict={
        x: X_validation,
        t: Y_validation,
        keep_prob: 1.0
    })
    val_acc = accuracy.eval(session=sess, feed_dict={
```

---

22 이처럼 모든 학습 데이터를 훈련 데이터와 검증 데이터로 완전히 분리하고 같은 검증 데이터를 평가에 사용하는 기법을 홀드아웃 검증(hold-out validation)이라고 합니다. 그리고 학습 데이터를 일단 K개의 데이터 셋으로 분할하고 그중 하나를 검증 데이터로 실험에 사용하고 나머지 K-1개를 훈련 데이터로 실험에 사용하는 기법을 K-분할교차검증(k-cross validation)이라고 합니다. K-분할교차검증에서는 분할한 것들을 조합해서 총 K번의 학습과 검증을 거칩니다. 그리고 이 과정에서 얻어진 예측 정확도의 평균을 모델의 성능으로 간주합니다. K-분할교차검증이 일반화 성능을 매우 엄밀하게 평가할 수 있지만 딥러닝에서는 모델을 학습시키는 데 방대한 시간이 걸릴 경우가 많으므로 K-분할교차검증은 그다지 사용되지 않습니다.

```
        x: X_validation,
        t: Y_validation,
        keep_prob: 1.0
    })
```

검증 데이터에 대한 손실을 나타내는 val_loss와 예측 정확도를 나타내는 val_acc를 각 에폭마다 출력해도 학습이 진행되는 상황을 확인할 수 있지만 가시화를 위해 리스트에 저장합니다. 따라서 미리 다음과 같이 정의해두고

```
history = {
    'val_loss': [],
    'val_acc': []
}
```

각 에폭 때에 나오는 val_loss 값과 val_acc 값을 각각 추가하면 됩니다. 코드를 간단하게 쓰면 다음과 같이 나타낼 수 있습니다.

```
for epoch in range(epochs):
    X_, Y_ = shuffle(X_train, Y_train)

    for i in range(n_batches):
        sess.run()

    val_loss = loss.eval()
    val_acc = accuracy.eval()

    # 검증 데이터에 대한 학습 진행 상황을 기록한다
    history['val_loss'].append(val_loss)
    history['val_acc'].append(val_acc)
```

그리고 학습 때 기록한 값을 그래프로 가시화해 보겠습니다. 파이썬에서는 그래프를 손쉽게 그릴 수 있는 matplotlib이라는 라이브러리가 있고 이것도 아나콘다를 설치할 때 함께 설치됩니다.

```
import matplotlib.pyplot as plt
```

위의 코드를 파일의 앞부분에 써둡니다. 예를 들어, history['val_acc']를 그래프로 나타내려면 다음과 같이 구현합니다.

```
plt.rc('font', family='serif') # 폰트를 설정한다
fig = plt.figure() # 그래프를 준비한다

# 데이터를 그래프로 그린다
plt.plot(range(epochs), history['val_acc'], label='acc', color='black')

# 축 이름
plt.xlabel('epochs')
plt.ylabel('validation loss')

# 그래프를 표시하고 저장한다
plt.show()
# plt.savefig('mnist_tensorflow.eps')
```

데이터를 표시하려면 (가로축과 세로축에 해당되는) 데이터 리스트를 plt.plot()에 인수를 통해 넘겨주기만 하면 됩니다. 그리고 plt.show()와 plt.savefig()는 프로그램이 실행되는 동안 그래프를 표시할지 또는 이미지 파일로 저장해둘지에 따라 선택해서 사용합니다.

이 프로그램을 실행하면 그림 4.11과 같은 그래프가 출력됩니다.

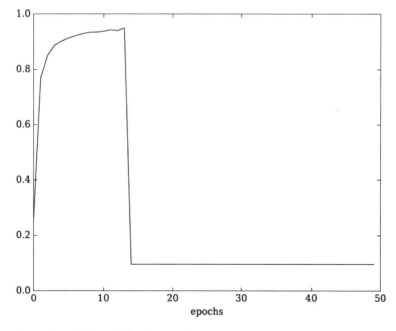

그림 4.11 검증 데이터에 대한 예측 정확도의 변화

이 그래프를 보면 예측 정확도가 점점 올라갔다가 어느 시점부터는 전혀 학습이 이뤄지지 않는다는 것을 알 수 있습니다. 이것은 경사 소실 문제와 마찬가지로 소프트맥스 함수(시그모이드 함수)를 통해 전달되는 경사값이 너무 작아져서 0처럼 취급되어 계산되는 것이 원인입니다. 이 문제가 발생하지 않도록 교차 엔트로피 오차 함수의 식에 해당하는 내용을 다음과 같이 변경합니다.

```
def loss(y, t):
    cross_entropy = \
        tf.reduce_mean(
            -tf.reduce_sum(
                t * tf.log(tf.clip_by_value(y, 1e-10, 1.0)),
                reduction_indices=[1]))
    return cross_entropy
```

계산에 사용되는 하한값(또는 상한값)을 새롭게 추가된 tf.clip_by_value()가 결정합니다. 이 하한값을 1e-10과 같은 작은 값으로 설정해두면 학습을 계산하는 데 악영향을 주지 않으면서 0으로 나누는 문제를 방지할 수 있습니다. 변경 후에 나온 결과는 그림 4.12와 같습니다.

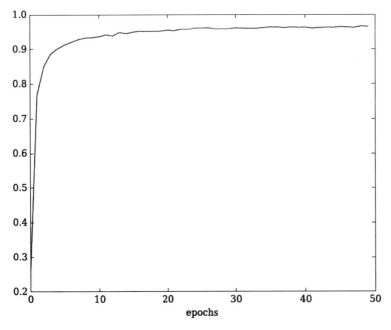

그림 4.12 오차 함수 구현을 수정한 후에 나온 예측 정확도 그래프

그래프를 보면 학습이 적절히 진행되고 있다는 것을 알 수 있습니다. 그리고 예측 정확도와 손실을 하나의 그래프 안에 표시하려면 다음과 같이 구현합니다.

```
fig = plt.figure()

ax_acc = fig.add_subplot(111) # 예측 정확도를 나타내는 축을 설정한다
ax_acc.plot(range(epochs), history['val_acc'],
            label='acc', color='black')

ax_loss = ax_acc.twinx() # 손실을 나타내는 축을 설정한다
ax_loss.plot(range(epochs), history['val_loss'],
             label='loss', color='gray')

plt.xlabel('epochs')
plt.show()
# plt.savefig('mnist_tensorflow.eps')
```

이렇게 구현한 프로그램을 실행하면 그림 4.13과 같은 그래프가 출력됩니다.

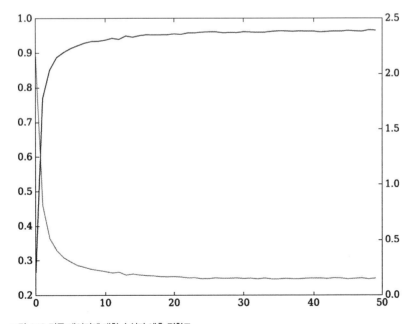

그림 4.13 검증 데이터에 대한 손실과 예측 정확도

자세한 설명은 생략하겠지만 이 그래프들만 봐도 이른 단계에서 어느 정도 학습이 진행되고 그 후에는 점점 예측 정확도가 높아진다(손실이 작아진다)는 것을 알 수 있습니다.

4.4.2.2 케라스로 구현

케라스에서는 model.fit()의 반환값에 학습이 진행된 정도를 나타내는 값이 저장된 결과가 들어 있습니다.

검증 데이터를 사용해서 학습시키는 경우에는 다음과 같이 validation_data=를 사용합니다.

```
hist = model.fit(X_train, Y_train, epochs=epochs,
                 batch_size=batch_size,
                 validation_data=(X_validation, Y_validation))
```

검증 데이터에 대한 손실과 예측 정확도를 기록한 것이 이 hist 변수에 저장됩니다.

```
print(val_loss = hist.history['val_loss'])
print(val_acc = hist.history['val_acc'])
```

위와 같이 구현하면 val_loss와 val_acc에 리스트의 형태로 값이 들어 있다는 것을 확인할 수 있습니다. 따라서 예를 들어 모델을 텐서플로에서 한 것처럼

```
n_in = len(X[0]) # 784
n_hiddens = [200, 200, 200]
n_out = len(Y[0]) # 10
p_keep = 0.5
activation = 'relu'

model = Sequential()
for i, input_dim in enumerate(([n_in] + n_hiddens)[:-1]):
    model.add(Dense(n_hiddens[i], input_dim=input_dim))
    model.add(Activation(activation))
    model.add(Dropout(p_keep))

model.add(Dense(n_out))
model.add(Activation('softmax'))
```

```
model.compile(loss='categorical_crossentropy',
              optimizer=SGD(lr=0.01),
              metrics=['accuracy'])


epochs = 50
batch_size = 200


hist = model.fit(X_train, Y_train, epochs=epochs,
                 batch_size=batch_size,
                 validation_data=(X_validation, Y_validation))
```

위와 같이 설정과 학습을 구현하면 예측 정확도를 그래프로 그리는 처리는 텐서플로에서 했던 것처럼
다음과 같이 구현할 수 있습니다.

```
val_acc = hist.history['val_acc']

plt.rc('font', family='serif')
fig = plt.figure()
plt.plot(range(epochs), val_acc, label='acc', color='black')
plt.xlabel('epochs')
plt.show()
# plt.savefig('mnist_keras.eps')
```

그 결과로 그림 4.14가 출력됩니다. 그래프만 봐도 알 수 있듯이 학습이 실패했습니다. 텐서플로로 구
현했을 때와 어떤 차이가 있는 것일까요?

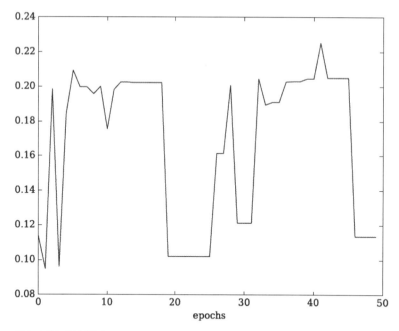

그림 4.14 학습이 실패했다

코드를 살펴보면 그 차이는 매개변수를 초기화하는 부분에 있다는 것을 알 수 있습니다. 모델의 구조 자체는 같지만 웨이트를 초기화하는 부분을 텐서플로에서는

```
tf.truncated_normal(shape, stddev=0.01)
```

위와 같이 지정했지만 케라스에서는 아무것도 지정하지 않았습니다. 사실은 웨이트의 초깃값을 어떻게 결정하는지가 학습이 제대로 이뤄지는지 아니면 실패하는지에 영향을 줍니다. 이 초깃값을 설정하는 것도 몇 가지 기법이 연구됐고 이에 대한 상세한 내용은 다음 절에서 살펴보겠습니다. 지금은 텐서플로에서 구현했던 초기화 처리를 케라스에서 어떻게 구현할지에 대해서만 생각해 보겠습니다. 케라스의 Dense()는 kernel_initializer=라는 인수를 포함하고 있습니다. 이 함수에 초기화 처리를 맡기면 텐서플로에서와 같은 처리를 구현할 수 있습니다. 구체적인 코드는 다음과 같습니다.

```
from keras import backend as K

def weight_variable(shape):
    return K.truncated_normal(shape, stddev=0.01)

model = Sequential()
```

```
for i, input_dim in enumerate(([n_in] + n_hiddens)[:-1]):
    model.add(Dense(n_hiddens[i], input_dim=input_dim,
                    kernel_initializer=weight_variable))
    model.add(Activation(activation))
    model.add(Dropout(p_keep))

model.add(Dense(n_out, kernel_initializer=weight_variable))
model.add(Activation('softmax'))
```

케라스에 미리 별칭(alias)으로 정의돼 있는 것 이외의 것을 사용할 때는 keras.backend를 통해 처리를 수행합니다. weight_variable() 함수 내부에서 K.truncated_normal(shape stddev=0.01)이 텐서플로로 구현했을 때처럼 표준편차=0.01인 절단정규분포를 따르는 난수를 반환합니다. 그리고 Dense(kernel_initializer=weight_variable)가 실행되면 텐서플로에서 했을 때처럼 초깃값을 가진 웨이트를 생성할 수 있습니다. 변경된 코드로 실험해보면 그림 4.15와 같은 결과가 나오고 학습이 제대로 진행됐다는 것을 확인할 수 있습니다.

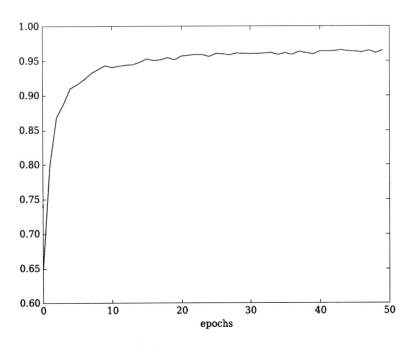

그림 4.15 웨이트의 초깃값을 변경한 경우

그리고 절단정규분포는 `keras.initializers.TruncatedNormal()`을 통해서도 사용할 수 있는데 사용법은 다음과 같습니다.

```
from keras.initializers import TruncatedNormal

model.add(Dense(n_out, kernel_initializer=TruncatedNormal(stddev=0.01)))
```

이때 `weight_variable()`은 정의하지 않아도 됩니다.

그리고 케라스에서는 NumPy로 생성한 난수를 그대로 사용할 수도 있습니다. 이 경우에는 `weight_variable()`을 다음과 같이 정의합니다.

```
def weight_variable(shape):
    return np.random.normal(scale=0.01, size=shape)
```

이때는 절단정규분포가 아닌 일반적인 정규분포를 사용한다는 점에 주의하기 바랍니다.

4.5 고급 기술

4.5.1 데이터를 정규화하고 웨이트를 초기화한다

웨이트의 초깃값이 학습의 성패에 영향을 준다는 것은 앞서 그림 4.14와 4.15에 나온 결과를 보고 알았습니다. 그렇다면 초깃값을 얼마로 줘야 할까요? 웨이트에 관해 생각해보기 위해 일단 입력 데이터를 '깔끔하게' 정리해 보겠습니다. 이제까지는 MNIST만을 사용했지만 MNIST 이외의 데이터로도 동일한 작업을 할 수 있게 입력 데이터 값이 일정한 범위에 들어가도록 전처리를 하겠습니다. 가장 단순한 처리는 이 범위를 0에 1까지로 정하는 것입니다.

예를 들어, MNIST에서는 데이터가 0에서 255까지의 RGB 값을 취하므로

```
X = X / 255.0
```

위의 코드에 의해 해당 범위에 값이 들어갑니다. 이 코드를 일반화한 것은 다음과 같습니다.

```
X = X / X.max()
```

이처럼 데이터가 일정한 범위 안에 들어가게 해서 그 다음 처리가 원활하게 이뤄지게 하는 것을 **정규화** (normalization)라고 합니다. 그리고 데이터 분포를 생각하면 데이터의 평균이 0이 되도록 정규화하는 것이 바람직합니다. 이 처리를 MNIST에서는 다음과 같이 구현합니다.

```
X = X / 255.0
X = X - X.mean(axis=1).reshape(len(X), 1)
```

이때 각 패턴에 관한 데이터가 한쪽으로 치우쳐서 분포되지 않았다면[23] 웨이트 성분은 양수값과 음수값을 둘 다 갖게 될 것입니다. 그리고 값이 한쪽으로 치우치지 않는다면 양과 음의 성분이 거의 반반으로 균일하게 나눠질 것입니다. 따라서 웨이트 성분을 모두 0으로 초기화하는 것이 가장 먼저 생각해볼 수 있는 방법입니다.

그러나 실제로는 모든 값이 같아지도록 초기화해버리면 오차역전파했을 때 경사값도 같아져버리므로 웨이트값이 제대로 갱신되지 않을 것입니다. 그래서 이것 대신에 생각해볼 수 있는 방법은 0에 가까운 난수로 초기화하는 것입니다. 이제까지 정규분포를 사용해 웨이트값을 초기화한 이유는 평균이 $\mu = 0$에 가까운 난수를 얻기 위함이었습니다. 그리고 표준편차 σ가 작을수록 생성되는 값은 0에 가까워져 바람직합니다. np.random.normal(scale=0.01, size=shape)를 실행하는 것은 이러한 방법을 구현하는 것이 됩니다.

그러나 단순히 표준편차를 작게 한다고 좋아지는 것은 아닙니다. 초깃값이 너무 작으면 웨이트가 계수로 곱해지는 경사값도 너무 작아져 학습을 진행할 수 없게 된다는 문제가 발생하기 때문입니다[24]. 그래서 표준편차가 $\sigma = 1.0$인 표준정규분포를 전제로 하고 여기에 적절한 계수를 곱해서 좋은 초깃값을 생성한다는 방법이 고안됐습니다. 다시 말해 a * np.random.normal(size=shape)에서 a에 어떤 값을 줘야 하는지에 대해 생각한 것입니다. 이때 주의해야 할 점은 입력의 차원 수가 클수록($\sigma = 1.0$이므로) 생성되는 값들이 서로 흩어지기 쉬워진다는 것입니다. 웨이트를 초기화를 통해 이 흩어짐을 억제할 수 있는지 생각해 보겠습니다. 입력이 n차원인 벡터 $\boldsymbol{x}$이고 웨이트가 W일 때 활성화하기 이전 값 $\boldsymbol{p}$의 각 성분은 다음과 같이 나타낼 수 있습니다.

$$p_j = \sum_{i=1}^{n} w_{ji} x_i \tag{4.42}$$

---

23 데이터를 평균이 0이고 분산이 1.0이고 특징성분이 비상관이 되도록 정규화하는 것을 백색화(whitening)라고 합니다. 특히 이미지 처리 분야에서는 데이터의 전처리를 위해 정규화가 중요한 기법이 됩니다.

24 ReLU는 $X = 0$부근에서도 경사가 소실되지 않는 성질을 지닌 활성화 함수이므로 반대로 표준편차를 $\sigma = 0.01$과 같이 작은 값으로 잡아야 학습이 잘 진행되는 경향이 있습니다.

이때 $E[\cdot]$가 기댓값(평균)이라고 하고 $Var[\cdot]$를 분산이라고 할 때 p_j의 분산은 다음과 같습니다.

$$Var[p_j] \;=\; Var\left[\sum_{i=1}^{n} w_{ji}x_i\right] \tag{4.43}$$

$$=\; \sum_{i=1}^{n} Var\left[w_{ji}x_i\right] \tag{4.44}$$

$$=\; \sum_{i=1}^{n} \left\{ \left(E[w_{ji}]\right)^2 Var[x_i] + \left(E[x_i]\right)^2 Var[w_{ji}] + Var[w_{ji}]Var[x_i] \right\} \tag{4.45}$$

여기서 입력 데이터가 정규화돼 있을 경우에는 $E[x_i] = 0$이고 웨이트가 이상적인 분포를 이루고 있다고 가정하면 $E[w_{ji}] = 0$이므로 식 4.45는 결국 다음과 같은 모양이 됩니다.

$$Var[p_j] = \sum_{i=1}^{n} Var[w_{ji}]Var[x_i] \tag{4.46}$$

$$=\; nVar[w_{ji}]Var[x_i] \tag{4.47}$$

따라서 $\boldsymbol{p}$의 분산을 $\boldsymbol{x}$의 분산에 맞추려 하면 웨이트 W의 각 성분의 분산은 $\dfrac{1}{n}$이어야 합니다. 이때 a가 상수이고 X를 확률변수라고 하면 $Var[aX] = a^2 Var[X]$가 성립하므로 앞서 나온 a * np.random.normal(size=shape)의 a에 어떤 값을 줘야 하는가에 대한 문제로 돌아가면 다음과 같은 값을 생각해볼 수 있습니다.

$$a = \sqrt{\frac{1}{n}} \tag{4.48}$$

즉, 다음과 같이 구현하면 된다는 것을 알 수 있습니다.

```
np.sqrt(1.0 / n) * np.random.normal(size=shape)
```

웨이트를 초기화하는 작업에 관한 기본적인 방법은 이제까지 했던대로 하면 되는데 식 4.47을 구하기 위해 몇 가지 가정을 했습니다. 이 가정을 바꾸면 초기화하는 기법이 마찬가지로 몇 가지 생기게 됩니다. 다음 페이지에서 대표적인 초기화 기법을 소개하겠지만 이 책에서는 개별적으로 자세한 수식을 구하는 일은 하지 않을 것입니다. 각각에 대한 참고 문헌을 게재할 것이므로 자세한 내용을 알고 싶다면 이 참고 문헌을 살펴보기 바랍니다.

LeCun et al. 1988 문헌[1]

정규분포 또는 균등분포를 적용해 초기화합니다. 균등분포를 적용할 경우 코드로는 다음과 같이 나타낼 수 있습니다.

```
np.random.uniform(low=-np.sqrt(1.0 / n),
                  high=np.sqrt(1.0 / n),
                  size=shape)
```

그리고 케라스에서는 kernel_initializer='lecun_uniform'이라는 별칭(Alias)을 사용할 수 있습니다.

Glorot and Bengio 2010 문헌[7]

정규분포나 균등분포를 사용할 경우 각각의 웨이트의 초깃값에 관해 연구된 것으로 코드로 나타내면 균등분포일 경우에는 다음과 같이 구현하는 것이 좋고

```
np.random.uniform(low=-np.sqrt(6.0 / (n_in + n_out)),
                  high=np.sqrt(6.0 / (n_in + n_out)),
                  size=shape)
```

정규분포일 경우에는 다음과 같이 구현하는 것이 좋다고 알려져 있습니다[25].

```
np.sqrt(2.0 / (n_in + n_out)) * np.random.normal(size=shape)
```

이 초기화 기법을 이용하려면 텐서플로에서는 tf.contrib.layers.xavier_initializer(uniform=True)를 호출하고 케라스에서는 각각 init='glorot_uniform'과 init='glorot_normal'로 호출할 수 있습니다[26].

He et al. 2015 문헌[4]

ReLU를 사용할 경우 어떻게 초기화하는지에 관해 설명하는데 다음과 같이 구현하는 것이 좋다고 이야기합니다.

```
np.sqrt(2.0 / n) * np.random.normal(size=shape)
```

---

25 이때 n_in과 n_out은 모델 전체의 입출력층의 차원 수가 아니라 각 층에 대한 입력과 출력의 차원 수이므로 주의하기 바랍니다. 혼란을 피하기 위해 신경망을 하나의 회로라고 간주하고 각 층의 입력을 팬인(fan-in)이라고 부르고 출력을 팬아웃(fan-out)이라고 부르기도 합니다.

26 텐서플로에서 glorot이 아니라 xavier가 되어 있는 이유는 문헌[7]의 저자명이 Xavier Glorot이기 때문입니다.

케라스에서는 init='he_normal'로 사용할 수 있습니다.

4.5.2 학습률 설정

모델을 학습시킬 때 확률 경사하강법을 사용하는데, 이때 설정하는 학습률은 이제까지 0.1이나 0.01과 같은 값을 정하고 이 값을 학습의 전 과정에서 사용했습니다. 그러나 학습률의 값을 무엇으로 정하는지에 따라 최적해가 구해지는지 또는 구해지지 않는지가 정해진다고 하면 이 학습률도 적절히 설정해야할 것입니다. 그리고 실제로 몇 가지 설정 기법이 고안됐습니다. 이제부터 대표적인 학습률의 설정 기법에 관해 순서대로 살펴보겠습니다.

4.5.2.1 모멘텀

국소최적해에 빠지지 않고 효율적으로 해를 구하려면 학습률을 '처음에는 크게 그리고 점점 작게' 하는 것이 바람직하다고 합니다. '모멘텀(momentum)'은 학습률의 값 자체는 같지만 매개변수를 변경해갈 때 모멘텀 항이라는 조정항을 사용해 유사적으로 '처음에는 크게 그리고 점점 작게'라는 개념을 표현합니다. 오차함수 E에 대해 모델의 매개변수를 θ라고 하고 θ에 대한 E의 경사를 $\nabla_\theta E$라고 하면 스텝 t에서 모멘텀을 사용해 매개변수를 변경해가는 식은 다음과 같습니다.

$$\Delta\theta^{(t)} = -\eta\nabla_\theta E(\theta) + \gamma\Delta\theta^{(t-1)} \tag{4.49}$$

이 $\gamma\nabla\theta^{(t-1)}$이 모멘텀항이며 계수$\gamma(< 1)$로는 일반적으로 0.5나 0.9 같은 값을 설정합니다. 식 4.49는 물리학에 비유하면 다음 식과 같은

$$m\frac{\mathrm{d}^2\theta}{\mathrm{d}t^2} + \mu\frac{\mathrm{d}\theta}{\mathrm{d}t} = -\nabla_\theta E(\theta) \tag{4.50}$$

소위 '공기 저항 식'과 같은 모양을 이루는데[27] 이 식을 보면 스텝이 증가함에 따라 경사가 점점 작아져 간다는 것을 알 수 있습니다.

텐서플로에서는 tf.train.MomentumOptimizer()를 사용해 모멘텀을 구현할 수 있습니다. 다시 말해 train()에 GradientDescentOptimizer라고 기술된 부분을 MomentumOptimizer로 변경하기만 하면 됩니다. 코드는 다음과 같습니다.

---

27 자세한 내용은 문헌[8]을 참고하기 바랍니다.

```
def training(loss):
    optimizer = tf.train.MomentumOptimizer(0.01, 0.9)
    train_step = optimizer.minimize(loss)
    return train_step
```

그리고 케라스에서는 SGD( )의 인수로 momentum=을 지정합니다. 다음과 같이 구현합니다.

```
model.compile(loss='categorical_crossentropy',
              optimizer=SGD(lr=0.01, momentum=0.9),
              metrics=['accuracy'])
```

4.5.2.2 네스테로프(Nesterov) 모멘텀

네스테로프[9]는 식 4.49로 표현되는 순수한 모멘텀을 약간 변경해서 매개변수가 '어느 방향을 향해야 하는지'를 식으로 만든 것입니다. 식 4.49를 두 개의 식으로 분해하면 다음과 같이 나타낼 수 있는데

$$v^{(t)} = -\eta \nabla_\theta E(\theta) + \gamma \Delta v^{(t-1)} \tag{4.51}$$

$$\theta^{(t)} = \theta^{(t-1)} + v^{(t)} \tag{4.52}$$

변경한 후의 모멘텀은 다음과 같습니다.

$$v^{(t)} = -\eta \nabla_\theta E(\theta + \gamma v^{(t-1)}) + \gamma v^{(t-1)} \tag{4.53}$$

$$\theta^{(t)} = \theta^{(t-1)} + v^{(t)} \tag{4.54}$$

두 가지 식의 차이점은 $E(\theta + \gamma V^{(t-1)})$ 부분에 있는데 이 차이로 인해 다음 스텝에서 매개변수의 근사 값이 구해지므로 학습률을 효율적으로 설정해서 해를 구할 수 있는 것입니다.

텐서플로에서 구현한 것은 다음과 같고

```
optimizer = tf.train.MomentumOptimizer(0.01, 0.9, use_nesterov=True)
```

케라스에서 구현한 것은 다음과 같습니다.

```
optimizer=SGD(lr=0.01, momentum=0.9, nesterov=True)
```

4.5.2.3 Adagrad

모멘텀은 학습률값은 고정하고 모멘텀항으로 매개변수의 변경값을 조정했지만 '**Adagrad**(adaptive gradient algorithm)'는 학습률값 자체를 변경해갑니다. 식을 정리하기 위해 다음과 같이 두면

$$g_i := \nabla_\theta E(\theta_i) \tag{4.55}$$

Adagrad는 다음 식으로 표현됩니다.

$$\theta_i^{(t+1)} = \theta_i^{(t)} - \frac{\eta}{\sqrt{G_{ii}^{(t)} + \epsilon}} g_i^{(t)} \tag{4.56}$$

그러나 행렬 $G^{(t)}$는 대각행렬이며 그 (i, i) 성분은 스텝 t까지 θ_i에 관한 경사를 제곱해서 총합을 낸 것입니다. 식은 다음과 같습니다.

$$G_{ii}^{(t)} = \sum_{\tau=0}^{t} g_i^{(\tau)} \cdot g_i^{(\tau)} \tag{4.57}$$

그리고 ϵ는 분모가 0이 되지 않도록 하기 위한 작은 값이며 일반적으로는 $\epsilon = 1.0 \times 10^{-6} \sim 1.0 \times 10^{-8}$ 정도로 설정합니다. 그리고 $G^{(t)}$는 대각행렬이므로 식 4.56은 다음과 같이 정리할 수 있습니다.

$$\theta^{(t+1)} = \theta^{(t)} - \frac{\eta}{\sqrt{G^{(t)} + \epsilon}} \odot g^{(t)} \tag{4.58}$$

Adagrad는 모멘텀과 비교하면 하이퍼 매개변수가 적고 이제까지의 경사를 바탕으로 해서 자동으로 학습률 η을 수정하므로 더욱 다루기 쉬운 기법이라고 말할 수 있습니다[28]. 식 4.56 또는 식4.58은 언뜻 보기에 복잡한 것 같지만 유사 코드로 써보면 이해하기 쉬울 것입니다.

```
G[i][i] += g[i] * g[i]
theta[i] -= (learning_rate / sqrt(G[i][i] + epsilon)) * g[i]
```

그러나 이 기법도 텐서플로와 케라스 모두 관련 API를 제공하므로 라이브러리를 사용할 경우에는 자신이 직접 구현하지 않아도 됩니다. 텐서플로에서는 training() 내부에 다음과 같이 코딩합니다.

---

28 자세한 내용은 문헌[10]에 정리돼 있습니다.

```
optimizer = tf.train.AdagradOptimizer(0.01)
```

케라스에서는 파일 첫머리에 다음과 같이 코딩해서 SGD 대신 Adagrad를 임포트하고

```
from keras.optimizers import Adagrad
```

다음과 같이 사용합니다.

```
optimizer=Adagrad(lr=0.01)
```

4.5.2.4 Adadelta

Adagrad를 통해 학습률을 자동으로 조정할 수 있게 됐지만 대각행렬 $G^{(t)}$는 경사의 제곱의 누적합이 므로 단조증가합니다. 따라서 식 4.58을 봐도 알 수 있지만 학습의 스텝이 진행될수록 경사에 곱해지는 계수의 값이 급격하게 작아져버려서 학습을 진행할 수 없게 된다는 문제가 발생합니다. 이 문제를 해결한 것이 문헌[11]에서 제안한 **Adadelta**입니다.

Adadelta의 기본적인 개념은 스텝 0부터 제곱합을 누적해가는 것이 아니라 누적해가는 스텝 수를 정수 w로 제한하는 것입니다. 그러나 단순히 w만큼 제곱합을 동시에 유지하는 것은 구현의 관점에서 보면 비효율적인 방법이므로 Adadelta는 직전의 스텝까지의 모든 경사의 제곱합을 감쇠평균시켜서 재귀식으로 계산합니다. 이때 식을 간략하게 정리하기 위해 이제까지 $g^{(t)}$라고 쓴 곳을 g_t라고 씁니다. 그러면 스텝 t에서의 경사의 제곱($= g_t \odot g_t$)의 이동평균 $E[g^2]_t$는 다음과 같이 나타낼 수 있습니다.

$$E[g^2]_t = \rho E[g^2]_{t-1} + (1 - \rho)g_t^2 \tag{4.59}$$

식을 보면 스텝 수를 거슬러 올라갈수록 경사의 합이 지수함수적으로 작아져간다는 것을 알 수 있습니다. 그런데 Adagrad를 나타내는 식 4.58은 다음과 같았는데

$$\theta_{t+1} = \theta_t - \frac{\eta}{\sqrt{G^t + \epsilon}} \odot g_t \tag{4.60}$$

Adadelta는 G_t를 이제까지의 경사를 제곱한 것의 감쇠평균인 $E[g^2]_t$로 치환되므로 다음과 같이 나타낼 수 있습니다.

$$\theta_{t+1} = \theta_t - \frac{\eta}{\sqrt{E[g^2]_t + \epsilon}} g^t \tag{4.61}$$

이때 $\sqrt{E[g^2]_t + \epsilon}$에 주목하면 이것은($\epsilon$을 무시하면) 제곱평균제곱근(root mean square)의 형태를 이루고 있으므로 $RMS[\cdot]$로 나타내면 식 4.68은 다음과 같이 정리됩니다.

$$\theta_{t+1} = \theta_t - \frac{\eta}{\text{RMS}[g]_t} g_t \tag{4.62}$$

문헌[11]에서는 식 4.62에서 한 단계 더 변형해서 학습률 η을 설정하지 않아도 되게 합니다.

먼저 다음과 같이 두면

$$\Delta\theta_t = -\frac{\eta}{\text{RMS}[g]_t} g_t \tag{4.63}$$

식 4.59에 대해 $\Delta\theta_t^2$의 감쇠평균은 다음과 같이 나타낼 수 있고

$$E[\Delta\theta^2]_t = \rho E[\Delta\theta^2]_{t-1} + (1-\rho)\Delta\theta_t^2 \tag{4.64}$$

$\Delta\theta_t$는 알 수 없으므로

$$\text{RMS}[\Delta\theta]_t = \sqrt{E[\Delta\theta^2]_t + \epsilon} \tag{4.65}$$

위의 식을 t−1에서의 RMS로 근사하면

$$\Delta\theta_t = -\frac{\text{RMS}[\Delta\theta]_{t-1}}{\text{RMS}[g]_t} g_t \tag{4.66}$$

위의 식으로 표현되는 Adadelta 식이 구해집니다. 결국 Adadelta에서는 ρ(또는 ϵ)만 설정하면 된다는 것이며 이것은 일반적으로 $\rho = 0.95$로 설정합니다.

식은 복잡하지만 구현하는 법은 이제까지와 같습니다. 텐서플로에서도 케라스에서도 API를 사용해 간단히 구현할 수 있습니다. 텐서플로에서는 다음과 같이 기술합니다.

```
optimizer = tf.train.AdadeltaOptimizer(learning_rate=1.0, rho=0.95)
```

수식에서는 식 4.64처럼 학습률이 필요없지만 구현할 때는 learning_rate=1.0이라고 씁니다. 이것은 $\theta_{t+1} = \theta_t + \alpha\Delta\theta_t$의 α를 설정하기 위한 것입니다.

텐서플로에서는 기본적으로 이 값을 0.001로 정하는데[29] 앞서 나온 식의 흐름을 따라가보면 이 값을 1.0으로 정해도 문제 없으므로 learning_rate=1.0을 인수로 넘겨준 것입니다.

그리고 케라스에서는 다음과 같이 임포트하고

```
from keras.optimizers import Adadelta
```

다음과 같이 코딩하면 됩니다.

```
optimizer=Adadelta(rho=0.95)
```

케라스에서는 기본값으로 $\alpha = 1.0$이 사용됩니다.

4.5.2.5 RMSprop

RMSprop은 Adadelta와 마찬가지로 Adagrad에서 학습률이 급격하게 감소하는 문제를 해결하기 위한 기법입니다. RMSprop과 Adadelta는 비슷한 시기에 고안된 기법인데 RMSprop은 논문의 형태로 존재하지 않고 Coursera[30]라는 온라인 강의에 사용되는 슬라이드의 형태로 정리돼 있는 기법입니다[31]. RMSprop은 Adadelta의 간이 버전이라고 말할 수 있으며 식 4.59에서 $\rho = 0.9$로 설정해서

$$\mathrm{E}[g^2]_t = 0.9\,\mathrm{E}[g^2]_{t-1} + 0.1g_t^2 \tag{4.67}$$

식을 위와 같이 두고

$$\theta_{t+1} = \theta_t - \frac{\eta}{\sqrt{\mathrm{E}[g^2]_t + \epsilon}}g^t \tag{4.68}$$

위의 식으로 매개변수를 변경해가는 기법입니다. 학습률 η는 일반적으로 0.001과 같은 작은 값으로 설정합니다.

---

29 https://www.tensorflow.org/api_docs/python/tf/train/AdadeltaOptimizer를 참조하기 바랍니다.

30 https://www.coursera.org/

31 슬라이드는 http://www.cs.toronto.edu/~tijmen/csc321/slides/lecture_slides_lec6.pdf로 공개돼 있습니다.

텐서플로에서 구현하려면 RMSPropOptimizer( )를 사용해

```
optimizer = tf.train.RMSPropOptimizer(0.001)
```

위와 같이 코딩하면 됩니다.

케라스에서는 이제까지 했던 것과 마찬가지로 다음과 같이 코딩합니다.

```
from keras.optimizers import RMSprop
optimizer=RMSprop(lr=0.001)
```

4.5.2.6 아담(Adam)

Adadelta와 RMSprop이 직전의 스텝인 $t-1$까지 경사의 제곱의 이동평균 $V_t := E[g^2]_t$를 지수함수적으로 감쇠평균한 항을 저장해가며 유지하고 매개변수의 변경식에 이 값을 사용했던 것과는 달리 **Adam**(adaptive moment estimation)에서는 여기에 추가로 단순한 경사의 이동평균인 $m_t := E[g]_t$를 지수함수적으로 감쇠시킨 항도 사용합니다. m_t, V_t를 식으로 나타낸 것은 다음과 같습니다.

$$m_t = \beta_1 m_{t-1} + (1 - \beta_1) g_t \tag{4.69}$$

$$v_t = \beta_2 v_{t-1} + (1 - \beta_2) g_t^2 \tag{4.70}$$

이때 $\beta_1, \beta_2 \in [0, 1]$은 하이퍼 매개변수이며 이동평균의(지수함수적인) 감쇠율을 조정합니다. m_t, V_t는 각각 경사의 1차 모멘트(평균), 2차 모멘트(분산)의 추정값에 해당합니다.

두 개의 이동평균 m_t, V_t는 모두 편중된 모멘트이므로 이 편중은 보정한(편중을 0으로 만든) 추정값을 구하는 것을 생각해 보겠습니다. 이때 $V_0 = \mathbf{0}$으로 초기화했다고 가정하면 식 4.70에 의해

$$v_t = (1 - \beta_2) \sum_{i=1}^{t} \beta_2^{t-i} \cdot g_i^2 \tag{4.71}$$

위와 같은 식이 구해집니다.

지금 우리가 알고 싶은 것은 2차 모멘트 V_t의 이동평균 $E[V_t]$와 2차 모멘트 $E[g_t^2]$의 관련성이므로 이것을 식 4.71을 통해 구하면 다음과 같은 식이 나옵니다.

$$\mathrm{E}[v_t] = \mathrm{E}\left[(1 - \beta_2) \sum_{i=1}^{t} \beta_2^{t-i} \cdot g_i^2\right] \tag{4.72}$$

$$= \mathrm{E}[g_t^2] \cdot (1 - \beta_2) \sum_{i=1}^{t} \beta_2^{t-i} + \zeta \tag{4.73}$$

$$= \mathrm{E}[g_t^2] \cdot (1 - \beta_2^t) + \zeta \tag{4.74}$$

이때 $\zeta = 0$으로 근사할 수 있도록 하이퍼 매개변수의 값을 설정하면[32]

$$\hat{v}_t = \frac{v_t}{1 - \beta_2^t} \tag{4.75}$$

위와 같이 (편중되지 않은) 추정값이 구해집니다. m_t도 같은 방식으로 계산하면

$$\hat{m}_t = \frac{m_t}{1 - \beta_1^t} \tag{4.76}$$

위의 식이 구해집니다. 따라서

$$\theta_t = \theta_{t-1} - \frac{\alpha}{\sqrt{\hat{v}_t} + \epsilon} \hat{m}_t \tag{4.77}$$

위와 같은 매개변수 변경식이 얻어집니다.

아담도 식은 복잡하지만 최종적인 알고리즘은 단순하게 정리됩니다. 다음의 유사 코드를 보면서 생각해 보겠습니다.

```
# 초기화
m = 0
v = 0


# 반복
m = beta1 * m + (1 - beta1) * g
v = beta2 * v + (1 - beta2) * g * g
m_hat = m / (1 - beta1 ** t)
```

---

32 2차 모멘트 $\mathrm{E}[g_t^2]$가 불변이면 $\zeta = 0$이고 그렇지 않으면 각 감쇠율 $1 - \beta_1$과 $1 - \beta_2$를 축소시켜서 $\zeta = 0$으로 근사할 수 있습니다. 따라서 일반적으로 $\beta_1 = 0.9, \beta_2 = 0.999$로 설정합니다.

```
v_hat = v / (1 - beta2 ** t)
theta -= learning_rate * m_hat / (sqrt(v_hat) + epsilon)
```

위와 같은 유사코드로 나타낼 수 있습니다. 그리고 구체적인 계산은 생략하겠지만 학습률 α는

$$\alpha_t = \alpha \cdot \frac{\sqrt{1 - \beta_2^t}}{1 - \beta_1^t} \tag{4.78}$$

위의 식을 만족시키는 α를 사용하면 더욱 효율적으로 탐색할 수 있습니다[33]. 이 경우에 유사코드는 다음과 같이 나타낼 수 있습니다.

```
# 초기화
m = 0
v = 0

# 반복
learning_rate_t = learning_rate * sqrt(1 - beta2 ** t) / (1 - beta1 ** t)
m = beta1 * m + (1 - beta1) * g
v = beta2 * v + (1 - beta2) * g * g
theta -= learning_rate_t * m / (sqrt(v) + epsilon)
```

라이브러리를 사용할 경우 텐서플로에서는 다음과 같이 구현하고

```
optimizer = tf.train.AdamOptimizer(learning_rate=0.001,
                                   beta1=0.9,
                                   beta2=0.999)
```

케라스에서는 다음과 같이 구현합니다.

```
from keras.optimizers import Adam

optimizer=Adam(lr=0.001, beta_1=0.9, beta_2=0.999)
```

---

33 자세한 내용은 문헌[12]를 참고하기 바랍니다.

4.5.3 얼리 스탑핑(조기 종료)

앞서 학습률을 효율적으로 설정하는 기법을 살펴봤지만 학습 횟수(=에폭 수)는 이제까지 한 가지 값만을 정해서 설정했습니다. 학습 횟수가 많을수록 훈련 데이터에 관한 오차는 작아지지만 이것이 오버피팅을 초래해서 모델의 일반화 성능이 떨어지게 됩니다. 실제로 에폭 수를 300으로 정하고 실험한 경우에는 검증 데이터에 대한 오차의 변화는 그림 4.16에 나온 것과 같으며 처음에는 오차가 순조롭게 작아져가지만 도중에 오차가 커져간다(=오버피팅된다)는 것을 확인할 수 있습니다.

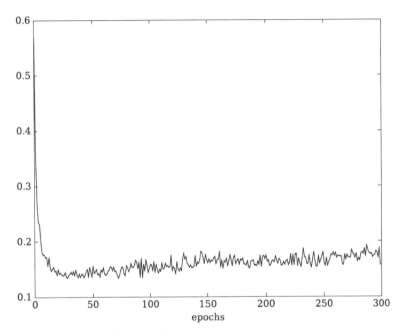

그림 4.16 검증 데이터에 대한 오차의 변화

이 문제를 해결하기 위해 사용되는 기법이 '얼리 스탑핑(Early Stopping)'입니다. 기법이라고는 해도 매우 단순한 것인데 '이전 에폭 때와 비교해서 오차가 증가했다면 학습을 끝낸다'라는 방법입니다. 따라서 구현도 쉽게 할 수 있습니다. 개념을 설명하자면 각 에폭의 마지막 부분에 얼리 스탑핑을 체크하는 기능을 추가하면 됩니다. 유사 코드는 다음과 같이 나타낼 수 있습니다.

```
for epoch in range(epochs):
    loss = model.train()['loss']

    if early_stopping(loss):
        break
```

그러나 직전 에폭의 오차를 비교하기만 하면 되는 것은 아닙니다. 그림 4.16을 보면 알 수 있듯이 오차 값은 각 에폭 때마다 올라가기도 하고 내려가기도 합니다. 이것은 특히 드롭아웃을 적용한 경우에 아직 학습이 실행되지 않은 뉴런이 존재할 가능성이 있기 때문에 오차값이 상하로 움직이는 것입니다. 따라서 '어떤 일정한 에폭 수를 거듭하면서 계속해서 오차가 증가하면 학습을 끝낸다'는 방식으로 구현하는 것이 바람직하다고 말할 수 있습니다.

그럼 이제 구현에 관해 생각해 보겠습니다. 텐서플로에서는 얼리 스탑핑을 자신이 직접 구현해야 하지만[34] 어려운 것은 아닙니다. 다음과 같은 EarlyStopping 클래스를 기본틀로 이용합니다.

```python
class EarlyStopping():
    def __init__(self, patience=0, verbose=0):
        self._step = 0
        self._loss = float('inf')
        self.patience = patience
        self.verbose = verbose

    def validate(self, loss):
        if self._loss < loss:
            self._step += 1
            if self._step > self.patience:
                if self.verbose:
                    print('early stopping')
                return True
        else:
            self._step = 0
            self._loss = loss

        return False
```

이때 patience는 '오차를 보기 위해 과거 몇 에폭까지 거슬러 올라가는가'를 설정하는 값입니다.

```python
early_stopping = EarlyStopping(patience=10, verbose=1)
```

---

34 그러나 tf.contrib.learn의 tf.contrib.learn.monitors.ValidationMonitor()로 얼리 스탑핑을 구현할 수 있습니다.

학습시키기 전에 이 EarlyStopping의 인스턴스를 위와 같은 방법으로 생성하고

```
for epoch in range(epochs):
    for i in range(n_batches):
        sess.run(train_step, feed_dict={})

    val_loss = loss.eval(session=sess, feed_dict={})

    if early_stopping.validate(val_loss):
        break
```

마지막에 early_stopping.validate( )를 기술하면 얼리 스탑핑을 지원하게 됩니다.

그리고 케라스에서는

```
from keras.callbacks import EarlyStopping
```

위와 같이 임포트하면 얼리 스탑핑 기능을 이용할 수 있습니다. keras.callbacks는 각 에폭 때마다 모델을 학습시킨 후에 호출하는 콜백 함수입니다.

```
early_stopping = EarlyStopping(monitor='val_loss', patience=10, verbose=1)
```

모델을 학습시키기 전에 위와 같이 정의하고

```
hist = model.fit(X_train, Y_train, epochs=epochs,
                 batch_size=batch_size,
                 validation_data=(X_validation, Y_validation),
                 callbacks=[early_stopping])
```

위와 같이 callbacks=[early_stopping]이라고 기술하면 얼리 스탑핑을 지원하게 됩니다. 이 코드를 실행한 것은 그림 4.17과 같으며 이 그래프를 보면 도중에 학습이 중단됐다는 것을 확인할 수 있습니다.

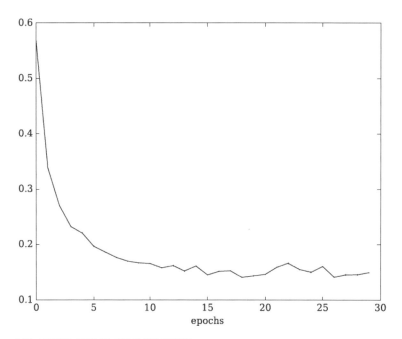

그림 4.17 얼리 스탑핑 기능으로 학습을 중단했다

4.5.4 배치 정규화

데이터 셋을 사전에 정규화하는 처리는 이전에 나온 예제에서도 했지만 배치 **정규화**는 각 미니배치별로 이러한 사전 정규화 처리를 수행하는 기법입니다. 데이터의 전처리로 데이터 셋을 정규화(백색화)하고 웨이트의 초깃값을 정리함으로써 학습이 잘 진행되기는 하지만 학습시킬 때는 네트워크 내부에서 분산이 편중돼버리므로 이렇게 정리한 효과가 한정적입니다. 이와는 달리 배치 정규화는 학습에 사용하는 각 미니배치별로 정규화하므로 학습 과정 전체에서 효과가 발휘됩니다.

그럼 이 기법에 관해 살펴보겠습니다. 먼저 m개의 데이터로 구성된 미니배치 $\mathscr{B} = \{x_1, x_2, \cdots, x_m\}$ 가 있다고 할 때 미니배치의 평균 $\mu_{\mathscr{B}}$과 분산 $\sigma^2_{\mathscr{B}}$은 다음 식과 같이 표현됩니다.

$$\mu_{\mathscr{B}} = \frac{1}{m} \sum_{i=1}^{m} x_i \tag{4.79}$$

$$\sigma^2_{\mathscr{B}} = \frac{1}{m} \sum_{i=1}^{m} (x_i - \mu_{\mathscr{B}})^2 \tag{4.80}$$

이와는 달리 배치 정규화는 미니배치에 포함된 각 데이터 x_i를 다음과 같이 변환합니다.

$$\hat{x}_i = \frac{x_i - \mu_{\mathscr{B}}}{\sqrt{\sigma_{\mathscr{B}}^2 + \epsilon}} \tag{4.81}$$

$$y_i = \gamma \hat{x}_i + \beta \tag{4.82}$$

이때 γ와 β가 이 모델의 매개변수입니다. 이 식 4.82로 얻어지는 출력 $\{y_1, y_2, \cdots, y_m\}$이 배치 정규화된 출력입니다.

배치 정규화를 사용한 딥러닝에서는 오차 함수 E에 관해 해당 모델의 매개변수인 γ, β와 이전 층에 전달할 x_i에 대한 경사를 각각 계산해야 합니다. 이것들을 계산한 것은 다음과 같습니다.

$$\frac{\partial E}{\partial \gamma} = \sum_{i=1}^{m} \frac{\partial E}{\partial y_i} \frac{\partial y_i}{\partial \gamma} \tag{4.83}$$

$$= \sum_{i=1}^{m} \frac{\partial E}{\partial y_i} \cdot \hat{x}_i \tag{4.84}$$

$$\frac{\partial E}{\partial \beta} = \sum_{i=1}^{m} \frac{\partial E}{\partial y_i} \frac{\partial y_i}{\partial \beta} \tag{4.85}$$

$$= \sum_{i=1}^{m} \frac{\partial E}{\partial y_i} \tag{4.86}$$

$$\frac{\partial E}{\partial x_i} = \frac{\partial E}{\partial \hat{x}_i} \frac{\partial \hat{x}_i}{\partial x_i} + \frac{\partial E}{\partial \sigma_{\mathscr{B}}^2} \frac{\partial \sigma_{\mathscr{B}}^2}{\partial x_i} + \frac{\partial E}{\partial \mu_{\mathscr{B}}} \frac{\partial \mu_{\mathscr{B}}}{\partial x_i} \tag{4.87}$$

$$= \frac{\partial E}{\partial x_i} \cdot \frac{1}{\sqrt{\sigma_{\mathscr{B}}^2 + \epsilon}} + \frac{\partial E}{\partial \sigma_{\mathscr{B}}^2} \cdot \frac{2(x_i - \mu_{\mathscr{B}})}{m} + \frac{\partial E}{\partial \mu_{\mathscr{B}}} \cdot \frac{1}{m} \tag{4.88}$$

이때 $\frac{\partial E}{\partial y_i}$는 역전파되어 온 오차이므로 우리가 알고 있는 값입니다. 그러나 그 밖의 경사는 다음과 같이 구해집니다.

$$\frac{\partial E}{\partial \hat{x}_i} = \frac{\partial E}{\partial y_i} \frac{\partial y_i}{\partial \hat{x}_i} \tag{4.89}$$

$$= \frac{\partial E}{\partial y_i} \cdot \gamma \tag{4.90}$$

$$\frac{\partial E}{\partial \sigma_{\mathscr{B}}^2} = \sum_{i=1}^{m} \frac{\partial E}{\partial \hat{x}_i} \frac{\partial \hat{x}_i}{\partial \sigma_{\mathscr{B}}^2} \tag{4.91}$$

$$= \sum_{i=1}^{m} \frac{\partial E}{\partial x_i} \cdot (x_i - \mu_{\mathscr{B}}) \cdot \frac{-1}{2} \left(\sigma_{\mathscr{B}}^2 + \epsilon \right)^{-\frac{3}{2}} \tag{4.92}$$

$$\frac{\partial E}{\partial \mu_{\mathscr{B}}} = \sum_{i=1}^{m} \frac{\partial E}{\partial \hat{x}_i} \frac{\partial \hat{x}_i}{\partial \mu_{\mathscr{B}}} + \frac{\partial E}{\partial \sigma_{\mathscr{B}}^2} \frac{\partial \sigma_{\mathscr{B}}^2}{\partial \mu_{\mathscr{B}}} \tag{4.93}$$

$$= \sum_{i=1}^{m} \frac{\partial E}{\partial \hat{x}_i} \cdot \frac{-1}{\sqrt{\sigma_{\mathscr{B}} + \epsilon}} + \sum_{i=1}^{m} \frac{\partial E}{\partial \sigma_{\mathscr{B}}^2} \cdot \frac{-2(x_i - \mu_{\mathscr{B}})}{m} \tag{4.94}$$

따라서 모든 경사를 오차역전파법으로 최적화할 수 있다는 것을 알 수 있습니다[35].

그리고 배치 정규화는 미니배치에 포함된 데이터를 정규화하므로 이제까지는 층의 활성화는

$$\boldsymbol{h} = f(W\boldsymbol{x} + \boldsymbol{b}) \tag{4.95}$$

위의 식으로 나타냈지만 식 4.82에 해당하는 처리를 $BN_{\gamma,\beta}(\boldsymbol{x}_i)$라고 쓰면 층의 활성화는

$$\boldsymbol{h} = f(BN_{\gamma,\beta}(W\boldsymbol{x})) \tag{4.96}$$

위의 식으로 나타낼 수 있고 바이어스를 신경 쓰지 않아도 됩니다. 문헌[13]에서는

- 학습률을 크게 설정해도 학습이 잘 진행됐다
- 드롭아웃을 사용하지 않아도 일반화 성능이 높다

위와 같은 여러 가지 장점을 이야기합니다.

이제 배치 정규화를 구현해 보겠습니다. 텐서플로에는 `tf.nn.batch_normalization()`이라는 API가 있는데 배치 정규화는 쉽게 구현할 수 있으므로 이 API를 사용하지 않고 구현하겠습니다. 활성 이전의 정규화 처리를 추가해서 구현한 것은 다음과 같습니다.

---

35 엄밀하게 따지면 여기에 나온 $x_i, \hat{x}_i, y_i, \mu_{\mathscr{B}}, \sigma_{\mathscr{B}}^2$는 벡터이므로 식에서는 ⊙로 써야 하지만 식을 보기 편하게 하기 위해 간략하게 쓴 것입니다. 벡터의 각 요소를 계산한다고 생각하고 식을 보면 각 식은 그대로 성립한다는 것을 알 수 있습니다.

```
def batch_normalization(shape, x):
    # 배치 정규화 처리



for i, n_hidden in enumerate(n_hiddens):
    W = weight_variable([input_dim, n_hidden])
    u = tf.matmul(input, W)
    h = batch_normalization([n_hidden], u)
    output = tf.nn.relu(h)
```

위에 나온 batch_normalization( ) 안에 식 4.82에 해당하는 처리 내용을 넣어서 다음과 같이 구현합니다.

```
def batch_normalization(shape, x):
    eps = 1e-8
    beta = tf.Variable(tf.zeros(shape))
    gamma = tf.Variable(tf.ones(shape))
    mean, var = tf.nn.moments(x, [0])
    return gamma * (x - mean) / tf.sqrt(var + eps) + beta
```

tf.nn.moments( )에서는 평균과 분산을 계산합니다. 그리고 '은닉층 – 출력층' 구간에서는 이제까지 한 것처럼 소프트맥스 함수를 사용합니다. 그리고 inference( ) 전체의 모습은 다음과 같습니다.

```
def inference(x, n_in, n_hiddens, n_out):
    def weight_variable(shape):
        initial = np.sqrt(2.0 / shape[0]) * tf.truncated_normal(shape)
        return tf.Variable(initial)

    def bias_variable(shape):
        initial = tf.zeros(shape)
        return tf.Variable(initial)

    def batch_normalization(shape, x):
        eps = 1e-8
        beta = tf.Variable(tf.zeros(shape))
        gamma = tf.Variable(tf.ones(shape))
        mean, var = tf.nn.moments(x, [0])
        return gamma * (x - mean) / tf.sqrt(var + eps) + beta
```

```
# 입력층 - 은닉층, 은닉층 - 은닉층
for i, n_hidden in enumerate(n_hiddens):
    if i == 0:
        input = x
        input_dim = n_in
    else:
        input = output
        input_dim = n_hiddens[i-1]

    W = weight_variable([input_dim, n_hidden])
    u = tf.matmul(input, W)
    h = batch_normalization([n_hidden], u)
    output = tf.nn.relu(h)

# 은닉층 - 출력층
W_out = weight_variable([n_hiddens[-1], n_out])
b_out = bias_variable([n_out])
y = tf.nn.softmax(tf.matmul(output, W_out) + b_out)
return y
```

케라스로 구현한 것을 보면 모델의 아웃라인을 떠올리기가 더욱 좋습니다.

```
from keras.layers.normalization import BatchNormalization
```

위와 같이 배치 표준화를 임포트하고

```
nmodel = Sequential()
for i, input_dim in enumerate(([n_in] + n_hiddens)[:-1]):
    model.add(Dense(n_hiddens[i], input_dim=input_dim,
                    init=weight_variable))
    model.add(BatchNormalization())
    model.add(Activation(activation))

model.add(Dense(n_out, init=weight_variable))
model.add(Activation('softmax'))
```

Dense()와 Activation() 사이에 BatchNormalization()를 추가하면 배치 표준화를 지원하게 됩니다.

4.6 정리

이번 장에서는 딥러닝의 기본에서 응용까지 살펴봤습니다. 신경망의 층을 깊게 만들면 학습이 잘 진행되지 않는다는 문제가 발생하지만

- 활성화 함수
- 드롭아웃
- 웨이트 초기화
- 학습률 설정
- 얼리 스탑핑
- 배치 표준화

위와 같은 기법을 사용해 문제를 해결했습니다. 딥러닝은 기본적으로 이러한 기술 하나하나를 쌓아 놓은 것입니다. 텐서플로나 케라스와 같은 라이브러리를 사용하면 어떤 기법을 사용하는 것이 좋은지에 관해 시행착오를 많이 겪게 되므로 그만큼 좋은 성과가 나온다고 말할 수 있습니다.

이제까지는 장난감 문제를 위한 데이터나 MNIST(이미지) 등의 어떤 '한순간에 발생하는' 데이터를 다뤘습니다. 그러나 실제 사회에서는 한순간이 아닌 시계열로 관찰해야 의미를 알 수 있는 데이터가 많이 존재합니다. 그러나 일반적인 신경망 모델에는 시계열 데이터를 학습시킬 수 없습니다. 그래서 다음 장에서는 시계열 데이터를 신경망에 어떻게 학습시킬지에 관해 살펴보겠습니다.

4장의 참고 문헌

[1] Y. LeCun, L. Bottou, G. B. Orr, and K.-R. Müler. Efficient BackProp. Neural Networks: Tricks of the Trade, pp. 9-50, Springer, 1998.

[2] A. Krizhevsky, I. Sutskever, and G. Hinton. ImageNet classification with deep convolutional neural networks. NIPS, pp.1106-1114, 2012.

[3] A. Maas, A. Hannun, and A. Ng. Rectifier nonlinearities improve neural network acoustic models. International Conference on Machine Learning (ICML) Workshop on Deep Learning for Audio, Speech, and Language Processing, 2013.

[4] K. He, X. Zhang, S. Ren, and J. Sun. Delving deep into rectifiers: Surpassing human-level performance on imagenet classification. IEEE International Conference on Computer Vision (ICCV), 2015.

[5] B. Xu, N. Wang, T. Chen, and M. Li. Empirical evaluation of rectified activations in convolutional network. arXiv preprint arXiv:1505.00853, 2015.

[6] D.A. Clevert, T. Unterthiner, S. Hochreiter. Fast and accurate deep network learning by exponential linear units (ELUs). ICLR, 2016.

[7] X. Glorot, and Y. Bengio. Understanding the difficulty of training deep feedforward neural networks. Proc. AISTATS, volume 9, pp. 249–256, 2010.

[8] N. Qian. On the momentum term in gradient descent learning algorithms. Neural Networks, 1999.

[9] Y. Nesterov. A method for unconstrained convex minimization problem with the rate of convergence O(1 / k2). Doklady ANSSSR, 1983.

[10] J.C. Duchi, E. Hazan, and Y. Singer. Adaptive subgradient methods for online learning and stochastic optimization. Journal of Machine Learning Research, 2011.

[11] M. Zeiler. Adadelta: An adaptive learning rate method. arXiv preprint arXiv:1212.5701, 2012.

[12] D. P. Kingma, and J. L. Ba. Adam: A method for stochastic optimization. arXiv preprint arXiv:1412.6980, 2014.

[13] S. Ioffe, and C. Szegedy. Batch normalization: Accelerating deep network training by reducing internal covariate shift. arXiv preprint arXiv:1502.03167, 2015.

5장

순환 신경망

이번 장에서는 일반적인 딥러닝 모델로는 대응하기 어려운 시계열 데이터를 취급하는 방법을 살펴보겠습니다. 특별히 시계열 데이터를 다루는 데 사용하는 모델을 '순환 신경망(recurrent neural networks)'이라 합니다. 신경망에 '시간'이라는 개념을 도입하면 어떤 모델이 되고 이때 학습은 어떻게 진행되는지 살펴보겠습니다. 특히 이번 장에서 다룰 LSTM이나 GRU 같은 기법은 시계열 데이터 분석에 꼭 필요하므로 확실히 이해하기 바랍니다.

5.1 기본 사항

5.1.1 시계열 데이터

이제까지 사용했던 (이미지 등) 데이터는 하나의 벡터 x_n을 하나의 입력으로 간주했습니다. 그러나 시계열 데이터는 $(x(1), \ldots, x(\mathrm{t}), \ldots, x(T))$라는 T개의 데이터가 하나의 입력 데이터군이 되며 또 이 데이터 군을 여러 개 사용합니다. 예를 들어, 1월부터 6월까지 전국의 강우량 데이터를 가지고 7월의 강우량을 예측할 경우 현재 2001년부터 2016년까지의 데이터를 가지고 있다고 하면 16개의 $T = 6$이라는 시계열 데이터를 사용해서 예측하는 것입니다.

시계열 데이터의 종류는 다양합니다. 위에서 예로 든 전국의 강우량 외에도 지하철의 승객 수, 자동차의 움직임, 점포의 매출, 주가, 환율 등 실제 사회에는 많은 시계열 데이터가 존재합니다. 순환 신경망에서는 이러한 시계열 데이터 중에서 규칙성이나 패턴이 있는(또는 있다고 보이는) 데이터를 학습해서 미지의 새로운 시계열 데이터가 주어졌을 때 그 데이터의 미래 상태를 예측합니다.

간단한 시계열 데이터로는 사인파(sin)가 있습니다. 시간 t에 대해 다음이 성립하는 함수 $f(t)$가 있다고 할 때

$$f(t) = \sin\left(\frac{2\pi}{T}t\right) \quad (t = 1, \ldots, 2T) \tag{5.1}$$

이 함수는 그림 5.1과 같은 그래프로 표현할 수 있습니다[1]. 이때 T는 파동의 주기를 나타냅니다. 여기서 이 사인파를 신경망으로 예측할 수 있을지 생각해 보겠습니다.

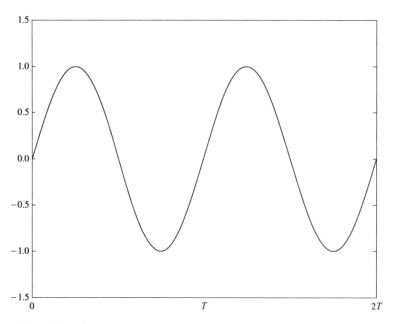

그림 5.1 사인파 그래프

그러나 이대로 사용하면 참분포를 따르는 데이터밖에 없으므로 다음과 같이 노이즈 u를 첨가한 사인파를 생각해 보겠습니다.

$$f(t) = \sin\left(\frac{2\pi}{T}t\right) + 0.05u \tag{5.2}$$

---

1   구현할 때는 $t = 0$부터 값이 주어집니다.

$$u \sim U(-1.0, 1.0) \tag{5.3}$$

이때 $U(a, b)$는 a에서 b까지의 균등분포를 나타낸다고 가정하겠습니다. 식 5.2로 표현되는 노이즈가 첨가된 사인파를 그래프로 그린 것이 그림 5.2입니다.

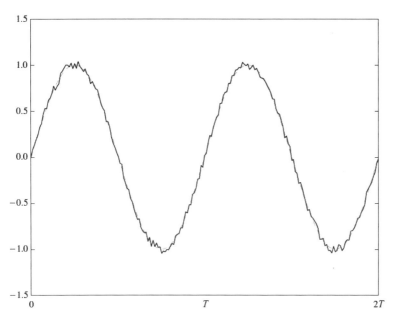

그림 5.2 노이즈가 첨가된 사인파 그래프

사인파 자체는 단순한 시계열 데이터인데 실제로 이 사인파는 소리를 표현하고 있습니다. 눈에 보이지 않는 소리가 파장의 모양을 이루고 이 파장의 진동을 고막이 받아들여 사람이 소리를 인식합니다. 소리를 보통 '음파'라고 부르는 이유도 여기에 있습니다. 규칙성이 있는 식 5.1은 잡음이 없는 깨끗한 소리를 나타내고 이 소리에 노이즈를 첨가한 식 5.2는 잡음이 섞인 소리를 나타냅니다[2]. 만일 사인파를 신경망에 학습시킬 수 있다면 이를 응용해서 음성인식과 음성해석에 활용할 수 있을 것입니다. 그리고 노이즈가 첨가된 사인파에서 참분포인 사인파를 인식할 수 있다면 이것은 노이즈 제거에 해당하는 처리를 신경망을 통해 구현한 것이 됩니다. 따라서 이 사인파 예측 문제는 실제 사회에도 응용할 수 있습니다.

---

2 노이즈가 있는 사인파와 없는 사인파에 해당되는 소리는 각각 https://github.com/yusugomori/deeplearning-tensorflowkeras/blob/master/5/sin.mp3, https://github.com/yusugomori/deeplearning-tensorflow-keras/blob/master/5/sin_noise.mp3에 게재돼 있습니다.

5.1.2 과거의 은닉층

시계열 데이터를 예측하기 위해 시간의 개념을 신경망에 도입하려면 과거의 상태를 모델 안에 저장해 둬야 합니다. 과거가 현재에 미치는 (눈에 보이지 않는) 영향을 파악해야 합니다. 이를 '과거의' 은닉층 이라고 정의할 것입니다.

이 개념을 가장 단순히 나타낸 그래픽 모델이 그림 5.3입니다. 층 자체는 '입력층 – 은닉층 – 출력층' 이라는 일반적인 신경망과 다르지 않지만 시간이 t인 시점에 주어지는 입력 $x(t)$와 함께 시간이 $t-1$ 인 시점에서의 은닉층의 값 $h(t-1)$을 저장해두고 이 값도 시간이 t일 때의 은닉층에 전달한다는 점이 이제까지와 크게 다릅니다. 시간 t에서의 상태를 $t-1$의 상태로 저장하고 피드백하므로 과거의 은닉층 의 값 $h(t-1)$에는 재귀적으로 과거의 상태가 모두 반영돼 있습니다.

이것이 순환(=재귀형) 신경망이라고 불리는 이유입니다[3].

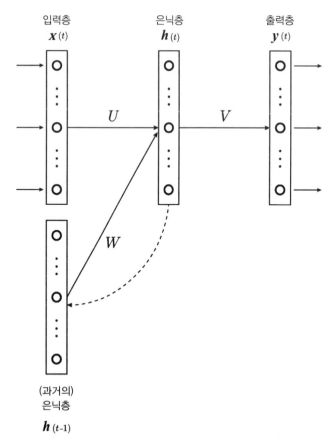

그림 5.3 과거의 은닉층을 추가한 신경망

---

3   이와는 달리 이전 장에서 본 것처럼 입력에서 출력까지 단방향 네트워크를 이루는 신경망을 피드포워드 '신경망(leedforward neural networks)'이라고 합니다.

과거의 은닉층이 추가됐다고는 해도 모델의 출력을 나타내는 식이 특별히 어려워진 것은 아닙니다. 은닉층의 식은 다음과 같고

$$\boldsymbol{h}(t) = f(U\boldsymbol{x}(t) + W\boldsymbol{h}(t-1) + \boldsymbol{b}) \tag{5.4}$$

출력층의 식은 다음과 같습니다.

$$\boldsymbol{y}(t) = g(V\boldsymbol{h}(t) + \boldsymbol{c}) \tag{5.5}$$

이때 $f(\cdot), g(\cdot)$는 활성화 함수이고 $\boldsymbol{b}, \boldsymbol{c}$는 바이어스 벡터입니다. 과거로부터 순전파된 항 $W\boldsymbol{h}(t-1)$이 은닉층 식에 추가된다는 점 외에는 일반적인 신경망 모델과 차이가 없습니다. 따라서 각 모델의 매개변수도 오차역전파법으로 최적화할 수 있다는 것을 알 수 있습니다. 오차함수를 $E := E(U, V, W, \boldsymbol{b}, \boldsymbol{c})$라고 해두고 각 매개변수에 대한 경사에 대해 생각해 보겠습니다.

이제까지 했던 것처럼 은닉층과 출력층의 활성화 이전 값을 각각 다음과 같이 $\boldsymbol{p}(t), \boldsymbol{q}(t)$로 정의합니다.

$$\boldsymbol{p}(t) := U\boldsymbol{x}(t) + W\boldsymbol{h}(t-1) + \boldsymbol{b} \tag{5.6}$$

$$\boldsymbol{q}(t) := V\boldsymbol{h}(t) + \boldsymbol{c} \tag{5.7}$$

그러면 은닉층과 출력층에 관련된 다음과 같은 오차항

$$\boldsymbol{e}_h(t) := \frac{\partial E}{\partial \boldsymbol{p}(t)} \tag{5.8}$$

$$\boldsymbol{e}_o(t) := \frac{\partial E}{\partial \boldsymbol{q}(t)} \tag{5.9}$$

에 대해

$$\frac{\partial E}{\partial U} = \frac{\partial E}{\partial \boldsymbol{p}(t)}\left(\frac{\partial \boldsymbol{p}(t)}{\partial U}\right)^T = \boldsymbol{e}_h(t)\boldsymbol{x}(t)^T \tag{5.10}$$

$$\frac{\partial E}{\partial V} = \frac{\partial E}{\partial \boldsymbol{q}(t)}\left(\frac{\partial \boldsymbol{q}(t)}{\partial V}\right)^T = \boldsymbol{e}_o(t)\boldsymbol{h}(t)^T \tag{5.11}$$

$$\frac{\partial E}{\partial W} = \frac{\partial E}{\partial \boldsymbol{p}(t)}\left(\frac{\partial \boldsymbol{p}(t)}{\partial W}\right)^T = \boldsymbol{e}_h(t)\boldsymbol{h}(t-1)^T \tag{5.12}$$

$$\frac{\partial E}{\partial \boldsymbol{b}} = \frac{\partial E}{\partial \boldsymbol{p}(t)} \odot \frac{\partial \boldsymbol{p}(t)}{\partial \boldsymbol{b}} = \boldsymbol{e}_h(t) \tag{5.13}$$

$$\frac{\partial E}{\partial \boldsymbol{c}} = \frac{\partial E}{\partial \boldsymbol{q}(t)} \odot \frac{\partial \boldsymbol{q}(t)}{\partial \boldsymbol{c}} = \boldsymbol{e}_o(t) \tag{5.14}$$

위와 같은 식이 구해지고 이제 식 5.8과 식 5.9의 오차항을 생각하면 된다는 것을 알 수 있습니다. 과거의 은닉층이라는 개념이 추가돼도 모델을 최적화하는 방법은 달라지지 않습니다.

그러나 특히 사인파로 예측을 실행할 경우에는 오차함수 E에 관해 주의해야 할 점이 있습니다. 이제까지 오차함수로 사용했던 교차 엔트로피 오차함수는 출력층에 관련된 활성화 함수 $g(\cdot)$가 소프트맥스 함수(또는 시그모이드 함수)를 통해 구해지는 방식이었는데 사인파로 예측할 경우에는 출력이 확률이 아닌 함수값이어야 하므로 $g(\boldsymbol{x}) = \boldsymbol{x}$입니다. 따라서 식 5.5는 다음과 같이

$$\boldsymbol{y}(t) = V\boldsymbol{h}(t) + \boldsymbol{c} \tag{5.15}$$

선형활성인 식이 됩니다. 이때 오차함수에 관해 생각해야 합니다. 그러나 이것은 어렵게 생각하지 않아도 됩니다. 오차함수는 최소화해야 하는 '모델의 예측값 $\boldsymbol{y}(t)$와 정답인 값 $\boldsymbol{t}(t)$와의 오차'를 나타내는 함수라는 전제를 떠올리면 예를 들어 다음과 같은

$$E := \frac{1}{2} \sum_{t=1}^{T} \|\boldsymbol{y}(t) - \boldsymbol{t}(t)\|^2 \tag{5.16}$$

'제곱오차함수(squared error function)'를 적용하면 됩니다[4,5].

5.1.3 Backpropagation Through Time

순환 신경망의 오차를 구할 때 한 가지 신경 써야 할 점이 있습니다. 일반적인 신경망에서는 가령 오차함수로 제곱오차함수를 적용했을 때 식 3.101과 식 3.102처럼 오차 $\boldsymbol{e}_h(t), \boldsymbol{e}_o(t)$는

$$\boldsymbol{e}_h(t) = \boldsymbol{f}'(\boldsymbol{p}(t)) \odot V^T \boldsymbol{e}_o(t) \tag{5.17}$$

---

4 조금 더 엄밀하게 쓰면 식 5.16은 다음과 같이 되는데

$$E = \frac{1}{2} \sum_{n=1}^{N} \sum_{t=1}^{T} \|\boldsymbol{y}_n(t) - \boldsymbol{t}_n(t)\|^2$$

양변을 N이나 T로 나눠도 최적해에 변화가 없기 때문에 이렇게 나눈 것을 다시 E라고 두면 이 E는 제곱평균오차함수(mean squared error function)이라고 볼 수도 있습니다.
5 이 방법에서도 볼 수 있듯이 이제까지 교차 엔트로피 오차함수를 사용한 모델에도 제곱(평균) 오차 함수를 사용할 수 있습니다.

$$\boldsymbol{e}_o(t) \;=\; g'(\boldsymbol{q}(t)) \odot (\boldsymbol{y}(t) - \boldsymbol{t}(t)) \tag{5.18}$$

위와 같은 식으로 주어집니다. 이들 식 자체는 틀린 곳이 없지만 순환 신경망에서는 네트워크의 순전파일 때 시간 $t - 1$에서의 은닉층의 출력 $\boldsymbol{h}(t - 1)$을 생각했으므로 역전파일 때도 $t - 1$에서의 오차를 생각해야 합니다.

순환 신경망의 모델을 시간축에 전개한다고 상상하면 이해하기 쉬울 것입니다. 예를 들어, 그림 5.4는 시간 $t - 2$에서의 입력 $x(t - 2)$까지 전개한 것인데 오차 $\boldsymbol{e}_h(t)$는 $\boldsymbol{e}_h(t - 1)$로 역전파하고 $\boldsymbol{e}_h(t - 1)$는 $\boldsymbol{e}_h(t - 2)$로 역전파합니다. 이처럼 순전파일 때 $\boldsymbol{h}(t)$를 $\boldsymbol{h}(t - 1)$의 재귀관계식으로 나타낸 것처럼 역전파일 때는 $\boldsymbol{e}_h(t - 1)$을 $\boldsymbol{e}_h(t)$의 식으로 나타내야 합니다. 이때 오차는 시간을 거슬러 역전파하게 되므로 이를 Backpropagation Through Time이라고 하고 줄여서 BPTT라고 씁니다.

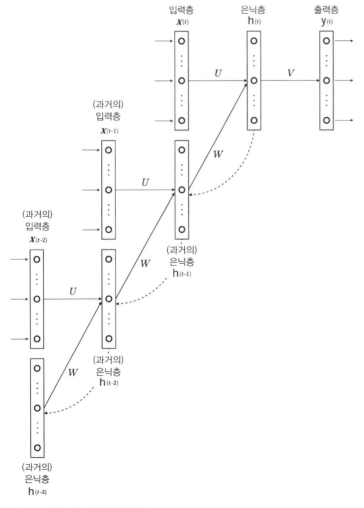

그림 5.4 시간을 거슬러 전개한 신경망

이 기법에 BPTT라는 조금 어려운 느낌의 이름이 붙어 있는데, 여기서 생각해야 할 것은 $e_h(t-1)$을 $e_h(t)$의 식으로 나타내는 것입니다.

$$e_h(t-1) = \frac{\partial E}{\partial p(t-1)} \tag{5.19}$$

$t-1$에서의 오차는 위와 같으므로 재귀관계식을 구하면 다음이 구해집니다.

$$e_h(t-1) = \frac{\partial E}{\partial p(t)} \odot \frac{\partial p(t)}{\partial p(t-1)} \tag{5.20}$$

$$= e_h(t) \odot \left(\frac{\partial p(t)}{\partial h(t-1)} \frac{\partial h(t-1)}{\partial p(t-1)} \right) \tag{5.21}$$

$$= e_h(t) \odot (W f'(p(t-1))) \tag{5.22}$$

따라서 재귀적으로 $e_h(t-z-1)$과 $e_h(t-z)$는 다음과 같은 관계로 나타낼 수 있습니다.

$$e_h(t-z-1) = e_h(t-z) \odot (W f'(p(t-z-1))) \tag{5.23}$$

이처럼 모든 경사를 계산할 수 있다는 것을 알 수 있고 각 매개변수의 변경식은 다음과 같습니다.

$$U(t+1) = U(t) - \eta \sum_{z=0}^{\tau} e_h(t-z)x(t-z)^T \tag{5.24}$$

$$V(t+1) = V(t) - \eta e_o(t)h(t)^T \tag{5.25}$$

$$W(t+1) = W(t) - \eta \sum_{z=0}^{\tau} e_h(t-z)h(t-z-1)^T \tag{5.26}$$

$$b(t+1) = b(t) - \eta \sum_{z=0}^{\tau} e_h(t-z) \tag{5.27}$$

$$c(t+1) = c(t) - \eta e_o(t) \tag{5.28}$$

이 τ는 과거를 얼마나 거슬러 올라가서 시간의존성을 볼지를 나타내는 매개변수이므로 $\tau \to +\infty$로 지정하는 것이 이상적일 것입니다. 그러나 현실에서는 경사가 소실(또는 발산)돼버리는 것을 막기 위해 많아도 $\tau = 10 \sim 100$ 정도로 지정하는 것이 일반적입니다[6].

---

6   더욱 장시간에 걸친 시간의존성은 지금 설명하는 방법으로는 학습시킬 수 없다는 이야기입니다. 이 문제를 해결하기 위한 기법은 다음 절에서 다루겠습니다.

5.1.4 구현

일반적인 신경망과 비교해서 순환 신경망은 BPTT에서 볼 수 있듯이 식에 복잡한 부분이 들어 있지만 라이브러리를 사용할 때는 모델의 출력 부분만 코딩하면 최적화에 해당하는 처리는 라이브러리가 부담하므로 구현하기는 그다지 어렵지 않습니다. 텐서플로와 케라스 각각으로 구현하는 방법에 관해 순서대로 살펴보겠습니다. 예측에 사용할 데이터는 식 5.2에 나온 노이즈가 첨가된 사인파이고 이 사인파를 생성하는 코드는 다음과 같과 같습니다.

```
def sin(x, T=100):
    return np.sin(2.0 * np.pi * x / T)


def toy_problem(T=100, ampl=0.05):
    x = np.arange(0, 2 * T + 1)
    noise = ampl * np.random.uniform(low=-1.0, high=1.0, size=len(x))
    return sin(x) + noise
```

그러므로 예를 들어

```
T = 100
f = toy_problem(T)
```

위와 같이 지정하면 $t = 0, \ldots, 200$일 때의 데이터가 생깁니다. 여기서 구한 f를 전체 데이터 셋으로 사용해서 실험하겠습니다.

5.1.4.1 시계열 데이터 준비

구체적인 구현에 들어가기 전에 '사인파 예측'에 관해 우리가 해야 할 과제를 명확하게 해두겠습니다. 여기서 말하는 예측이란 시간 $1, \ldots, t$까지에 해당되는 노이즈가 첨가된 사인파 값 $f(1), \ldots, f(t)$가 주어졌을 때 시간 $t + 1$에서의 값 $f(t + 1)$을 예측할 수 있는지에 대해 이야기하는 것입니다. 만일 예측값 $\hat{f}(t + 1)$이 적절하다면 그것을 사용해 $\hat{f}(t + 2), \ldots, \hat{f}(t + n), \ldots$와 같이 재귀적으로 먼 미래의 상태도 예측할 수 있습니다.

모델의 이상적인 입력은 과거의 모든 시계열 데이터 값 $f(1), \ldots, f(t)$를 그대로 사용하는 것이라고 말할 수 있지만 이 예제에서는 BPTT에서 계산하기 편하도록 $\tau = 25$로 구분하겠습니다. 이렇게 하면 장시간에 걸친 시간의존에 관한 정보는 데이터에서 떨어져나가지만 데이터 셋은 다음과 같이

$$\boxed{f(1) \quad \cdots \quad f(\tau)} \quad \rightarrow \quad f(\tau+1)$$

$$\boxed{f(2) \quad \cdots \quad f(\tau+1)} \quad \rightarrow \quad f(\tau+2)$$

$$\vdots$$

$$\boxed{f(t-\tau) \quad \cdots \quad f(t)} \quad \rightarrow \quad f(t+1)$$

$t - \tau + 1$개가 되므로 시간 τ에 포함되는 시계열 정보를 학습시키는 일이 쉽게 진행됩니다. 앞서 나온 모든 데이터 f에 대해 이 τ때마다 데이터를 분할해가도록 구현한 것은 다음과 같습니다.

```python
length_of_sequences = 2 * T # 시계열 전체의 길이
maxlen = 25 # 하나의 시계열 데이터의 길이

data = []
target = []

for i in range(0, length_of_sequences - maxlen + 1):
    data.append(f[i: i + maxlen])
    target.append(f[i + maxlen])
```

이 코드에서 maxlen이 τ에 해당합니다. 그리고 data는 예측에 사용되며 길이가 τ인 시계열 데이터군이며 target은 예측을 통해 구해져야 할 데이터군입니다.

모델에 data와 target 데이터를 적용하기 위해서는 데이터를 시간 단위로 한 번 더 나눠야 합니다.

$$\vdots$$

$$\boxed{f(t_k - \tau)} \quad \cdots \quad \boxed{f(t_k - \tau + a)} \quad \cdots \quad \boxed{f(t_k)}$$

$$\vdots$$

이번 예제에서는 사인파의 값만이 데이터를 이루므로 각 입력은 $\boxed{f(t_k - \tau + a)}$로 1차원이지만 더욱 복잡한 문제에서는 이것이 2차원 이상이 될 때도 있으므로 주의하기 바랍니다. 다시 말하면 데이터 수를 N, 입력의 차원 수를 $I(=1)$이라고 하면 모델에 사용하는 모든 입력 X는 차원이 (N, τ, I)가 됩니다. 코드로는 reshape( )를 사용해 다음과 같이 쓸 수 있습니다.

```
X = np.array(data).reshape(len(data), maxlen, 1)
```

마찬가지로 target에 관해서도 모델의 출력의 차원 수(=1)에 맞춰 변형해야 하므로

```
Y = np.array(target).reshape(len(data), 1)
```

위와 같이 구현합니다. 이 코드들은 다음 코드와 동일합니다.

```
X = np.zeros((len(data), maxlen, 1), dtype=float)
Y = np.zeros((len(data), 1), dtype=float)

for i, seq in enumerate(data):
    for t, value in enumerate(seq):
        X[i, t, 0] = value
    Y[i, 0] = target[i]
```

이렇게 해서 시계열 데이터가 모두 준비됐습니다. 실험을 위해 이제까지 했던 것처럼 데이터를 훈련 데이터와 검증 데이터로 분할해 둡니다.

```
N_train = int(len(data) * 0.9)
N_validation = len(data) - N_train

X_train, X_validation, Y_train, Y_validation = \
    train_test_split(X, Y, test_size=N_validation)
```

5.1.4.2 텐서플로로 구현

순환 신경망에서도 이제까지 했던 것처럼 inference( ), loss( ), training( )이라는 구성은 변함이 없습니다. 이 함수들을 차례로 살펴보겠습니다.

먼저 단순히 생각해보면 inference( )를 유사 코드로 다음과 같이 나타낼 수 있습니다.

```
def inference(x):
    s = tanh(matmul(x, U) + matmul(s_prev, W) + b)
    y = matmul(s, V) + c
return y
```

그러나 이대로라면 s_prev가 어디까지 시간을 거슬러 올라가야 하는지 파악할 수 없습니다.

그래서 인수로 시간 τ에 해당하는 maxlen을 넘겨주게 해서

```python
def inference(x, maxlen):
    # ...
    for t in range(maxlen):
        s[t] = s[t - 1]
    y = matmul(s[t], V) + c
    return y
```

위와 같은 계산을 어딘가에서 해야 합니다. 이 시계열에 따른 상태를 저장하기 위해 텐서플로에서는 tf.contrib.rnn.BasicRNNCell()을 사용해서 구현할 수 있습니다[7].

```python
cell = tf.contrib.rnn.BasicRNNCell(n_hidden)
```

이 cell은 내부에 state(은닉층의 상태)를 저장하고 있으며, 이를 다음 시간에 순서대로 넘겨주어 시간축에 따라 순전파하도록 작용합니다. 첫 번째 시간은 입력층만 있으므로(과거의 은닉층이 없습니다)

```python
initial_state = cell.zero_state(n_batch, tf.float32)
```

위와 같이 '제로' 상태를 줍니다. 이때 n_batch는 데이터의 개수입니다. placeholder에서는 학습 데이터 수를 None으로 지정할 수 있었지만 cell.zero_state()는 실제 값을 가지고 있어야 하므로 n_batch라는 인수가 필요합니다. 드롭아웃할 때 사용한 keep_prob 같은 것이라고 생각하면 이해하기 쉬울 것입니다.

그래서 입력층에서 출력층 직전까지의 출력은 다음과 같이 구현할 수 있습니다.

```python
state = initial_state
outputs = [] # 과거의 은닉층의 출력을 저장한다
with tf.variable_scope('RNN'):
    for t in range(maxlen):
        if t > 0:
            tf.get_variable_scope().reuse_variables()
        (cell_output, state) = cell(x[:, t, :], state)
```

---

7 본래 순환 신경망을 위한 API는 tf.nn.rnn으로 제공되는데 텐서플로 버전 1.0.0부터는 이 API가 tf.contrib.rnn으로 이전됐습니다. 앞으로도 버전이 올라가면 API의 사양이 바뀔 수도 있으나 지금은 구현 방법의 큰 틀만을 생각하기로 합니다.

```
        outputs.append(cell_output)

output = outputs[-1]
```

기본적인 흐름을 이야기하자면 각 시간 t에서의 출력 cell(x[:, t, :], state)를 차례로 계산하는 것인데 순환 신경망에서는 과거의 값을 기반으로 현재의 값을 구하므로 과거를 나타내는 변수에 접근할 수 있게 해둬야 합니다. 따라서

```
with tf.variable_scope('RNN'):
```

위의 코드와

```
if t > 0:
    tf.get_variable_scope().reuse_variables()
```

위의 코드가 추가돼 있습니다. 위의 두 코드 중에 먼저 나온 코드는 변수에 공용 이름(식별자)을 붙이기 위해 필요합니다. 이렇게 구현하고 print(outputs)로 출력해보면 다음과 같이 RNN/basic_rnn_cell_*/Tanh:0이라는 이름이 각각의 과거의 층에 붙는다는 것을 알 수 있습니다[8].

```
[<tf.Tensor 'RNN/basic_rnn_cell/Tanh:0' shape=(?, 20) dtype=float32>,
 <tf.Tensor 'RNN/basic_rnn_cell_1/Tanh:0' shape=(?, 20) dtype=float32>,
 ...( 중간 생략 )...,
 <tf.Tensor 'RNN/basic_rnn_cell_23/Tanh:0' shape=(?, 20) dtype=float32>,
 <tf.Tensor 'RNN/basic_rnn_cell_24/Tanh:0' shape=(?, 20) dtype=float32>]
```

위의 두 코드 가운데 나중에 나온 코드는 이 이름이 붙은 변수를 재이용한다는 것을 명시합니다. 여기서 구한 output을 사용하면 '은닉층 − 출력층' 구간은 이제까지 했던 것처럼 다음과 같이 나타낼 수 있습니다.

```
V = weight_variable([n_hidden, n_out])
c = bias_variable([n_out])
y = tf.matmul(output, V) + c # 선형 활성
```

8 이 이름의 내용을 보면 알 수 있듯이 은닉층에 관련된 활성화 함수에는 쌍곡탄젠트 함수 $\tanh(x)$가 사용됩니다. 이것은 BasicRNNCell(activation=tf.tanh)가 기본 인수로 지정돼 있기 때문입니다. 일반적으로는 이처럼 $\tanh(x)$가 사용되는 경우가 많지만 식 5.4를 봐도 알 수 있듯이 다른 활성화 함수를 사용해도 문제가 되지 않습니다.

이렇게 해서 모델의 출력을 모두 구현했습니다. inference()의 전체 코드는 다음과 같습니다.

```python
def inference(x, n_batch, maxlen=None, n_hidden=None, n_out=None):
    def weight_variable(shape):
        initial = tf.truncated_normal(shape, stddev=0.01)
        return tf.Variable(initial)

    def bias_variable(shape):
        initial = tf.zeros(shape, dtype=tf.float32)
        return tf.Variable(initial)

    cell = tf.contrib.rnn.BasicRNNCell(n_hidden)
    initial_state = cell.zero_state(n_batch, tf.float32)

    state = initial_state
    outputs = [] # 과거의 은닉층의 출력을 저장
    with tf.variable_scope('RNN'):
        for t in range(maxlen):
            if t > 0:
                tf.get_variable_scope().reuse_variables()
            (cell_output, state) = cell(x[:, t, :], state)
            outputs.append(cell_output)

    output = outputs[-1]

    V = weight_variable([n_hidden, n_out])
    c = bias_variable([n_out])
    y = tf.matmul(output, V) + c # 선형 활성

    return y
```

나머지 loss()와 training()은 이제까지 했던 것과 별로 다르지 않습니다. loss()는 이번 예에서 제곱평균 오차함수를 사용하므로 다음과 같이 구현하고

```python
def loss(y, t):
    mse = tf.reduce_mean(tf.square(y - t))
    return mse
```

training( )은 Adam을 사용할 경우 다음과 같이 구현합니다.

```
def training(loss):
    optimizer = \
        tf.train.AdamOptimizer(learning_rate=0.001, beta1=0.9, beta2=0.999)

    train_step = optimizer.minimize(loss)
    return train_step
```

위에 나온 코드를 사용하면 메인 처리에서 모델의 설정에 관한 코드는 다음과 같습니다.

```
n_in = len(X[0][0]) # 1
n_hidden = 20
n_out = len(Y[0]) # 1

x = tf.placeholder(tf.float32, shape=[None, maxlen, n_in])
t = tf.placeholder(tf.float32, shape=[None, n_out])
n_batch = tf.placeholder(tf.int32)

y = inference(x, n_batch, maxlen=maxlen, n_hidden=n_hidden, n_out=n_out)
loss = loss(y, t)
train_step = training(loss)
```

n_batch는 훈련 데이터와 검증 데이터에서 각각 값이 다르므로 placeholder로 정의했습니다. 그리고
모델의 실제 학습도 이제까지 구현한 것과 같이 기술하면 됩니다.

```
epochs = 500
batch_size = 10

init = tf.global_variables_initializer()
sess = tf.Session()
sess.run(init)

n_batches = N_train // batch_size
```

```python
for epoch in range(epochs):
    X_, Y_ = shuffle(X_train, Y_train)

    for i in range(n_batches):
        start = i * batch_size
        end = start + batch_size

        sess.run(train_step, feed_dict={
            x: X_[start:end],
            t: Y_[start:end],
            n_batch: batch_size
        })

    # 검증 데이터를 사용해 평가한다
    val_loss = loss.eval(session=sess, feed_dict={
        x: X_validation,
        t: Y_validation,
        n_batch: N_validation
    })

    history['val_loss'].append(val_loss)
    print('epoch:', epoch,
            ' validation loss:', val_loss)

    # 얼리 스탑핑 검사
    if early_stopping.validate(val_loss):
        break
```

이렇게 해서 모델을 학습시킬 수 있게 됐습니다. 실행해보면 그림 5.5와 같이 사인파가 확실히 학습됐다는 것을 확인할 수 있습니다.

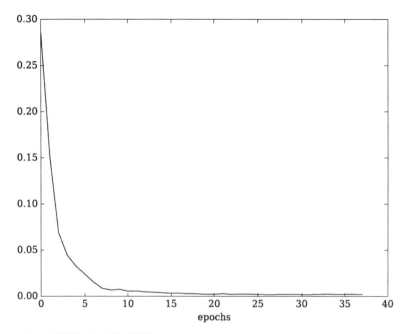

그림 5.5 사인파의 예측 오차가 변화하는 모습

오차가 작아지면서 학습이 진행된다는 것을 알았으므로 학습된 순환 신경망 모델을 실제로 사용해 사인파가 생성되는지 살펴보겠습니다. 본래의 데이터의 첫 부분을 τ만큼(하나의 데이터) 잘라내서 $\tau + 1$을 예측하고 그것을 또다시 모델의 입력에 사용해 $\tau + 2$를 예측하는 과정을 반복합니다. 이렇게 하면 $2\tau + 1$부터는 완전히 모델의 예측값만이 입력된 출력이 됩니다. 코드를 살펴보면

```
truncate = maxlen
Z = X[:1] # 본래의 데이터의 첫 부분을 잘라낸다
```

위의 코드로 데이터의 첫 τ만큼을 잘라냅니다. 그리고 그래프로 나타내기 위해 original과 predicted를 정의해 둡니다.

```
original = [f[i] for i in range(maxlen)]
predicted = [None for i in range(maxlen)]
```

이 predicted에 예측값을 계속해서 추가합니다. 순차적으로 예측을 실행하는 코드는 다음과 같습니다.

```
for i in range(length_of_sequences - maxlen + 1):
    # 마지막 시계열 데이터로 미래를 예측한다
    z_ = Z[-1:]
    y_ = y.eval(session=sess, feed_dict={
        x: Z[-1:],
        n_batch: 1
    })
    # 예측 결과를 사용해 새로운 시계열 데이터를 생성한다
    sequence_ = np.concatenate(
        (z_.reshape(maxlen, n_in)[1:], y_), axis=0) \
        .reshape(1, maxlen, n_in)
    Z = np.append(Z, sequence_, axis=0)
    predicted.append(y_.reshape(-1))
```

출력의 크기를 입력의 크기에 맞추기 위해 예측값 y_를 가공하는 처리가 약간 복잡해 보이지만 이 부분이 하는 일은 단지 '직전의 예측값을 다시 모델의 입력에 사용'하는 것입니다.

```
plt.rc('font', family='serif')
plt.figure()
plt.plot(toy_problem(T, ampl=0), linestyle='dotted', color='#aaaaaa')
plt.plot(original, linestyle='dashed', color='black')
plt.plot(predicted, color='black')
plt.show()
```

이 결과를 위의 코드를 통해 그래프로 나타낸 것은 그림 5.6과 같습니다. 진짜 사인파(그림에서 점선)와 약간의 차이는 있지만 시계열 데이터를 예측해서 파동의 특징을 확실히 파악했다는 것을 알 수 있습니다.

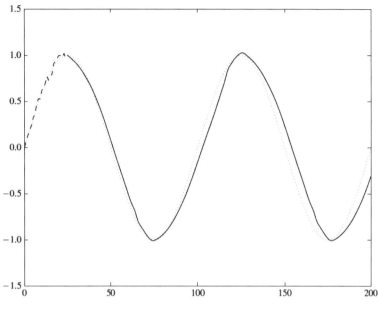

그림 5.6 사인파 생성

5.1.4.3 케라스로 구현

텐서플로에서는 tf.contrib.rnn.BasicRNNCell()이었던 것을 케라스에서

```
from keras.layers.recurrent import SimpleRNN
```

위와 같이 코딩하면 순환 신경망을 구현할 수 있습니다. 층을 추가하는 일도 이제까지 했던 것처럼 다음과 같이 구현합니다.

```
model = Sequential()
model.add(SimpleRNN(n_hidden,
                    init=weight_variable,
                    input_shape=(maxlen, n_out)))
model.add(Dense(n_out, init=weight_variable))
model.add(Activation('linear'))
```

텐서플로에서는 state로 거슬러 올라가는 시간만큼 은닉층의 출력을 구해야 했지만 케라스에서는 이런 부분도 라이브러리에서 계산합니다. 최적화 기법을 설정하는 것도 이제까지 했던 것과 같습니다.

```
optimizer = Adam(lr=0.001, beta_1=0.9, beta_2=0.999)
model.compile(loss='mean_squared_error',
              optimizer=optimizer)
```

오차를 mean_squared_error로 지정한 부분에 주의하기 바랍니다 그리고 텐서플로와 마찬가지로 실제 학습을 실행하는 부분도 이제까지 했던 것과 같은 코드로 구현할 수 있습니다.

```
epochs = 500
batch_size = 10

model.fit(X_train, Y_train,
          batch_size=batch_size,
          epochs=epochs,
          validation_data=(X_validation, Y_validation),
          callbacks=[early_stopping])
```

케라스에서는 모델의 출력이 model.predict()로 구해지므로 사인파를 생성하는 코드는 다음과 같습니다.

```
truncate = maxlen
Z = X[:1] # 본래 데이터의 첫 부분만 잘라낸다

original = [f[i] for i in range(maxlen)]
predicted = [None for i in range(maxlen)]

for i in range(length_of_sequences - maxlen + 1):
    z_ = Z[-1:]
    y_ = model.predict(z_)
    sequence_ = np.concatenate(
        (z_.reshape(maxlen, n_in)[1:], y_),
        axis=0).reshape(1, maxlen, n_in)
    Z = np.append(Z, sequence_, axis=0)
    predicted.append(y_.reshape(-1))
```

텐서플로와 비교해서 케라스는 매우 단순하게 구현할 수 있지만 코드의 안쪽에서 어떤 계산이 이뤄지는지에 관해 확실히 이해하기 바랍니다.

5.2 LSTM

5.2.1 LSTM 블록

과거의 은닉층을 도입해서 시계열 데이터를 예측할 수 있다는 것은 알았지만 경사가 소실되기 때문에 장기간에 걸친 시간 의존성은 학습시킬 수 없다는 문제가 있었습니다. 이 문제를 해결하기 위해 고안된 것이 'LSTM(long short-term memory)'입니다. 이름에서도 알 수 있듯이 LSTM은 장기간에 걸친 시간 의존성도 단기간의 시간 의존성도 학습시킬 수 있는 기법입니다.

LSTM의 내용에 관해 자세히 살펴보기 전에 일단 LSTM의 개념을 이해하고 넘어가겠습니다. 이제까지 생각해온 신경망에서 은닉층에는 단순한 뉴런이 배치돼 있었지만 LSTM에서는 장기 의존성을 학습시키기 위해 'LSTM 블록(LSTM block)'이라고 하는 회로와 같은 구조물을 배치합니다[9]. 이를 그림 5.7에서 볼 수 있습니다. 물론 지금은 LSTM 블록의 내부 구조에 관해 몰라도 됩니다. 뉴런 하나하나가 LSTM 블록으로 대체됐다는 것만 확인하기 바랍니다. 이 부분이 일반적인 (순환) 신경망과 다른 부분입니다. LSTM 블록을 도입하면 모델의 형태는 복잡해진 것처럼 느껴지지만 단지 뉴런이 LSTM 블록으로 대체됐을 뿐이므로 모델 전체의 아웃라인은 그림 5.3과 다르지 않습니다.

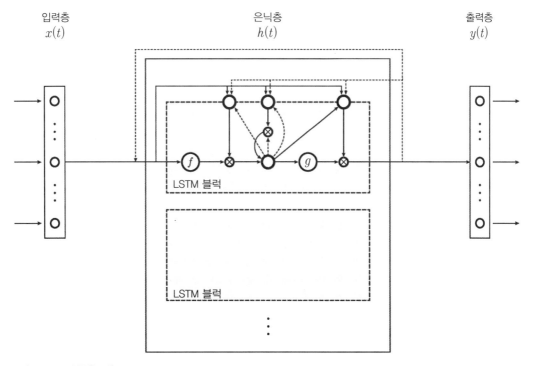

그림 5.7 LSTM 블록을 도입

9 또는 'LSTM 메모리 블록(LSTM memory block)'이라고 부르기도 합니다.

그림 5.8처럼 은닉층에 있는 LSTM 블록의 출력을 과거의 은닉층으로 저장하고 다시 은닉층에 전파합니다.

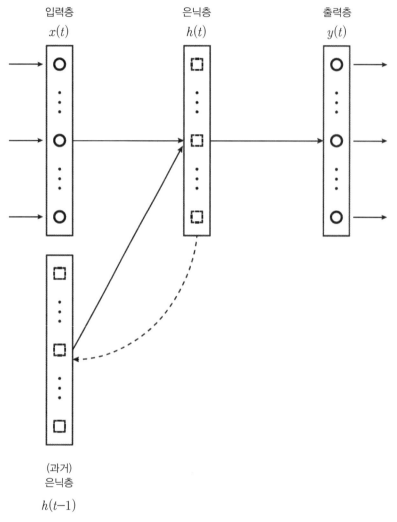

그림 5.8 LSTM의 개념도

LSTM이라는 기법 자체는 새로운 것이 아니며 LSTM에 관한 문헌[1]이 처음 발표된 것이 1997년이었습니다. 그 후로 여러 차례에 걸쳐 기법이 개량됐습니다. 그림 5.7에 나온 모델은 개량된 LSTM인데 이것은 기법이 제안된 문헌에 맞춰 3단계로 나눌 수 있습니다.

1. CEC · 입력 게이트 · 출력 게이트를 도입[1]

2. 망각 게이트를 도입[2]

3. 핍홀 결합을 도입[3]

LSTM은 이제까지 봤던 모델과 형태가 크게 다르지만 그 구조는 차근차근 살펴보면 쉽게 이해할 수 있습니다. 위의 3단계를 하나씩 살펴보겠습니다.

5.2.2 CEC · 입력 게이트 · 출력 게이트

5.2.2.1 오차의 정상화

은닉층이 일반적인 뉴런으로 구성된 순환 신경망에서는 시간을 깊이 거슬러 올라갈수록 경사를 소실하게 된다는 문제가 있었습니다. 이때 경사가 소실되는 이유를 이야기하자면 이것은 식 5.22와 식 5.23을 통해 설명할 수 있습니다. 두 개의 식을 바탕으로 시간 $t - z$에서의 은닉층의 오차 $e_h(t - z)$는 벡터의 요소곱 기호를 생략해서 쓰면 다음과 같이 나타낼 수 있습니다.

$$e_h(t - z) = e_h(t) \prod_{\tau=1}^{z} W f'(p(t - \tau)) \tag{5.29}$$

따라서 예를 들어 활성화 함수 $f(\cdot)$가 시그모이드 함수라고 하면 $f'(\cdot) \leq 0.25$가 지수적으로 곱해지고 그로 인해 웨이트 W도 작아지므로 $e_h(t - z)$ 값은 지수적으로 작아지게 됩니다. 따라서 일반적인 딥러닝에서 생각한 것과 마찬가지로 활성화 함수나 웨이트의 초깃값을 잘 정리하면 이 문제는 해결되지만[10] LSTM에서는 네트워크(뉴런)의 구조를 바꾸는 방법을 통해 경사소실 문제에 대처합니다.

경사가 소실되어 오차가 역전파되지 않는 문제를 막을 단순한 기법은 식 5.22에 대해 다음을 만족하는 것입니다.

$$e_h(t - 1) = e_h(t) \odot (W f'(p(t - 1))) = \mathbf{1} \tag{5.30}$$

이렇게 하면 아무리 시간을 거슬러 올라가더라도 오차가 계속 1이 됩니다(사라지지 않는다). 이렇게 하기 위해 생각할 수 있는 가장 단순한 방법은 $f(x) = x$인 동시에 $W = I$로 지정하는 것, 다시 말해 활성화 함수를 선형활성으로 지정하고 웨이트 행렬을 단위행렬로 지정하는 것입니다. 이렇게 하면 식 5.30은 다음과 같이 단순화됩니다.

---

10 실제로 문헌[4]에서는 단순한 순환 신경망에 관한 활성화 함수를 ReLU로 정하고 웨이트를 단위행렬로 초기화하면 장기의존을 학습시킬 수 있다는 것을 알려줍니다. 이것은 2015년에 발표된 논문이며 딥러닝의 연구가 활발해져서 나타난 성과 중 하나라고 할 수 있습니다.

$$e_h(t-1) = e_h(t) = 1 \tag{5.31}$$

이를 구현하려면 은닉층에 있는 각 뉴런에 다른 뉴런을 병렬로 추가해야 합니다. 이제까지 봐왔던 뉴런인 시그모이드 함수로 비선형 활성을 실행한 뉴런도 동시에 필요하기 때문입니다. 이때 추가 되어 오차를 유지하는 역할을 하는 뉴런을 'CEC(constant error carousel)'이라고 합니다[11]. 이름에 있는 'carousel'은 회전목마를 의미하는데, 이름에서 알 수 있듯이 CEC를 도입하면 오차가 그 자리를 맴돕니다(그 자리에 머문다). 이 시점에서 이미 은닉층에 있는 각 뉴런은 단순한 뉴런이 아니라 블록의 구조를 이룹니다.

CEC를 추가한 은닉층을 그림 5.9에 나타냈습니다. 그림에 있는 f, g는 활성화 함수를 나타내며 각각에 대응되는 뉴런이 비선형 활성을 실행합니다. 이제까지 보았던 것처럼 비선형 활성을 실행하는 것은 f 만으로 충분하지만 다시 한 번 (g로) 비선형 활성을 실행하면 값을 전파하기 쉬워집니다. 그리고 그림의 중심에 있는 CEC는 받은 값을 그대로 과거의 값으로 저장하고 다음 시간으로 전달합니다. 다시 말하면 점선 화살표는 시간을 거슬러 올라간 전파를 나타내고 ×표가 붙은 노드는 값이 곱해지는 것을 나타냅니다.

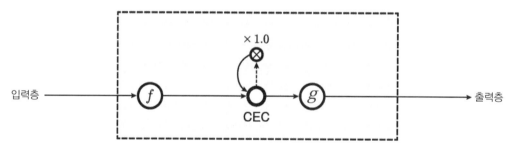

그림 5.9 CEC를 도입

CEC의 값의 전파에 관해 생각해 보겠습니다. f로 활성화한 값을 $a(t)$라고 하고 CEC의 값을 $c(t)$라고 하면 다음과 같은 식으로 나타낼 수 있습니다[12].

$$c(t) = a(t) + c(t-1) \tag{5.32}$$

---

11 또는 메모리 셀(memory cell)이라고도 합니다.
12 $a(t)$나 $c(t)$는 벡터인데, 이것은 은닉층 안에 있는 여러 개의 LSTM 블록을 식으로 한번에 나타낸 것입니다. 그림 5.9는 LSTM 블록 한 개이므로 각 벡터의 요소 $a_k(t)$나 $c_k(t)$에 대응합니다. 한 개의 LSTM 블록은 단지 하나의 뉴런이 대체된 것에 지나지 않으므로 혼동하지 않기 바랍니다

따라서 오차함수를 E라고 두면

$$\frac{\partial E}{\partial \boldsymbol{c}(t-1)} = \frac{\partial E}{\partial \boldsymbol{c}(t)} \odot \frac{\partial \boldsymbol{c}(t)}{\partial \boldsymbol{c}(t-1)} = \frac{\partial E}{\partial \boldsymbol{c}(t)} \tag{5.33}$$

위와 같은 식이 구해지고 역전파할 때 경사가 소실하지 않는다는 것을 알 수 있습니다. 이렇게 하면 시간을 거슬러 올라가도 오차는 그 자리에 계속 머물게 되어 장기의존성도 네트워크 안에 포함시킬 수 있다고 할 수 있습니다.

5.2.2.2 입력 웨이트 충돌과 출력 웨이트 충돌

CEC를 도입하면 과거의 입력 정보를 모두 기억하며 과거를 거슬러올라가도 오차를 역전파할 수있게 되지만 시계열 데이터를 학습시킬 때는 또 하나의 큰 문제가 있습니다. 어떤 하나의 뉴런에 주목해보면 해당 뉴런은 자신이 발화해야 할 신호가 전파돼 왔을 때는 웨이트를 크게 해서 활성화해야 하지만 관계가 없는 신호가 전파됐을 때는 웨이트를 작게 해서 비활성인 채로 있어야 합니다. 시계열 데이터를 입력에서 받을 경우와 비교해보면 이것은 시간 의존성이 있는 신호를 받았을 때는 웨이트를 크게 하고 의존성이 없는 신호를 받았을 때는 웨이트를 작게 하는 것입니다. 그러나 뉴런이 동일한 웨이트로 연결돼 있다면 두 가지 경우에 서로 상쇄하는 형태의 웨이트 변경이 이뤄지므로 특히 장기의존성 학습이 잘 실행되지 않게 됩니다. 이 문제는 '입력 웨이트 충돌(input weight conflict)'이라고 불리며 순환 신경망의 학습을 방해하는 원인입니다. 뉴런의 출력에 대해서도 같은 현상이 존재하며 이를 '출력 웨이트 충돌(output weight conflict)'이라고 합니다.

이 두 가지 충돌을 해결하려면 의존성이 있는 신호를 받았을 때만 활성화하고 그 밖의 경우에는 의존성이 있을 것 같은 정보를 내부에 저장해둬야 합니다. 여기서 후자는 CEC로 해결할 수 있지만 전자는 필요하게 된 시점에서만 신호를 전파하고 그 밖의 경우에는 신호를 차단하는 마치 '게이트'와 같은 기능을 도입해야 합니다. 그래서 LSTM에서 CEC와 동시에 도입된 것이 '입력 게이트(input gate)'와 '출력 게이트(output gate)'입니다. 이를 그림 5.10에 표시했습니다. CEC의 입력 부분에 입력 게이트를 도입하고 출력 부분에 출력 게이트를 도입하면 입출력 모두 과거의 정보가 필요해진 시점에서만 게이트를 열어 신호를 전파하고 그 밖의 경우에는 게이트를 닫아두어 과거의 정보를 저장해둘 수 있습니다.

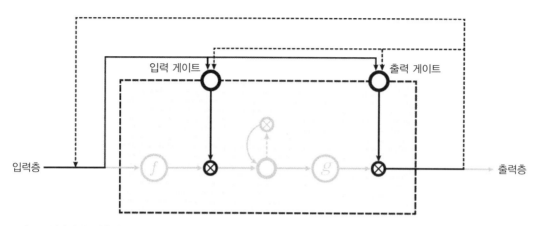

그림 5.10 입력 게이트와 출력 게이트를 도입

입력 게이트와 출력 게이트 모두 '게이트'이므로 전파할 값 0(게이트가 닫혀 있다) 또는 1(게이트가 열려 있다)인 것이 이상적일 것입니다. 어느 시점에서 게이트를 열거나 닫을지를 최적화하는 것에 대해 생각해야 하는데 각 게이트에 관해서도 입력과 출력에서 이어지는 연결을 웨이트로 표현해서 뉴런과 같은 방식으로 식을 생각해볼 수 있습니다. 그림 5.7을 참조해서 시간 t일 때 입력층의 값을 $\boldsymbol{x}(t)$라고 두고 은닉층의 값을 $\boldsymbol{h}(t)$라고 두고 입력 게이트와 출력 게이트의 값을 각각 $\boldsymbol{i}(t), \boldsymbol{o}(t)$라고 두면 다음과 같은 식으로 표현할 수 있습니다.

$$\boldsymbol{i}(t) = \sigma(W_i \boldsymbol{x}(t) + U_i \boldsymbol{h}(t-1) + \boldsymbol{b}_i) \tag{5.34}$$

$$\boldsymbol{o}(t) = \sigma(W_o \boldsymbol{x}(t) + U_o \boldsymbol{h}(t-1) + \boldsymbol{b}_o) \tag{5.35}$$

그러나 W_*, U_*는 웨이트 행렬을 나타내고 $\boldsymbol{b}_*$는 바이어스 벡터를 나타내고 $\sigma(\cdot)$는 각 게이트에 관련된 활성화 함수를 나타냅니다[13]. 그리고 이렇게 하면 CEC의 값은 식 5.32에 의해

$$\boldsymbol{c}(t) = \boldsymbol{i}(t) \odot \boldsymbol{a}(t) + \boldsymbol{c}(t-1) \tag{5.36}$$

위와 같이 바꿔쓸 수 있습니다. 그리고 이 식을 사용해 다음과 같이 나타낼 수 있습니다.

$$\boldsymbol{h}(t) = \boldsymbol{o}(t) \odot g(\boldsymbol{c}(t)) \tag{5.37}$$

---

13 문헌[1]에서는 시그모이드 함수가 사용됐지만 다른 함수를 사용해도 수식 상에서는 문제될 것이 없습니다.

과거의 값이 필요하게 됐을 때만 입출력할 수 있게 하는 게이트를 도입해서 장기의존성도 효율적으로 학습시킬 수 있게 됐습니다.

5.2.3 망각 게이트

CEC, 입력 게이트, 출력 게이트를 도입하고 나서 LSTM은 단순한 순환 신경망과 비교해 매우 좋은 성과를 거두게 됐습니다. 그러나 예를 들어 입력으로 들어가는 시계열 데이터 안에서 패턴이 극적으로 변화할 경우 본래는 내부에서 과거의 정보를 기억할 필요가 없게 되지만 LSTM 블록 안에 들어있는 CEC의 값은 그다지 변화하지 않는다는 문제가 있었습니다. 과거의 정보를 내부에 넣고 있는 것은 물론 중요하지만 그 정보가 필요없게 된 시점에서 과거의 정보를 잊어버리는 것도 마찬가지로 중요합니다. 입력 게이트와 출력 게이트만으로는 CEC의 값 자체를 제어할 수 없고 이러한 일을 하려면 CEC의 값을 직접 바꿔쓰는 수단이 필요합니다. 그래서 도입된 것이 그림 5.11과 같은 '망각 게이트(forget gate)'입니다.

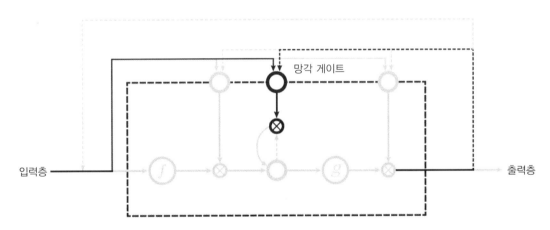

그림 5.11 망각 게이트를 도입

망각 게이트는 CEC에서 오차를 받아서 필요한 시점에서 CEC에 기억돼 있는 값을 '잊게 하는' 기능입니다. 이를 식을 통해 생각해보면 이해하기 쉽습니다. 망각 게이트의 값을 $f(t)$라고 두면 식 5.34와 식 5.35로 표현되는 입력 게이트, 출력 게이트처럼

$$f(t) = \sigma(W_f x(t) + U_f h(t-1) + b_f) \tag{5.38}$$

위의 식이 구해지며 이 식에 의해

$$\boldsymbol{e}_f(t) := \frac{\partial E}{\partial \boldsymbol{f}(t)} \tag{5.39}$$

$$= \frac{\partial E}{\partial \boldsymbol{c}(t)} \odot \frac{\boldsymbol{c}(t)}{\partial \boldsymbol{f}(t)} \tag{5.40}$$

$$= \boldsymbol{e}_c(t) \odot \boldsymbol{c}(t-1) \tag{5.41}$$

위의 식이 구해지므로 망각 게이트의 값은 CEC의 값을 사용해서 최적화되는 것입니다. 그리고 망각 게이트를 도입하면 식 5.32와 식 5.36으로 봤던 CEC의 식은 결국

$$\boldsymbol{c}(t) = \boldsymbol{i}(t) \odot \boldsymbol{a}(t) + \boldsymbol{f}(t) \odot \boldsymbol{c}(t-1) \tag{5.42}$$

위와 같이 나타낼 수 있으므로 망각 게이트는 네트워크에 저장된 기억을 제어하는 역할을 한다는 것을 알 수 있습니다.

5.2.4 핍홀 결합

CEC와 세 개의 게이트로 LSTM은 실제로도 충분히 장기, 단기의 시계열 데이터를 학습시킬 수 있는 경우가 많지만 구조적으로는 큰 문제를 가지고 있습니다. 이제까지 세 개의 게이트를 도입한 이유는 CEC에 저장된 과거의 정보를 어느 시점에서 전파시킬지 또는 바꿔쓸지를 제어하기 위함입니다. 그러나 그림 5.10과 그림 5.11 또는 식 5.34, 식 5.35, 식 5.38을 봐도 알 수 있듯이 게이트를 제어하는 데 사용되는 것은 시간 t에서의 입력층의 값 $\boldsymbol{x}(t)$와 시간 $t-1$에서의 은닉층의 값 $\boldsymbol{h}(t-1)$이며 제어해야 할 CEC 자신이 저장한 값은 사용되지 않습니다. 언뜻 보면 $\boldsymbol{h}(t-1)$을 제어에 사용해서 CEC의 상태가 반영됐다고 생각할 수도 있으나 LSTM 블록의 출력은 어디까지나 출력 게이트에 의존하므로 가령 출력 게이트가 계속 닫혀 있을 경우 어떤 게이트도 CEC에 접근할 수 없게 되어 CEC의 상태를 볼 수 없다는 문제가 발생합니다. 이 문제를 해결하기 위해 도입된 것이 '핍홀 결합(peephole connections)'입니다. 그림 5.12에 나타난 것과 같이 이것은 CEC에서 각 게이트를 연결하는 것이며 이렇게 해서 CEC의 상태를 각 게이트에 전달할 수 있게 됩니다. 입력 게이트 · 망각 게이트에는 과거의 값 $\boldsymbol{c}(t-1)$을 전달하지만 출력 게이트에는 $\boldsymbol{c}(t)$를 전달한다는 점에 주의하기 바랍니다

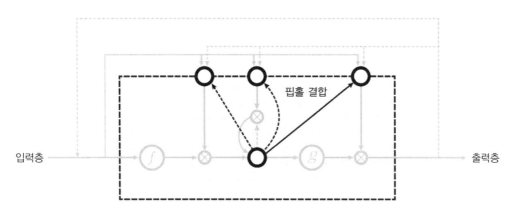

그림 5.12 핍홀 결합을 도입

이상으로 LSTM에 대한 설명을 마칩니다. 구조 자체는 일반적 신경망과 크게 다르지 않지만 이 모델은

- 과거의 정보를 네트워크 안에 저장한다

- 과거의 정보를 필요한 시점에만 취득하고 치환한다

위와 같은 두 가지 과제를 해결하려고 고안되고 개량돼 온 것입니다. 이제 모델을 수학식으로 나타내려고 하는데 이제까지 살펴봤던 내용을 떠올리면 이해하기 쉬울 것입니다.

5.2.5 모델화

LSTM을 처음 본다면 복잡하게 느낄 수도 있지만 생각해야 할 사항은 다른 모델과 다르지 않습니다. 순전파와 역전파를 적절히 수식으로 나타낼 수 있다면 이제까지 했던 것처럼 각 모델의 매개변수에 관한 경사를 계산해서 모델을 학습시킬 수 있습니다. 그림 5.13을 보면서 CEC와 각 게이트의 값을 다시 정리해 보겠습니다.

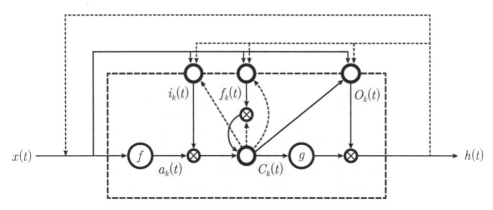

그림 5.13 LSTM 블록

CEC의 값 $c(t)$는 식(5.42)와 다르지 않으므로 다음과 같이 그대로 나타냅니다.

$$c(t) = i(t) \odot a(t) + f(t) \odot c(t-1) \tag{5.43}$$

그러나 각 게이트의 값 $i(t), o(t), f(t)$는 핍홀 결합까지 포함하면

$$i(t) = \sigma(W_i x(t) + U_i h(t-1) + V_i c(t-1) + b_i) \tag{5.44}$$

$$o(t) = \sigma(W_o x(t) + U_o h(t-1) + V_o c(t) + b_o) \tag{5.45}$$

$$f(t) = \sigma(W_f x(t) + U_f h(t-1) + V_f c(t-1) + b_f) \tag{5.46}$$

위와 같이 나타낼 수 있습니다. $o(t)$의 핍홀 결합 항은 $c(t-1)$이 아니라 $c(t)$인 점에 주의하기 바랍니다. 그리고 남은 $a(t)$, $h(t)$는 다음과 같이 나타낼 수 있습니다.

$$a(t) = f(W_a x(t) + U_a h(t-1) + b_a) \tag{5.47}$$

$$h(t) = o(t) \odot g(c(t)) \tag{5.48}$$

식 5.48은 식 5.37과 같습니다. 이렇게 해서 LSTM 블록의 순전파를 모두 식으로 나타냈습니다.

이제 역전파에 관해 생각해 보겠습니다. 먼저 식 5.44 ~ 5.47 각각에 대해

$$i(t) = \sigma(\hat{i}(t)) \tag{5.49}$$

$$o(t) = \sigma(\hat{o}(t)) \tag{5.50}$$

$$f(t) = \sigma(\hat{f}(t)) \tag{5.51}$$

$$a(t) = f(\hat{a}(t)) \tag{5.52}$$

위의 식을 만족하는 $\hat{i}(t), \hat{o}(t), \hat{f}(t), \hat{a}(t)$를 정의합니다. 이 모든 식을 다음의 식으로 나타낼 수 있습니다.

$$\begin{pmatrix} \hat{i}(t) \\ \hat{o}(t) \\ \hat{f}(t) \\ \hat{a}(t) \end{pmatrix} = \begin{pmatrix} W_i & U_i & V_i & O & b_i \\ W_o & U_o & O & V_o & b_o \\ W_f & U_f & V_f & O & b_f \\ W_a & U_a & O & O & b_a \end{pmatrix} \begin{pmatrix} x(t) \\ h(t-1) \\ c(t-1) \\ c(t) \\ 1 \end{pmatrix} \tag{5.53}$$

모델의 매개변수는 모두 이 식 5.53에 집약돼 있고 15개의 $W_*, U_*, V_*, \boldsymbol{b}_*$가 LSTM의 매개변수가 됩니다[14].

$$\boldsymbol{s}(t) := \begin{pmatrix} \hat{\boldsymbol{i}}(t) \\ \hat{\boldsymbol{o}}(t) \\ \hat{\boldsymbol{f}}(t) \\ \hat{\boldsymbol{a}}(t) \end{pmatrix} \tag{5.54}$$

$$W := \begin{pmatrix} W_i & U_i & V_i & O & \boldsymbol{b}_i \\ W_o & U_o & O & V_o & \boldsymbol{b}_o \\ W_f & U_f & V_f & O & \boldsymbol{b}_f \\ W_a & U_a & O & O & \boldsymbol{b}_a \end{pmatrix} \tag{5.55}$$

$$z(t) := \begin{pmatrix} \boldsymbol{x}(t) \\ \boldsymbol{h}(t-1) \\ \boldsymbol{c}(t-1) \\ \boldsymbol{c}(t) \\ 1 \end{pmatrix} \tag{5.56}$$

위와 같이 정의해두면 식 5.53은 다음과 같은 형태로 정리됩니다.

$$\boldsymbol{s}(t) = W z(t) \tag{5.57}$$

이렇게 해두면 $\dfrac{\partial E}{\partial W}$만 구하면 되므로 경사를 개별적으로 구할 때와 비교해서 식을 간결하게 쓸 수 있습니다. 그리고 다음과 같이 정의하면

$$\boldsymbol{e}_s(t) := \frac{\partial E}{\partial \boldsymbol{s}(t)} \tag{5.58}$$

$$\boldsymbol{e}_z(t) := \frac{\partial E}{\partial \boldsymbol{z}(t)} \tag{5.59}$$

---

14 핍홀 결합이 없는 모델일 경우 식 5.53은

$$\begin{pmatrix} \hat{\boldsymbol{i}}(t) \\ \hat{\boldsymbol{o}}(t) \\ \hat{\boldsymbol{f}}(t) \\ \hat{\boldsymbol{a}}(t) \end{pmatrix} = \begin{pmatrix} W_i & U_i & \boldsymbol{b}_i \\ W_o & U_o & \boldsymbol{b}_o \\ W_f & U_f & \boldsymbol{b}_f \\ W_a & U_a & \boldsymbol{b}_a \end{pmatrix} \begin{pmatrix} \boldsymbol{x}(t) \\ \boldsymbol{h}(t-1) \\ 1 \end{pmatrix}$$

위와 같이 되므로 매개변수는 12개가 됩니다.

식 5.57은 일반적인 선형활성식의 형태를 띄므로

$$\boldsymbol{e}_z(t) = W^T \boldsymbol{e}_s(t) \tag{5.60}$$

위와 같이 나타내면

$$\frac{\partial E}{\partial W} = \boldsymbol{e}_s(t) \boldsymbol{z}(t)^T \tag{5.61}$$

위의 식이 구해집니다. 따라서 결국 이 $\boldsymbol{e}_s(t), \boldsymbol{e}_z(t)$의 각 요소를 구하기만하면 된다는 것을 알 수 있습니다.

먼저 $\boldsymbol{e}_s(t)$부터 살펴보겠습니다. 식 5.49 ~ 5.52를 참조해 $\boldsymbol{e}_i(t) := \dfrac{\partial E}{\partial \boldsymbol{i}(t)}$와 $\boldsymbol{e}_{\hat{i}}(t) := \dfrac{\partial E}{\partial \hat{\boldsymbol{i}}(t)}$라고 두면

$$\boldsymbol{e}_{\hat{i}}(t) := \frac{\partial E}{\partial \hat{\boldsymbol{i}}(t)} \tag{5.62}$$

$$= \frac{\partial E}{\partial \boldsymbol{i}(t)} \odot \frac{\partial \boldsymbol{i}(t)}{\partial \hat{\boldsymbol{i}}(t)} \tag{5.63}$$

$$= \boldsymbol{e}_i(t) \odot \sigma'(\hat{\boldsymbol{i}}(t)) \tag{5.64}$$

$$\boldsymbol{e}_{\hat{o}}(t) := \frac{\partial E}{\partial \hat{\boldsymbol{o}}(t)} \tag{5.65}$$

$$= \frac{\partial E}{\partial \boldsymbol{o}(t)} \odot \frac{\partial \boldsymbol{o}(t)}{\partial \hat{\boldsymbol{o}}(t)} \tag{5.66}$$

$$= \boldsymbol{e}_o(t) \odot \sigma'(\hat{\boldsymbol{o}}(t)) \tag{5.67}$$

$$\boldsymbol{e}_{\hat{f}}(t) := \frac{\partial E}{\partial \hat{\boldsymbol{f}}(t)} \tag{5.68}$$

$$= \frac{\partial E}{\partial \boldsymbol{f}(t)} \odot \frac{\partial \boldsymbol{f}(t)}{\partial \hat{\boldsymbol{f}}(t)} \tag{5.69}$$

$$= \boldsymbol{e}_f(t) \odot \sigma'(\hat{\boldsymbol{f}}(t)) \tag{5.70}$$

$$e_{\hat{a}}(t) := \frac{\partial E}{\partial \hat{a}(t)} \tag{5.71}$$

$$= \frac{\partial E}{\partial a(t)} \odot \frac{\partial a(t)}{\partial \hat{a}(t)} \tag{5.72}$$

$$= e_a(t) \odot \sigma'(\hat{a}(t)) \tag{5.73}$$

위와 같이 되고 이들 식에 있는 $e_i(t), e_f(t), e_o(t), e_a(t)$는

$$e_i(t) := \frac{\partial E}{\partial i(t)} \tag{5.74}$$

$$= \frac{\partial E}{\partial c(t)} \odot \frac{\partial c(t)}{\partial i(t)} \tag{5.75}$$

$$= e_c(t) \odot a(t) \tag{5.76}$$

$$e_o(t) := \frac{\partial E}{\partial o(t)} \tag{5.77}$$

$$= \frac{\partial E}{\partial h(t)} \odot \frac{\partial h(t)}{\partial o(t)} \tag{5.78}$$

$$= e_h(t) \odot g(c(t)) \tag{5.79}$$

$$e_f(t) := \frac{\partial E}{\partial f(t)} \tag{5.80}$$

$$= \frac{\partial E}{\partial c(t)} \odot \frac{\partial c(t)}{\partial f(t)} \tag{5.81}$$

$$= e_c(t) \odot c(t-1) \tag{5.82}$$

$$e_a(t) := \frac{\partial E}{\partial a(t)} \tag{5.83}$$

$$= \frac{\partial E}{\partial c(t)} \odot \frac{\partial c(t)}{\partial a(t)} \tag{5.84}$$

$$= e_c(t) \odot i(t) \tag{5.85}$$

위와 같이 나타낼 수 있으므로 $e_c(t) := \dfrac{\partial E}{\partial c(t)}$와 $e_h(t) := \dfrac{\partial E}{\partial h(t)}$만 생각하면 됩니다. 이때 $e_h(t)$는 출력층에서 역전파되어 오는 것이어서 우리가 이미 알고 있는 것이므로 결국 $e_h(t)$를 구하면 $e_c(t)$에 관한 모든 경사를 구할 수 있게 됩니다. $e_c(t)$를 구해본 것은 다음과 같습니다[15].

$$e_c(t) = \frac{\partial E}{\partial h(t)} \odot \frac{\partial h(t)}{\partial c(t)} \tag{5.86}$$

$$= e_h(t) \odot o(t) \odot g'(c(t)) \tag{5.87}$$

그러나 $e_z(t)$를 보면 시간 $t-1$에서의 $e_c(t-1)$도 생각해야 하는데 이것은 다음과 같이 구할 수 있습니다.

$$e_c(t-1) = \frac{\partial E}{\partial c(t)} \odot \frac{\partial c(t)}{\partial c(t-1)} \tag{5.88}$$

$$= e_c(t) \odot f(t) \tag{5.89}$$

그리고 $e_h(t-1)$은 $e_h(t)$와 마찬가지로 우리가 알고 있는 값입니다. 이렇게 해서 $\dfrac{\partial E}{\partial W}$를 구하기 위해 필요한 모든 것을 구했으므로 시간 t에 대한 각 시계열 데이터의 (학습 도중인) 매개변수 W를 $W(t)$라고 두면

$$\frac{\partial E}{\partial W} = \sum_{t=1}^{T} \frac{\partial E}{\partial W(t)} \tag{5.90}$$

위의 식을 통해 매개변수를 변경해가면 최적해를 구할 수 있습니다.

5.2.6 구현

LSTM에서 모델의 매개변수는 단순한 순환 신경망과 비교해서 더 많아지지만 텐서플로나 케라스를 사용해서 구현하면 식이 번잡하다고 느껴지지 않을 것입니다. 먼저 텐서플로는 inference( ) 안에서

```
cell = tf.contrib.rnn.BasicRNNCell(n_hidden)
```

---

[15] 그러나 실제로 값을 변경해가는 계산을 실행할 때 CEC는 오차가 어떤 범위 안에 계속 머무르기 때문에 시간 t일 때 CEC가 저장하고 있는 오차는

$\delta_c(t) \quad \leftarrow \quad e_c(t+1) + e_c(t)$

$e_c(t) \quad \leftarrow \quad \delta_c(t)$

위의 값을 사용합니다.

위의 부분을 다음과 같이 구현하거나

```
cell = tf.contrib.rnn.BasicLSTMCell(n_hidden, forget_bias=1.0)
```

또는 다음과 같이 구현하면 LSTM을 사용할 수 있습니다.

```
cell = tf.contrib.rnn.LSTMCell(n_hidden, forget_bias=1.0)
```

BasicLSTMCell()과 LSTMCell()의 차이는 핍홀 결합을 사용하는지 여부입니다. 이제까지 설명했던 것처럼 핍홀 결합이 있는 쪽이 학습시킬 때 문제가 발생하기 어렵지만 문제가 없을 경우도 많고 또한 핍홀 결합을 추가하면 매개변수의 개수가 많아져서 계산하는 데 많은 시간이 걸리므로 BasicLSTMCell()로 해결하는 경우도 있습니다. LSTM을 통해 사인파를 예측·생성한 결과는 그림5.14와 같습니다.

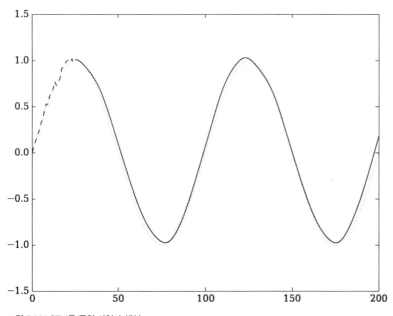

그림 5.14 LSTM을 통한 사인파 생성

케라스에서도 마찬가지로

```
from keras.layers.recurrent import SimpleRNN

model.add(SimpleRNN(n_hidden,
```

```
                        init=weight_variable,
                        input_shape=(maxlen, n_in)))
```

위의 코드를 고쳐서

```
from keras.layers.recurrent import LSTM

model.add(LSTM(n_hidden,
               init=weight_variable,
               input_shape=(maxlen, n_in)))
```

위와 같이 구현하면 됩니다. 그러나 케라스 내부에 구현된 LSTM 클래스를 보면 알겠지만 케라스에서는 핍홀 결합을 지원하지 않습니다[16].

5.2.7 장기 의존성 학습 평가 – Adding Problem

사인파를 예측한다는 것은 잘라내는 시간 길이가 $\tau = 25$라도 충분히 학습할 수 있는 단기 의존성에 관한 문제이므로 LSTM이 장기 의존성도 학습할 수 있다는 것을 보이기 위한 예제를 살펴보겠습니다. 이 것은 모델을 평가하는 데 자주 사용되는 **Adding Problem**이라는 장난감 문제입니다. 이것은 입력 $\boldsymbol{x}(t)$가 시그널 $s(t)$와 마스크 $m(t)$의 두 종류로 구성된 시계열 데이터 셋이고 $s(t)$는 0에서 1까지 범위에서 균일분포를 따라 발생하는 난수값이고 $m(t)$는 0이나 1을 값으로 가집니다. 그러나 $m(t)$는 시간 $t = 1, \ldots, T$ 중에서 무작위로 선택된 두 시점에서만 1이고 나머지 시점에서는 0이 된다고 하겠습니다. 이것을 식으로 나타낸 것은 다음과 같습니다.

$$\boldsymbol{x}(t) = \begin{pmatrix} s(t) \\ m(t) \end{pmatrix} \qquad \begin{cases} s(t) \sim U(0, 1) \\ m(t) = \{0, 1\}, \sum_{t=1}^{T} m(t) = 2 \end{cases} \tag{5.91}$$

이 입력 $\boldsymbol{x}(t)$에 대한 출력 y는

$$y = \sum_{t=1}^{T} s(t)m(t) \tag{5.92}$$

---

[16] 케라스의 버전 2.0까지는 지원하지 않았지만 앞으로 지원하게 될지도 모릅니다. https://github.com/fchollet/keras/blob/master/keras/layers/recurrent.py에 정의돼 있습니다.

위와 같다고 하겠습니다. 입출력 데이터열을 그림으로 나타낸 것은 그림 5.15와 같습니다. 이 데이터를 N개 생성하고 학습에 사용합니다. $m(t) = 1$이 되는 시간 t는 무작위로 선택되므로 예를 들어 $t = 10, 11$처럼 붙어 있을 때도 있고 $t = 1, 200$처럼 떨어져 있을 때도 있습니다. 데이터 전체 시간 T가 커질수록 필연적으로 장기적·단기적인 의존성을 찾아내기 어려워집니다.

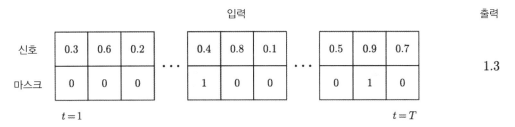

그림 5.15 Adding Problem의 데이터열

Adding Problem의 데이터를 코드로 작성해 보겠습니다. 먼저 마스크를 무작위로 생성하는 함수를 정의합니다.

```python
def mask(T=200):
    mask = np.zeros(T)
    indices = np.random.permutation(np.arange(T))[:2]
    mask[indices] = 1
    return mask
```

이 mask()를 사용하면 입력과 출력을 다음과 같은 코드로 생성할 수 있습니다.

```python
def toy_problem(N=10, T=200):
    signals = np.random.uniform(low=0.0, high=1.0, size=(N, T))
    masks = np.zeros((N, T))
    for i in range(N):
        masks[i] = mask(T)

    data = np.zeros((N, T, 2))
    data[:, :, 0] = signals[:]
    data[:, :, 1] = masks[:]
    target = (signals * masks).sum(axis=1).reshape(N, 1)

    return (data, target)
```

data는 입력에 대응되고 target은 출력에 대응됩니다.

이제 toy_problem( )을 통해 $N = 10,000$개의 데이터를 $T = \tau = 200$으로 생성하고 실험해 보겠습니다. 훈련 데이터와 검증 데이터를 9:1로 분할해서 평가하겠습니다.

```
N = 10000
T = 200
maxlen = T

X, Y = toy_problem(N=N, T=T)

N_train = int(N * 0.9)
N_validation = N - N_train

X_train, X_validation, Y_train, Y_validation = \
    train_test_split(X, Y, test_size=N_validation)
```

모델 자체는 이제까지 본 것과 다르지 않으므로 LSTM으로 실험해 보겠습니다. 검증 데이터에 대한 (제곱평균) 오차함수의 값을 평가의 지표로 삼아 살펴보겠습니다. 이 장난감 문제에 관해 만일 시계열의 관련성을 발견할 수 없다면 출력을 항상 0.5+0.5=1.0이라고 예측해야 오차를 가장 작게 할 수 있습니다. 이때 오차함수의 값은 0.1767이므로 이것보다 작게 할 수 있다면 시간 의존성이 학습됐다고 말할 수 있습니다. 단순한 순환 신경망(RNN)과 LSTM 각각에서 실험한 결과는 그림5.16과 같습니다.

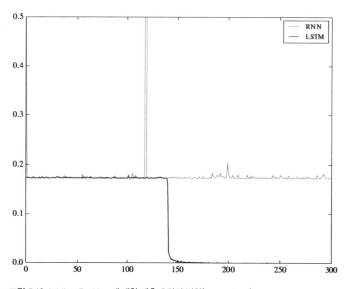

그림 5.16 Adding Problem에 대한 예측 오차의 변화(RNN, LSTM)

단순한 순환 신경망에서는 전혀 학습이 진행되지 않습니다. 그러나 LSTM을 사용하면 처음에는 오차가 0.1767 근처에 있어 학습이 진행되지 않은 것으로 나타나지만 일정한 에폭에 도달하면 오차가 급속하게 0에 가까워지는 모습을 보이므로 장기간, 단기간의 의존성이 학습됐다는 것을 알 수 있습니다.

5.3 GRU

5.3.1 모델화

LSTM은 시계열 데이터 분석에 매우 효과가 있지만 매개변수의 개수가 많아 계산하는 데 시간이 걸린다는 난점이 있습니다. 만일 LSTM과 동등하거나 또는 그 이상의 성능을 가지며 계산 시간이 적게 걸리는 모델이 있다면 반드시 그것을 사용해야 할 것입니다. 문헌[5]에서 제안한 **GRU**(gated recurrent unit)는 그러한 LSTM을 대체할 수 있는 기법 중 하나입니다.

LSTM은 CEC, 입력 게이트, 출력 게이트, 망각 게이트로 구성돼 있지만 GRU는 그림 5.17과 같이 '리셋 게이트(reset gate)'와 '갱신 게이트(update gate)'만으로 구성됩니다.

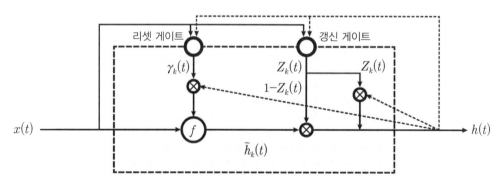

그림 5.17 GRU를 구성하는 리셋 게이트와 갱신 게이트

이제 모델을 수식으로 나타내겠습니다. 모델의 개념은 LSTM을 기반으로 하므로 식도 LSTM과 동일하게 생각할 수 있습니다. 리셋 게이트의 값을 $r(t)$라고 하고 갱신 게이트의 값을 $z(t)$라고 하면 다음과 같은 식으로 나타낼 수 있습니다..

$$r(t) = \sigma(W_r \boldsymbol{x}(t) + U_r \boldsymbol{h}(t-1) + \boldsymbol{b}_r) \tag{5.93}$$

$$\boldsymbol{z}(t) = \sigma(W_z \boldsymbol{x}(t) + U_z \boldsymbol{h}(t-1) + \boldsymbol{b}_z) \tag{5.94}$$

리셋 게이트의 값은 $t-1$에서의 은닉층의 값과 곱해져서 입력 $\boldsymbol{x}(t)$와 함께 활성화 함수 f로 활성화됩니다. 활성화된 후의 값을 $\tilde{\boldsymbol{h}}(t)$라고 두면 이것은 다음과 같이 나타낼 수 있습니다.

$$\hat{\boldsymbol{h}}(t) = f(W_h \boldsymbol{x}(t) + U_h(\boldsymbol{r}(t) \odot \boldsymbol{h}(t-1)) + \boldsymbol{b}_h) \tag{5.95}$$

그리고 갱신 게이트의 값은 $\boldsymbol{z}(t)$와 $1 - \boldsymbol{z}(t)$로 분할되어 각각 $\tilde{\boldsymbol{h}}(t)$에 곱해지고 최종적으로 GRU(은닉층)의 출력 $\boldsymbol{h}(t)$가 됩니다. 식으로 나타낸 것은 다음과 같습니다.

$$\boldsymbol{h}(t) = z(t) \odot \boldsymbol{h}(t-1) + (1 - z(t)) \odot \tilde{\boldsymbol{h}}(t) \tag{5.96}$$

여기서 구한 $\boldsymbol{h}(t)$가 다시 과거의 값 $\boldsymbol{h}(t-1)$로서 재귀적으로 GRU의 입력에 사용됩니다. GRU의 역전파도 다음과 같이 나타낼 수 있으므로

$$\begin{pmatrix} \hat{\boldsymbol{r}}(t) \\ \hat{z}(t) \\ \hat{\tilde{\boldsymbol{h}}}(t) \end{pmatrix} := \begin{pmatrix} W_r & U_i & O & \boldsymbol{b}_r \\ W_z & U_o & O & \boldsymbol{b}_o \\ W_h & O & U_h & \boldsymbol{b}_f \end{pmatrix} \begin{pmatrix} \boldsymbol{x}(t) \\ \boldsymbol{h}(t-1) \\ \boldsymbol{r}(t) \odot \boldsymbol{h}(t-1) \\ 1 \end{pmatrix} \tag{5.97}$$

LSTM과 완전히 동일한 방법으로 각 매개변수에 대한 경사를 구할 수 있습니다. 식을 봐도 알 수 있듯이 GRU에서는 매개변수가 9개이므로 LSTM보다 계산량이 적다는 것을 알 수 있습니다.

5.3.2 구현

GRU를 구현하는 데도 텐서플로와 케라스에서 API가 제공되므로 쉽게 구현할 수 있습니다. 텐서플로에서는

```
cell = tf.contrib.rnn.GRUCell(n_hidden)
```

위와 같이 LSTMCell( )을 썼던 부분에 GRUCell( )을 사용합니다. 그러나 케라스에서는 GRU( )를 사용합니다.

```
from keras.layers.recurrent import GRU

model.add(GRU(n_hidden,
              init=weight_variable,
              input_shape=(maxlen, n_in)))
```

GRU로 예측·생성한 사인파는 그림 5.18과 같습니다.

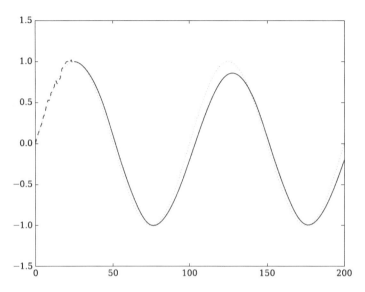

그림 5.18 GRU로 생성한 사인파

그리고 GRU로 Adding Problem을 풀어보면 그 결과는 그림 5.19와 같고 LSTM과 마찬가지로 GRU 도 장기 의존성을 학습할 수 있다는 것을 확인할 수 있습니다. GRU가 LSTM보다 에폭 수가 적은 단계 에서 학습이 진행되는데 이것은 어디까지나 이번 예에서만 좋은 결과가 나온 것이므로 주의하기 바랍니다

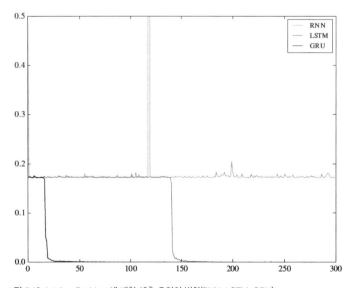

그림 5.19 Adding Problem에 대한 예측 오차의 변화(RNN, LSTM, GRU)

5.4 정리

이번 장에서는 순환 신경망이라는 시계열 데이터를 다루기 위한 모델에 관해 살펴봤습니다. 과거의 은닉층의 상태를 재귀적으로 피드백해서 시계열의 의존성도 학습시킬 수 있게 됐습니다. 이때 오차도 시간을 거슬러 역전파해야 했었는데 이를 Backpropagation Through Time이라고 불렀습니다. 그러나 은닉층에 일반적인 뉴런을 사용한다면 특별히 장기적인 시간 의존성을 학습할 수 없다는 문제가 있었습니다. LSTM이나 GRU에서는 메모리 셀이나 게이트와 같은 기능을 도입해서 이 문제를 해결했습니다.

다음 장에서는 LSTM이나 GRU를 기반으로 한 수준 높은 모델에 관해 살펴보겠습니다. 시계열 데이터를 처리하는 방법에 관해 연구가 활발히 진행되고 있으므로 다양한 응용 모델이 고안되고 있습니다.

5장의 참고 문헌

[1] S. Hochreiter, and J. Schmidhuber. Long short-term memory. Neural Computation, 9(8), pp. 1735–1780, 1997.

[2] F. A. Gers, J. Schmidhuber, and F. Cummins. Learning to forget: Continual prediction with LSTM. Neural Computation, 12(10), pp. 2451–2471, 2000.

[3] F. A. Gers, and J. Schmidhuber. Recurrent nets that time and count. Neural Networks, 2000. IJCNN 2000, Proceedings of the IEEE–INNS–ENNS International Joint Conference on, volume 3, pp. 189–194, IEEE, 2000.

[4] Q. V. Le, N. Jaitly, and G. E. Hinton. A simple way to initialize recurrent networks of rectified linear units. arXiv:1504.00941, 2015.

[5] K. Cho, B. Merrienboer, C. Gulcehre, F. Bougares, H. Schwenk, and Y. Bengio. Learning phrase representations using rnn encoder–decoder for statistical machine translation. Proceedings of the Empiricial Methods in Natural Language Processing (EMNLP 2014), 2014. sample 2017.05.23

# 6장

순환 신경망 응용

이번 장에서는 이전 장에 이어서 순환 신경망에 관한 기법을 살펴보겠습니다. LSTM이나 GRU는 은닉층에 있는 각 뉴런을 블록으로 만들어서 시계열 데이터를 효율적으로 학습시키는 기법이었는데 이번 장에서 이야기할 기법은 네트워크 전체의 구조를 더욱 시계열 데이터 분석에 맞춰 동적으로 변화시키는 것입니다. 구체적으로 다음과 같은 기법을 배우겠습니다.

- 6.1 Bidirectional RNN

- 6.2 RNN Encoder–Decoder

- 6.3 Attention

- 6.4 MemoryNetworks

위에 열거한 기법들은 모두 시계열 데이터를 분석할 때 발생하는 과제를 해결하기 위해 고안된 기법입니다. 이제 하나씩 자세히 살펴보겠습니다.

6.1 Bidirectional RNN

6.1.1 미래의 은닉층

이제까지 본 순환 신경망은 모두 시간 $t-1$에서 t까지에 해당하는 은닉층의 상태를 전파하는데 다시 말하면 과거에서 미래로 가는 단방향의 흐름을 전제로 한 모델이었습니다. 이것은 현재를 포함한 '이제까지의 상태'를 가지고 지금은 알 수 없는 미래를 예측하고 싶다는 실제 사회에서 일반적으로 발생하는 욕구에 응답하는 것입니다. 그러나 예를 들어 이미 가지고 있는 시계열 데이터가 어느 클래스로 분류되는지를 알고 싶은 경우에는 과거에서 미래(현재)까지 모든 것을 알고 있는 상태에서 모델을 만들어갑니다. 이 경우에는 과거 → 미래라는 단방향보다는 미래 → 과거라는 방향과 함께 두 방향으로 진행되는 시계열의 의존관계를 고려하는 편이 훨씬 좋은 정확도를 기대할 수 있을 것입니다. 이러한 배경에서 고안된 것이 **Bidirectional RNN**(이하 BiRNN)입니다.

'Bidirectional'이라는 이름에서도 알 수 있듯이 BiRNN은 '과거로부터'와 '미래로부터'라는 단방향 시간축에 대해 은닉층의 상태를 전파해갑니다. 이 두 방향을 구현하려면 일반적인 은닉층의 구조를 약간 바꿔야 합니다. 그림 6.1은 BiRNN의 개념을 보여줍니다. 그림에 나온 것처럼 은닉층은 두 종류로 구성돼 있는데 이렇게 하면 하나의 은닉층이 과거의 상태를 반영하고 나머지 하나가 미래의 상태를 반영하고 있는 상태를 만들 수 있습니다.

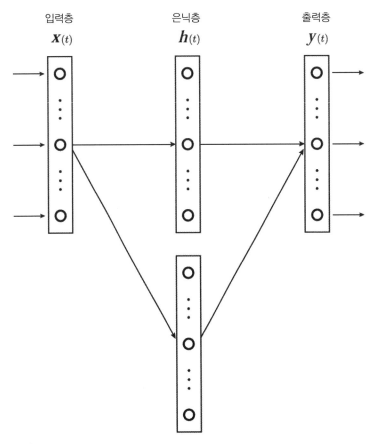

그림 6.1 BidirectionalRNN

6.1.2 전방향 · 후방향 전파

은닉층을 두 종류로 나누면 두 방향의 시간축에서 어떻게 상태를 전달할까요? 이해하기 쉽도록 이제까지 보았던 순환 신경망 모델과 BiRNN을 그림으로 비교해 보겠습니다. 모델의 입력에서 출력까지를 시간축에 따라 시간 $t-1, t, t+1$이라는 3단계로 전개해보면 과거의 상태만 생각했을 경우에 모델은 그림 6.2처럼 나타낼 수 있습니다. 한 단계 이전 과거의 은닉층 값이 각각 다음 단계로 전파됩니다. 이 은닉층에 있는 각 뉴런을 LSTM 블록으로 만드는 기법이 LSTM(또는 GRU)이었습니다.

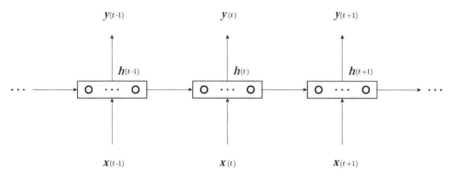

그림 6.2 시간축에 따라 전개한 순환 신경망

BiRNN은 과거와 함께 미래의 은닉층의 상태도 재귀적으로 피드백할 수 있게 만든 모델이므로 그림 6.3과 같이 나타낼 수 있습니다. 그림에 있는 $\overrightarrow{h}(t)$나 $\overleftarrow{h}(t)$에 관해서는 나중에 설명하기로 하고 지금은 모델의 형태에 주목하겠습니다. 이 모델의 모습이 복잡해 보일 수도 있으나 이것은 단지 그림 6.1을 시간 $t-1, t, t+1$에 따라 전개한 것일 뿐입니다. 두 종류의 은닉층 각각을 주목하면 입력층에서 값을 받아 출력층으로 값을 전달한다는 점은 일반적인 신경망과 전혀 다르지 않습니다. 그러나 각 은닉층은 동일한 은닉층의 과거 또는 미래로부터 값을 받는다는 점이 BiRNN의 특징입니다. '과거용' 은닉층과 '미래용' 은닉층 사이에는 아무런 관련이 없고 완전히 별개의 것이라고 생각해도 됩니다. 시간의 흐름을 보면 전자는 '과거 → 미래'라는 전방향으로 값을 전파하고 후자는 '미래 → 과거'라는 후방향으로 값을 전파하므로 편의상 각각을 '전방향 층', '후방향 층'이라고 부르기로 하겠습니다.

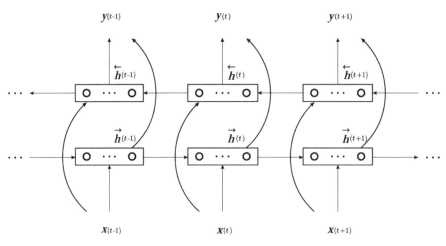

그림 6.3 Bidirectional RNN의 전개도

시간 t에서의 전방향 층과 후방향 층의 값은 각각 별개로 생각할 수 있으므로 각각을 $\overrightarrow{h}(t), \overleftarrow{h}(t)$와 같이 화살표의 방향으로 표시하기로 합니다. 그러면 각각의 순전파는 식 5.4로 나타낼 수 있는 일반적인 순환 신경망의 순전파와 다르지 않으므로 다음과 같이 나타낼 수 있습니다.

$$\overrightarrow{h}(t) = f\left(\overrightarrow{U}x(t) + \overrightarrow{W}h(t-1) + \overrightarrow{b}\right) \tag{6.1}$$

$$\overleftarrow{h}(t) = f\left(\overleftarrow{U}x(t) + \overleftarrow{W}h(t+1) + \overleftarrow{b}\right) \tag{6.2}$$

따라서 은닉층(전체)의 값 $h(t)$는

$$h(t) = \begin{pmatrix} \overrightarrow{h}(t) \\ \text{----------} \\ \overleftarrow{h}(t) \end{pmatrix} \tag{6.3}$$

위와 같이 단순히 $\overrightarrow{h}(t)$와 $\overleftarrow{h}(t)$를 나열해서 표현할 수 있고[1] 출력도 그대로

$$y(t) = Vh(t) + c \tag{6.4}$$

---

1 $h(t) = \overrightarrow{h}(t) + \overleftarrow{h}(t)$와 같이 나타낼 경우도 있지만 일반적으로는 본문에 나온 것처럼 벡터를 나열한 형태로 나타냅니다.

위와 같이 나타낼 수 있습니다. 전방향 층의 역전파는 이전 장에서 본 것과 같고 후방향 층의 역전파도 $t-1$ 부분이 $t+1$이 된 것이므로 수식도 동일하게 나타낼 수 있습니다. 구조 자체는 복잡하게 보일지도 모르나 식으로 표현해보면 매우 단순하게 정리된다는 것을 알 수 있습니다.

6.1.3 MNIST를 사용한 예측

여기서 한 가지 재미있는 실험을 해보겠습니다. 시계열 데이터 분석에 사용되는 순환 신경망(=BiRNN)으로 이미지를 인식할 수 있는지 알아보겠습니다. 이미지 데이터는 픽셀의 RGB 값 또는 그레이 스케일 값이 각 위치에 나열된 것이므로 이때 픽셀값의 순서(시계열)가 의미를 가집니다. 따라서 데이터의 형식을 조금 변경하면 이미지 데이터도 적절하게 분류할 수 있을 것입니다. 이제까지 실험에 사용했던 MNIST를 사용해 BiRNN을 통해 이미지를 예측하는 작업을 실행해 보겠습니다.

6.1.3.1 시계열 데이터로 변환

MNIST는 각 데이터가 28×28=784 픽셀로 구성돼 있는 이미지이며, 이를 시계열로 생각해보면 각각의 이미지는 시간 길이가 28인 데이터라고 간주할 수 있습니다. 그림 6.4를 보면 이해하기 쉬울 것입니다. 70,000장의 이미지 중에서 어떤 한 장의 이미지 $(\boldsymbol{x}_n(1),\ldots,\boldsymbol{x}_n(t),\ldots,\boldsymbol{x}_n(28))$에 주목해보면 그림 6.4에 나온 이미지의 각 행은 $\boldsymbol{x}_n(t) \in \boldsymbol{R}^{28}$으로 표현할 수 있습니다.

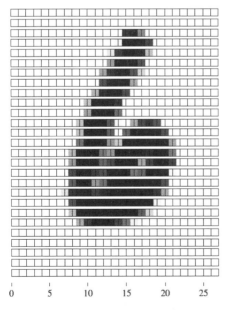

그림 6.4 MNIST 이미지를 시계열 데이터로 변환

구현하는 데 특별한 것을 생각할 필요는 없습니다. 이것을 일반적인 신경망에 적용할 때는

```
X = mnist.data[indices]
X = X / 255.0
X = X - X.mean(axis=1).reshape(len(X), 1)
```

위와 같이 간단한 정규화 처리만 하면 됐지만 이번에는 여기에 다음 코드를 추가합니다.

```
X = X.reshape(len(X), 28, 28) # 시계열 데이터로 변환
```

이렇게 하면 훈련 데이터는 (모든 데이터 개수, 시간 길이 28, 입력의 차원 28)이라는 형식의 시계열 데이터가 됩니다.

6.1.3.2 텐서플로에서 구현

시계열로 변환된 MNIST 데이터를 사용해 BiRNN을 통해 예측 작업을 실행해 보겠습니다. 일단 모델의 각 차원은 다음과 같습니다.

```
n_in = 28
n_time = 28
n_hidden = 128
n_out = 10
```

여기서 n_time이 각 데이터의 시간 길이입니다. 은닉층의 차원수 n_hidden은 128로 지정했는데 이것을 다른 수로 지정해도 됩니다. 그리고 입력과 출력에 해당하는 placeholder는 다음과 같습니다.

```
x = tf.placeholder(tf.float32, shape=[None, n_time, n_in])
t = tf.placeholder(tf.float32, shape=[None, n_out])
```

모델을 구축하는 과정의 전체적인 흐름은 이제까지 했던 것과 다르지 않습니다. inference(), loss(), training()을 구현하겠습니다.

```
y = inference(x, n_in=n_in, n_time=n_time, n_hidden=n_hidden, n_out=n_out)
loss = loss(y, t)
train_step = training(loss)
```

inference( )에는 BiRNN의 모델 부분을 구현해야 합니다. 텐서플로에서는 이것도 API로 제공하며 tensorflow.contrib.rnn.static_bidirectional_rnn( )을 호출해서 이용합니다. 이번에는 사전에 다음과 같이 임포트해서 다른 API와 마찬가지로 rnn.*으로 호출할 수 있게 해둡니다.

```
from tensorflow.contrib import rnn
```

이제까지 본 것처럼 BiRNN에는 두 개의 은닉층이 있으므로 각각에 해당하는 층을 정의해야 합니다. 전방향 층을 cell_forward라고 지정하고 후방향 층을 cell_backward라고 지정해서 다음과 같이 구현합니다.

```
cell_forward = rnn.BasicLSTMCell(n_hidden, forget_bias=1.0)
cell_backward = rnn.BasicLSTMCell(n_hidden, forget_bias=1.0)
```

이 코드에서는 BasicLSTMCell( )을 사용했지만 GRUCell( ) 등의 다른 기법을 사용도 문제되지 않습니다. 그리고

```
outputs, _, _ = \
    rnn.static_bidirectional_rnn(cell_forward, cell_backward, x,
                                    dtype=tf.float32)
```

위와 같이 기술하면 BiRNN에서의 (은닉층)의 출력을 구할 수 있습니다. 모델 전체의 출력은 여기서 구한 마지막 출력을 사용하면 되므로 다음과 같이 기술합니다.

```
W = weight_variable([n_hidden * 2, n_out])
b = bias_variable([n_out])
y = tf.nn.softmax(tf.matmul(outputs[-1], W) + b)
```

웨이트의 차원이 n_hidden이 아니라 n_hidden*2인 점에 주의하기 바랍니다.

loss( )와 training( )은 이제까지 했던 것처럼 그대로 구현하면 됩니다.

```
def loss(y, t):
    cross_entropy = \
        tf.reduce_mean(-tf.reduce_sum(
                    t * tf.log(tf.clip_by_value(y, 1e-10, 1.0)),
                    reduction_indices=[1]))
```

```
    return cross_entropy

def training(loss):
    optimizer = \
        tf.train.AdamOptimizer(learning_rate=0.001, beta1=0.9, beta2=0.999)
    train_step = optimizer.minimize(loss)
    return train_step
```

이 코드를 사용해 학습을 실행해 보겠습니다. 다음과 같은 코드를 통해 검증 데이터에 대한 오차와 예측 정확도를 살펴보겠습니다.

```
epochs = 300
batch_size = 250

init = tf.global_variables_initializer()
sess = tf.Session()
sess.run(init)

n_batches = N_train // batch_size

for epoch in range(epochs):
    X_, Y_ = shuffle(X_train, Y_train)

    for i in range(n_batches):
        start = i * batch_size
        end = start + batch_size

        sess.run(train_step, feed_dict={
            x: X_[start:end],
            t: Y_[start:end]
        })

    val_loss = loss.eval(session=sess, feed_dict={
        x: X_validation,
        t: Y_validation
    })
    val_acc = accuracy.eval(session=sess, feed_dict={
        x: X_validation,
        t: Y_validation
```

```
    })

    history['val_loss'].append(val_loss)
    history['val_acc'].append(val_acc)

    print('epoch:', epoch,
          ' validation loss:', val_loss,
          ' validation accuracy:', val_acc)

    if early_stopping.validate(val_loss):
        break
```

이 코드를 실행한 결과로 검증 데이터에 대해 그림 6.5와 같은 예측 정확도와 오차값을 구할 수 있습니다. 따라서 제대로 학습됐다는 것을 알 수 있습니다. '이미지를 시계열 데이터로 간주한다'라는 개념이 이미지를 분석하는 최적의 기법이라고는 말할 수 없으나 하나의 접근법은 됩니다[2].

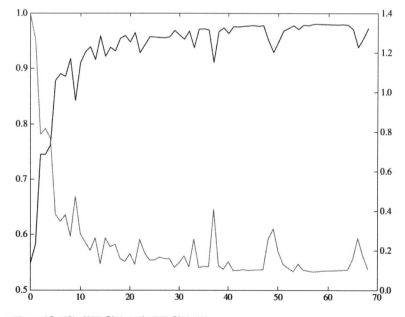

그림 6.5 예측 정확도(왼쪽 축)와 오차(오른쪽 축)의 변화

---

2 이 책에서는 다루지 않았지만 이미지 분석에는 일반적으로 컨볼루션 신경망(convolutional neural networks: CNN)이 사용됩니다.

6.1.3.3 케라스에서 구현

케라스에서는 `keras.layers.wrappers`에 있는 `Bidirectional()`이 API로 제공됩니다. 이 API를 사용하면 모델을 설정하는 부분을 다음과 같이 구현할 수 있습니다.

```
from keras.layers.wrappers import Bidirectional

model = Sequential()
model.add(Bidirectional(LSTM(n_hidden),
                        input_shape=(n_time, n_in)))
model.add(Dense(n_out, init=weight_variable))
model.add(Activation('softmax'))

model.compile(loss='categorical_crossentropy',
              optimizer=Adam(lr=0.001, beta_1=0.9, beta_2=0.999),
              metrics=['accuracy'])
```

이처럼 케라스에서는 `Bidirectional(LSTM())`이라고 기술해서 BiRNN을 이용할 수 있으므로 구현하기 쉽다는 것을 알 수 있습니다.

6.2 RNN Encoder-Decoder

6.2.1 Sequence-to-Sequence 모델

시계열 데이터를 사용할 때는 그 순서가 중요한 의미를 가집니다. 일련의 시계열 데이터를 늘어놓은 것을 '시퀀스(sequence)'라고 하는데, 순환 신경망은 시퀀스를 입력으로 사용할 수 있는 모델이지만 이제까지 본 예제에서는 모델의 출력은 시퀀스의 모양새를 갖추고 있지 않았습니다. 예를 들어, 5장에서는 사인파를 일정한 시간 길이만큼 생성했지만 이것은 엄밀히 말하면 $t + 1$을 반복해서 예측할 뿐이고 출력이 시퀀스의 형태라고는 할 수 없습니다. 시퀀스끼리 짝을 지어야만 의미있는 것을 학습시킬 수 있는 경우에는 별도의 모델을 만들 것을 생각해봐야 합니다. 이러한 데이터의 대표적인 예로는 질문·답변 형식의 글이나 영어 → 프랑스어 번역문 등을 꼽을 수 있습니다. 입력도 출력도 시퀀스의 형태인 모델을 **Sequence-to-Sequence** 모델(sequence-to-sequence models)이라고 하며, 신경망 이외에 연구가 진행되고 있는 분야입니다. 그러므로 'sequence'를 어떻게 처리할지가 우리가 생각해야 할 과제입니다.

순환 신경망을 응용하면 이 Sequence-to-Sequence 모델을 구축할 수 있습니다. 그 기법은 **RNN Encoder-Decoder**라고 불리며 문헌[1]과 [2]가 유명합니다. 모델의 개요를 파악하기 위해 그림 6.6 을 보겠습니다. 이 그림에는 입력이 A, B, C, ⟨EOS⟩라는 시퀀스를 이루고 있고 출력이 W, X, Y, Z, ⟨EOS⟩라는 시퀀스를 이루고 있습니다. 입출력에 있는 ⟨EOS⟩는 'end-of-sequence'의 약자이며 이름에서 알 수 있듯이 하나의 시퀀스가 끝나는 곳을 나타냅니다.

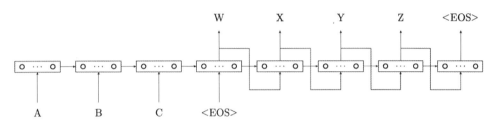

그림 6.6 RNN Encoder-Decoder의 개요

RNN 'Encoder-Decoder'라는 기법의 이름에서 알 수 있듯이 모델은 크게 '인코더(encoder)'와 '디코더(decoder)'라는 두 가지의 순환 신경망의 조합으로 이뤄져 있고 인코더가 입력 데이터를 처리하고 디코더가 출력 데이터를 처리합니다. 다시 말하면 그림 6.6에서 'ABC ⟨EOS⟩'를 받는 것이 인코더이고 'WXYZ ⟨EOS⟩'를 출력하는 것이 디코더입니다. 디코더는 자신의 출력을 다음 스텝의 입력으로 받는다는 점에 주의하기 바랍니다.

모델을 일반화해서 생각해 보겠습니다. 입력 시퀀스를 $(\boldsymbol{x}(1), \ldots, \boldsymbol{x}(T))$라고 하고 출력 시퀀스를 $(\boldsymbol{y}(1), \ldots, \boldsymbol{y}(T'))$라고 하겠습니다. 입력과 출력의 시퀀스가 항상 동일하다고는 장담할 수 없으므로 $T = T'$가 성립하지 않을 경우도 있으니 주의하기 바랍니다. 이때 우리가 구할 값은 조건부 확률인 $p(\boldsymbol{y}(1), \ldots, \boldsymbol{y}(T') | \boldsymbol{x}(1), \ldots, \boldsymbol{x}(T))$입니다. 일단 입력 시퀀스가 순서대로 인코더로 들어가는데 인코더라는 것이 특별한 것은 아니므로 일반적인 순환 신경망과 마찬가지로 은닉층은 다음과 같이 나타낼 수 있습니다.

$$\boldsymbol{h}_{enc}(t) = f(\boldsymbol{h}_{enc}(t-1), \boldsymbol{x}(t)) \tag{6.5}$$

이때 $f(\cdot)$ 부분은 단순한 모델에서는 시그모이드 함수가 적용되지만 여기서는 일반적으로 LSTM이나 GRU(에 해당하는 함수)를 적용합니다. 이 은닉층이 마지막 입력을 받았을 때 입력 데이터의 시계열 정보가 그곳에 집약되므로 시퀀스였던 입력 $(\boldsymbol{x}(1), \ldots, \boldsymbol{x}(T))$는 인코더에 의해 하나의 고정 길이 벡터인 $\boldsymbol{c}$로 집약됩니다.

그러나 디코더는 직전의 출력을 받으므로 입력이 시퀀스라는 의미에서는 인코더와 같지만 인코더를 통해 얻어진 c가 디코더의 은닉층의 초기 상태가 되므로 은닉층을 나타내는 식은 다음과 같습니다.

$$\boldsymbol{h}_{dec}(t) = f(\boldsymbol{h}_{dec}(t-1), \boldsymbol{y}(t-1), \boldsymbol{c}) \tag{6.6}$$

이렇게 해서 모델 전체의 출력은 다음과 같이 나타낼 수 있습니다.

$$p(\boldsymbol{y}(t)|\boldsymbol{y}(1),\ldots,\boldsymbol{y}(t-1), \boldsymbol{c}) = g(\boldsymbol{h}_{dec}(t), \boldsymbol{y}(t-1), \boldsymbol{c}) \tag{6.7}$$

$g(\cdot)$는 확률을 출력하는 함수이므로 일반적으로는 소프트맥스 함수가 적용될 것입니다. 따라서 입력 시퀀스가 주어졌을 때 출력 시퀀스가 구해질 확률은 다음과 같습니다.

$$p(\boldsymbol{y}(1),\ldots,\boldsymbol{y}(T')|\boldsymbol{x}(1),\ldots,\boldsymbol{x}(T)) = \prod_{t=1}^{T'} p(\boldsymbol{y}(t)|\boldsymbol{y}(1),\ldots,\boldsymbol{y}(t-1), \boldsymbol{c}) \tag{6.8}$$

그래서 N개의 입출력 시퀀스가 데이터 셋으로 주어졌을 때 각 데이터를 $\boldsymbol{X}_n := (\boldsymbol{x}_n(1),\ldots,\boldsymbol{x}_n(T))$와 $\boldsymbol{Y}_n := (\boldsymbol{y}_n(1),\ldots,\boldsymbol{y}_n(T'))$로 표현하면 모델의 매개변수군 θ에 대해 최적화해야 할 식은 다음과 같이 주어집니다.

$$L_\theta := \max_\theta \frac{1}{N} \sum_{n=1}^{N} \log p_\theta(\boldsymbol{Y}_n|\boldsymbol{X}_n) \tag{6.9}$$

로그를 취한 이유는 식 6.8을 보면 알 수 있듯이 확률의 곱을 합의 형태로 바꾸기 위함입니다. 식이 이제까지 본 신경망 모델과는 다른 모양이지만 각 출력은 소프트맥스 함수로 표현되므로 교차 엔트로피 오차함수를 생각하면 이해하기 쉬울 것입니다.

6.2.2 간단한 Q&A 문제

6.2.2.1 문제 설정 – 덧셈 학습

Sequence-to-Sequence 모델은 그 성질에 의해 입출력이 문장의 형태인 문제에 자주 응용됩니다. 예를 들어, 어떤 질문을 받으면 답변을 하는 행동에서 입력(질문)도 출력(답변)도 문장으로 이뤄져 있습니다. 인간이 질문하면 기계가 그 질문에 대해 답변하는 챗봇과 같은 응용 프로그램의 인터페이스를 만들겠다고 하면 기계가 얼마나 자연스럽게 대답할 수 있는가에 대해 생각해야 할 것입니다. 이처럼 기계가 인간의 언어를 처리할 수 있게 하는 것을 '자연어 처리(natural language processing)'라고 합니다. 자연어 처리에 관해서는 오랜 세월에 걸쳐 신경망뿐만 아니라 많은 기법이 제안되고 있는 대규모 연구 분야 중 하나입니다.

이번에는 질문·답변의 가장 단순한 예로 '덧셈 결과를 알려주는' 모델에 관해 생각해 보겠습니다[3]. 다음과 같은 질문·답변입니다.

```
Q: 24+654
A: 678
```

입력이 '24+654'라는 시퀀스이고 출력이 '678'라는 시퀀스가 됩니다. 물론 프로그램적으로 생각하면 숫자나 '+'에 관한 처리가 미리 정보로 주어져 있기 때문에 정확한 답을 낼 수 있을 것입니다. 그러나 이번 예에서는 숫자나 기호를 어떻게 처리해야 하는지에 관한 사전 정보가 기계에 전혀 주어지지 않은 상태에서 덧셈 문제에 답을 내도록 학습시키는 것이므로 만일 미지의 숫자를 조합한 문제에 답을 낼 수 있다면 그것은 기계가 숫자나 기호의 의미를 이해했다고 말할 수 있을 것입니다. 숫자의 자릿수에 제약은 없지만 편의상 최대 3자리끼리의 덧셈('+'를 포함해서 문자의 최대 길이는 7) 문제를 다루겠습니다.

6.2.2.2 데이터 준비

구현 방법을 살펴보겠습니다. 일단 (최대) 3자리 숫자를 생성하는 함수는 다음과 같이 정의할 수 있습니다.

```python
def n(digits=3):
    number = ''
    for i in range(np.random.randint(1, digits + 1)):
        number += np.random.choice(list('0123456789'))
    return int(number)
```

n( )을 사용해 덧셈 문제를 생성하려면 단순히 다음과 같이 쓰면 될 것입니다.

```python
a, b = n(), n()
question = '{}+{}'.format(a, b) # 예: 12+345
```

---

3 이러한 장난감 문제는 문헌[3]에 나온 평가 실험에서 자세히 설명합니다.

그러나 자연어 처리 모델을 만들려면 조금 더 고민해봐야 합니다. 이번 예제에서는 구체적으로 다음과 같은 두 개의 처리를 실행합니다.

- one-hot 인코딩

- 패딩(padding)

one-hot 인코딩은 문자열을 1-of-K 표현으로 변환하는 것을 말합니다. 신경망에서 데이터는 모두 숫자로 처리해야 하므로 문자도 모두 숫자로 변환해야 합니다. 이번 문제에서 다루는 문자도 본래 숫자를 나타내는 것들이지만 '+'라는 문자가 포함돼 있기도 하고 향후 다른 문자열을 다룰 때의 확장성을 생각해서 모든 문자를 1-of-K로 표현되는 벡터로 만들겠습니다. 다음은 문자를 벡터화한 예입니다.

$$\text{“1”} \rightarrow (1\ 0\ 0\ \cdots\ 0)^T$$
$$\text{“2”} \rightarrow (0\ 1\ 0\ \cdots\ 0)^T$$

벡터의 차원은 학습에 사용되는 문자의 종류 개수인데 이를 그대로 0~9 범위의 숫자에 '+'를 추가한 11문자로 취급하는 것이 아니라 공백 "_"도 추가해서 12문자로 취급합니다. 이 공백 문자를 사용하는 것이 패딩입니다.

이론적으로 이야기하면 RNN Encoder-Decoder는 가변 길이의 입출력을 다룰 수 있지만 구현할 때를 생각하면 가변 길이 벡터(배열)를 다루는 것은 그 처리가 복잡해집니다. 그래서 각 벡터의 길이를 유사적으로 맞추기 위해 문자를 '채워서' 모델의 입출력에 사용할 것입니다. 예를 들어, 이번 문제와 같이 "123+456"이라는 세 자리 수끼리의 덧셈은 문제되지 않지만 "12+34"일 경우에는 "12+34_ _"와 같이 마지막에 두 개의 공백 문자를 추가해서[4] 최대 문자 길이인 7개에 맞추고 나서 이를 1-of-K 표현으로 변환합니다. 출력은 500+500 이상은 문자 길이가 4가 되므로(=1000) 이때도 입력과 마찬가지로 7자리에 맞춥니다. 패딩은 다음과 같은 함수로 구현할 수 있습니다.

```
def padding(chars, maxlen):
    return chars + ' ' * (maxlen - len(chars))
```

이 함수를 사용하면 앞에서 나온 question은 다음과 같이 나타낼 수 있습니다.

```
input_digits = digits * 2 + 1
```

---

4 이번 예에서는 문자열 끝에 공백 문자를 추가했지만 문자열의 앞에 공백 문자를 추가할 경우도 있습니다.

```
question = '{}+{}'.format(a, b)
question = padding(question, input_digits)
```

그리고 질문과 답변의 쌍을 생성하는 코드 전체는 다음과 같습니다.

```
digits = 3 # 최대 자릿수
input_digits = digits * 2 + 1 # 예: 123+456
output_digits = digits + 1 # 500+500 = 1000 최대 자릿수

added = set()
questions = []
answers = []

while len(questions) < N:
    a, b = n(), n() # 적당한 수를 두 개 생성한다

    pair = tuple(sorted((a, b)))
    if pair in added:
        continue

    question = '{}+{}'.format(a, b)
    question = padding(question, input_digits) # 자릿수가 부족하면 채운다
    answer = str(a + b)
    answer = padding(answer, output_digits) # 자릿수가 부족하면 채운다

    added.add(pair)
    questions.append(question)
    answers.append(answer)
```

이번 예에서는 전체 데이터 수 N을 20,000으로 지정했는데 이 데이터에 대해 one-hot 인코딩을 실행해야 합니다. 일단 각 문자가 벡터의 어느 차원에 해당하는지 정의해 두겠습니다.

```
chars = '0123456789+ '
char_indices = dict((c, i) for i, c in enumerate(chars))
indices_char = dict((i, c) for i, c in enumerate(chars))
```

char_indices는 문자에서 벡터의 차원으로 변환한 것이고 indices_char는 벡터의 차원에서 문자로 변환한 것을 나타냅니다. 이 둘을 사용하면 실제로 모델에 주는 데이터는 다음과 같이 정의할 수 있습니다.

```
X = np.zeros((len(questions), input_digits, len(chars)), dtype=np.integer)
Y = np.zeros((len(questions), digits + 1, len(chars)), dtype=np.integer)

for i in range(N):
    for t, char in enumerate(questions[i]):
        X[i, t, char_indices[char]] = 1
    for t, char in enumerate(answers[i]):
        Y[i, t, char_indices[char]] = 1

X_train, X_validation, Y_train, Y_validation = \
    train_test_split(X, Y, train_size=N_train)
```

6.2.2.3 텐서플로에서 구현

RNN Encoder-Decoder를 구체적으로 구현해 보겠습니다. 먼저 inference( )의 내부를 살펴보겠습니다. 인코더도 디코더도 이번에는 모두 LSTM을 사용하기로 하겠습니다. 이렇게 하면 인코더는 일반적인 LSTM의 구현과 같으므로 다음과 같이 구현할 수 있습니다.

```
def inference(x, n_batch, input_digits=None, n_hidden=None):
    # 인코더
    encoder = rnn.BasicLSTMCell(n_hidden, forget_bias=1.0)
    state = encoder.zero_state(n_batch, tf.float32)
    encoder_outputs = []
    encoder_states = []

    with tf.variable_scope('Encoder'):
        for t in range(input_digits):
            if t > 0:
                tf.get_variable_scope().reuse_variables()
            (output, state) = encoder(x[:, t, :], state)
            encoder_outputs.append(output)
            encoder_states.append(state)
```

디코더는 LSTM의 초기 상태가 인코더의 마지막 상태가 되므로 일단 다음과 같이 정의할 수 있습니다.

```
def inference(x, y, n_batch, input_digits=None, n_hidden=None):
    # 인코더
    # ...
```

```
# 디코더
decoder = rnn.BasicLSTMCell(n_hidden, forget_bias=1.0)
state = encoder_states[-1]
decoder_outputs = [encoder_outputs[-1]]
```

그리고 디코더로 들어가는 입력은 직전 스텝의 출력이고 각 스텝의 상태는 다음과 같이 나타낼 수 있습니다.

```
def inference(x, y, n_batch,
              input_digits=None, output_digits=None, n_hidden=None):
    # ...
    with tf.variable_scope('Decoder'):
        for t in range(1, output_digits):
            if t > 1:
                tf.get_variable_scope().reuse_variables()
            (output, state) = decoder(y[:, t-1, :], state)
            decoder_outputs.append(output)
```

이렇게 하면 각 스텝에서 LSTM으로부터 나온 출력을 decoder_outputs가 저장하고 있게 되므로 모델의 출력 시퀀스를 구하려면 decoder_outputs 안에 있는 각각의 요소를 활성화 처리해야 합니다. 최종적인 모델의 출력은 다음과 같습니다.

```
def inference(x, y, n_batch,
              input_digits=None, output_digits=None,
              n_hidden=None, n_out=None):
    # ...
    V = weight_variable([n_hidden, n_out])
    c = bias_variable([n_out])

    output = tf.reshape(tf.concat(decoder_outputs, axis=1),
                        [-1, output_digits, n_hidden])
    linear = tf.einsum('ijk,kl->ijl', output, V) + c
    return tf.nn.softmax(linear)
```

output = tf.reshape(…) 부분은 decoder_outputs를 (데이터 수, 시퀀스 길이, 은닉층의 차원)에 맞추는 부분입니다. tf.einsum()은 어느 요소에 대해 tf.matmul()을 실행할지를 지정합니다[5]. output이 이제까지 본 모델처럼 (데이터 수, 은닉층의 차원)이라는 형태라면 tf.matmul()을 사용하면 되지만 이번 예제에서는 3층의 텐서와의 곱을 생각해야 합니다. 그래서 tf.einsum(ijk,kl->ijl')로 j 자리에 해당하는 시퀀스 길이 부분을 남기고 계산하도록 지정했습니다[6]. 이것이 선형활성 처리가 되므로 마지막에 tf.nn.softmax()를 실행하면 모델의 출력 시퀀스의 예측을 실행할 수 있습니다.

loss()나 training()은 지금까지 해온 것과 같은 방식으로 다음과 같이 구현합니다.

```
def loss(y, t):
    cross_entropy = \
        tf.reduce_mean(-tf.reduce_sum(
                        t * tf.log(tf.clip_by_value(y, 1e-10, 1.0)),
                        reduction_indices=[1]))
    return cross_entropy

def training(loss):
    optimizer = \
        tf.train.AdamOptimizer(learning_rate=0.001, beta1=0.9, beta2=0.999)
    train_step = optimizer.minimize(loss)
    return train_step
```

accuracy()에 관해서는 조금 주의해야 하는데 이제까지 다음과 같이 구현했지만

```
def accuracy(y, t):
    correct_prediction = tf.equal(tf.argmax(y, 1), tf.argmax(t, 1))
    accuracy = tf.reduce_mean(tf.cast(correct_prediction, tf.float32))
    return accuracy
```

이번에는 y도 t도 시퀀스 길이의 차원이 추가됐으므로 tf.argmax() 부분을 다음과 같이 axis를 변경해야 합니다.

```
correct_prediction = tf.equal(tf.argmax(y, -1), tf.argmax(t, -1))
```

---

5 엄밀하게 말하면 tf.einsum()은 아인슈타인의 '축약기법(Einstein summation convention)'을 나타내며 tf.matmul() 뿐만 아니라 전치를 나타내는 tf.transpose()나 대각성분의 합인 tf.trace() 등 텐서연산을 다양하게 표현할 수 있습니다.
6 tf.matmul()은 브로드 캐스트가 실행되므로 사실은 이것을 tf.matmul(output, V) + c라고 코딩해도 동일한 결과가 나옵니다. 그러나 3층 이상의 텐서 계산에서는 tf.einsum()을 사용하는 편이 구현과 식이 대응되는 방식을 이해하기 쉬우므로 tf.einsum()으로 구현한 것입니다

이렇게 해서 이제까지 했던 것처럼

```
n_in = len(chars) # 12
n_hidden = 128
n_out = len(chars) # 12

x = tf.placeholder(tf.float32, shape=[None, input_digits, n_in])
t = tf.placeholder(tf.float32, shape=[None, output_digits, n_out])
n_batch = tf.placeholder(tf.int32)

y = inference(x, t, n_batch,
              input_digits=input_digits,
              output_digits=output_digits,
              n_hidden=n_hidden, n_out=n_out)
loss = loss(y, t)
train_step = training(loss)

acc = accuracy(y, t)
```

위와 같이 각각을 정의하고

```
for epoch in range(epochs):
    X_, Y_ = shuffle(X_train, Y_train)

    for i in range(n_batches):
        start = i * batch_size
        end = start + batch_size

        sess.run(train_step, feed_dict={
            x: X_[start:end],
            t: Y_[start:end],
            n_batch: batch_size
        })
```

위와 같이 구현하면 일단 학습은 진행되는데 이 상태로는 검증 데이터를 사용해 실제로 예측 정확도를 측정할 수는 없습니다. 디코더의 각 스텝에서 나오는 출력를 구하는 처리는 다음과 같이 구현하는데

```
(output, state) = decoder(y[:, t-1, :], state)
```

이 y[:, t-1, :]는 정답 데이터의 일부를 사용하게 되므로 검증 데이터나 미지의 데이터에 대해서는 순수한 모델의 출력을 대신 사용해야 합니다. 다시 말하면 학습 이외의 작업에서는 다음과 같은 처리 내용을 수행합니다.

```python
linear = tf.matmul(decoder_outputs[-1], V) + c
out = tf.nn.softmax(linear)
out = tf.one_hot(tf.argmax(out, -1), depth=output_digits)


(output, state) = decoder(out, state)
```

따라서 디코더에 관한 처리는 다음과 같이 구현합니다.

```python
def inference(x, y, n_batch, is_training,
              input_digits=None, output_digits=None,
              n_hidden=None, n_out=None):
    # ...
    # 디코더
    decoder = rnn.BasicLSTMCell(n_hidden, forget_bias=1.0)
    state = encoder_states[-1]
    decoder_outputs = [encoder_outputs[-1]]

    # 출력층의 웨이트와 바이어스를 미리 정의한다
    V = weight_variable([n_hidden, n_out])
    c = bias_variable([n_out])
    outputs = []

    with tf.variable_scope('Decoder'):
        for t in range(1, output_digits):
            if t > 1:
                tf.get_variable_scope().reuse_variables()

            if is_training is True:
                (output, state) = decoder(y[:, t-1, :], state)
            else:
                # 직전의 출력을 입력에 사용한다
                linear = tf.matmul(decoder_outputs[-1], V) + c
                out = tf.nn.softmax(linear)
                outputs.append(out)
```

```
            out = tf.one_hot(tf.argmax(out, -1), depth=output_digits)
            (output, state) = decoder(out, state)

        decoder_outputs.append(output)
```

그리고 모델 전체의 출력은 그대로 구현하면 되지만 학습 이외에는 이미 각 스텝에서 소프트맥스 함수로 계산하므로 이 부분도 다음과 같이 분기시키면

```
def inference(x, y, n_batch, is_training,
              input_digits=None, output_digits=None,
              n_hidden=None, n_out=None):

    # ...
    if is_training is True:
        output = tf.reshape(tf.concat(decoder_outputs, axis=1),
                            [-1, output_digits, n_hidden])

        linear = tf.einsum('ijk,kl->ijl', output, V) + c
        return tf.nn.softmax(linear)
    else:
        # 마지막 출력을 구한다
        linear = tf.matmul(decoder_outputs[-1], V) + c
        out = tf.nn.softmax(linear)
        outputs.append(out)

        output = tf.reshape(tf.concat(outputs, axis=1),
                              [-1, output_digits, n_out])
        return output
```

이중으로 계산되는 것을 막을 수 있습니다. 이렇게 해서 학습 이외의 작업도 고려한 모델을 구현했습니다[7].

따라서 최종적으로 모델 설정은 다음과 같이 구현할 수 있고

---

7 텐서플로의 버전 1.0에서는 tf.contrib.legacy_seq2seq()라는 API가 제공되지만 'legacy'라는 단어가 붙은 것을 보면 알 수 있듯이 이것은 버전 1.1에서 폐지될 예정이므로 이 예에서는 사용하지 않았습니다.

```
x = tf.placeholder(tf.float32, shape=[None, input_digits, n_in])
t = tf.placeholder(tf.float32, shape=[None, output_digits, n_out])
n_batch = tf.placeholder(tf.int32)
is_training = tf.placeholder(tf.bool)

y = inference(x, t, n_batch, is_training,
              input_digits=input_digits,
              output_digits=output_digits,
              n_hidden=n_hidden, n_out=n_out)
# ...
```

모델을 학습시키는 처리는 다음과 같이 구현합니다.

```
for epoch in range(epochs):
    X_, Y_ = shuffle(X_train, Y_train)

    for i in range(n_batches):
        start = i * batch_size
        end = start + batch_size

        sess.run(train_step, feed_dict={
            x: X_[start:end],
            t: Y_[start:end],
            n_batch: batch_size,
            is_training: True
        })

    val_loss = loss.eval(session=sess, feed_dict={
        x: X_validation,
        t: Y_validation,
        n_batch: N_validation,
        is_training: False
    })
    val_acc = acc.eval(session=sess, feed_dict={
        x: X_validation,
        t: Y_validation,
        n_batch: N_validation,
        is_training: False
    })
```

val_loss와 val_acc에 Y_validation을 지정했는데 이것은 단지 loss( )나 accuracy( ) 안에서 계산하는 데 필요한 것이고 inference( )에서는 사용되지 않으므로 주의하기 바랍니다. 이제 실제로 학습과 예측을 실행해보면 그림 6.7과 같은 결과가 나오며 이 결과를 보면 각 문자의 의미가 학습됐다는 것을 알 수 있습니다.

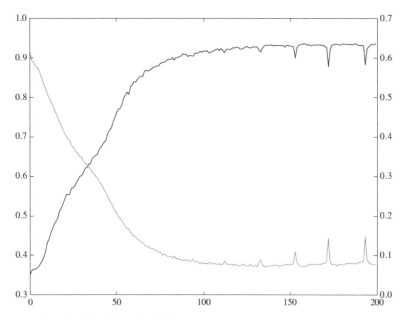

그림 6.7 예측 정확도(왼쪽 축)와 오차(오른쪽 축)

시험 삼아 각 에폭에서의 검증 데이터로부터 무작위로 10개의 문제를 선택해서 Q&A 형식으로 출력해 보겠습니다. 출력하기 위한 코드는 다음과 같습니다.

```
for epoch in range(epochs):
    # 학습 코드
    # ...
    # 검증 데이터로부터 무작위로 문제를 선택해서 답을 맞춰본다
    for i in range(10):
        index = np.random.randint(0, N_validation)
        question = X_validation[np.array([index])]
        answer = Y_validation[np.array([index])]
        prediction = y.eval(session=sess, feed_dict={
            x: question,
            # t: answer,
```

```
        n_batch: 1,
        is_training: False
    })
    question = question.argmax(axis=-1)
    answer = answer.argmax(axis=-1)
    prediction = np.argmax(prediction, -1)

    q = ''.join(indices_char[i] for i in question[0])
    a = ''.join(indices_char[i] for i in answer[0])
    p = ''.join(indices_char[i] for i in prediction[0])

    print('-' * 10)
    print('Q: ', q)
    print('A: ', p)
    print('T/F:', end=' ')
    if a == p:
        print('T')
    else:
        print('F')
```

실행해보면 첫 50에폭쯤에서는 아직 정답률이 낮으며 틀린 문제가 눈에 띕니다.

```
----------
Q:    1+773
A:    774
T/F: T
----------
Q:    430+16
A:    457
T/F: F
----------
Q:    8+665
A:    663
T/F: F
----------
Q:    6+944
A:    950
T/F: T
----------
```

```
Q:    34+13
A:    57
T/F: F
----------
Q:    70+75
A:    144
T/F: F
----------
Q:    952+966
A:    1849
T/F: F
----------
Q:    0+2
A:    2
T/F: T
----------
Q:    945+0
A:    946
T/F: F
----------
Q:    3+606
A:    609
T/F: T
----------
```

그러나 에폭 수가 200이 되면 거의 틀리지 않고 덧셈을 계산한다는 것을 확인할 수 있습니다.

```
----------
Q:    871+1
A:    872
T/F: T
----------
Q:    91+323
A:    414
T/F: T
----------
Q:    891+51
A:    952
T/F: F
```

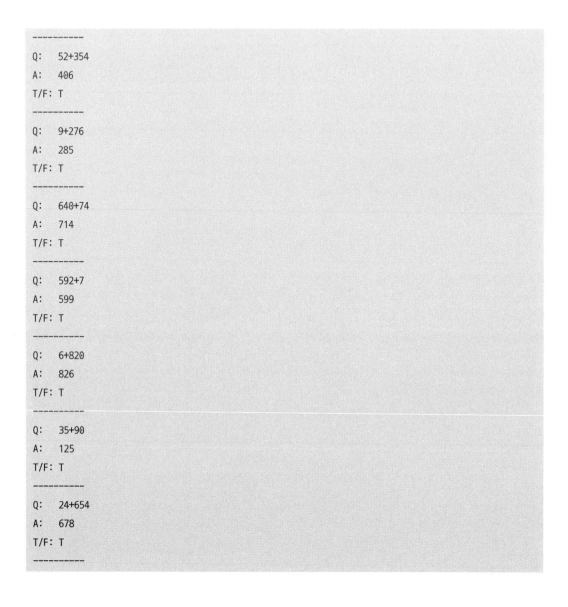

6.2.2.4 케라스에서 구현

텐서플로에서는 `is_training`을 사용해서 학습하는 처리와 테스트(검증)하는 처리를 나눴지만 케라스에서는 이제까지 했던 것처럼 코딩해서 RNN Encoder-Decoder를 구현할 수 있습니다[8]. 모델을 설정하는 부분을 살펴보겠습니다.

---

8   이를 구현한 예가 케라스의 깃허브 리포지토리에 정리돼 있으므로 참고하기 바랍니다. https://github.com/fchollet/keras/blob/master/examples/addition_rnn.py

```
model = Sequential()

# 인코더
model.add(LSTM(n_hidden, input_shape=(input_digits, n_in)))

# 디코더
model.add(RepeatVector(output_digits))
model.add(LSTM(n_hidden, return_sequences=True))

model.add(TimeDistributed(Dense(n_out)))
model.add(Activation('softmax'))
model.compile(loss='categorical_crossentropy',
              optimizer=Adam(lr=0.001, beta_1=0.9, beta_2=0.999),
              metrics=['accuracy'])
```

위와 같이 구현합니다. 그러나 다음과 같이 미리 RepeatVector와 TimeDistributed를 임포트해둬야 합니다.

```
from keras.layers.core import RepeatVector
from keras.layers.wrappers import TimeDistributed
```

RepeatVector(output_digits)는 출력의 최대 시퀀스 길이만큼 입력을 반복하고 TimeDistributed(Dense(n_out))은 시계열에 따라 층을 결합하는 처리를 담당합니다. 텐서플로에서는 출력의 시퀀스를 구현하기 위해 tf.concat()이나 tf.einsum()을 사용해서 구현하는데 케라스에서 이 메서드들을 사용하면 시퀀스에 대해 거의 신경 쓸 필요 없이 다른 층도 정의할 수 있습니다[9].

6.3 Attention

6.3.1 시간의 웨이트

6.2절에 나왔던 RNN Encoder-Decoder는 성능이 꽤 좋은 모델이긴 하지만 잘 생각해보면 불필요한 처리를 수행한다는 단점이 있습니다. 그림 6.6을 보면 알 수 있듯이 입력 시퀀스가 가진 '문맥' 정보

---

9 엄밀하게 말하면 이론 부분에서 설명했던 모델과 이번에 케라스에서 구현하는 것과는 모델의 모양이 다릅니다. 예를 들어 케라스에서는 각 스텝에서 인코더의 출력이 디코더의 입력으로 들어갑니다. 그러나 모델의 구성에 대해 생각해보면 전파하는 방법은 달라졌지만 학습을 진행하는 데는 영향을 주지 않는다는 것을 알 수 있습니다.

는 인코더와 디코더의 경계 부분인 (고정 길이의) 벡터 c에 모두 모여 있게 됩니다. 그러나 사실은 각 시간 중에서 과거의 어느 시간을 중시해야 할지는 모두 다르기 때문에 입력 시퀀스가 가진 정보를 이 하나의 벡터에 집약해둬야 할 이유가 없습니다. 시간에 웨이트를 부여해서 각 시간에 따라 동적으로 변하는 벡터를 만든다면 더욱 좋은 모델이 얻어질 것입니다.

그래서 사용하게 된 것이 바로 **Attention**이라는 기법입니다. 본래는 문헌[4]에서 RNN Encoder-Decoder를 개량한 구조로 소개된 기법인데[10] 그 후에도 '시간에 웨이트를 적용한다'라는 바탕은 공통으로 가지고 있는 몇 가지 다른 모델이 고안되어 RNN Encoder-Decoder가 아닌 기법도 응용되고 있습니다. 그럼 문헌[4]에 나온 모델을 살펴보겠습니다. 그림 6.8은 이 모델의 개요를 보여줍니다.

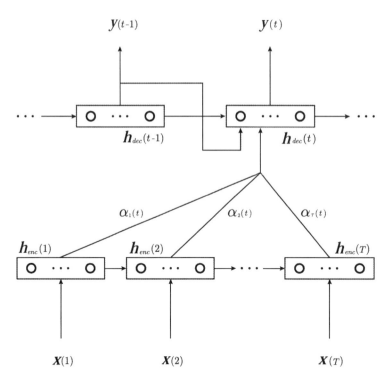

그림 6.8 Attention을 적용한 RNN Encoder-Decoder의 개요

입력 시퀀스를 받아들이는 인코더는 이제까지와 같은 구조를 이루고 있지만[11] 디코더가 각각의 시간에서 인코더의 출력을 받아들이도록 변경했습니다. 이것의 식으로 생각해보면 본래 디코더는 식 6.6에서 본 것처럼 다음과 같이 나타낼 수 있는데

---

10 문헌[4]에서 Attention이라는 이름은 언급되지 않습니다.
11 문헌[4]에서는 정확도를 높이기 위해 인코더에 Bidirectional RNN을 사용합니다.

$$\boldsymbol{h}_{dec}(t) = f(\boldsymbol{h}_{dec}(t-1), \boldsymbol{y}(t-1), \boldsymbol{c}) \tag{6.10}$$

Attention에서는 이 $\boldsymbol{c}$가 시간 t에 의해 다른 벡터가 됩니다. 즉, $\boldsymbol{c} = \boldsymbol{c}(t)$가 되는 것입니다. 그러므로 다음과 같이 나타낼 수 있습니다.

$$\boldsymbol{h}_{dec}(t) = f(\boldsymbol{h}_{dec}(t-1), \boldsymbol{y}(t-1), \boldsymbol{c}(t)) \tag{6.11}$$

이 $\boldsymbol{c}(t)$가 시간의 웨이트를 고려한 식이 돼야 하는데 단순하게 생각하면 이것은 다음과 같은 모양이 될 것입니다.

$$\boldsymbol{c}(t) = \sum_{\tau=1}^{T} \alpha_\tau(t) \boldsymbol{h}_{enc}(\tau) \tag{6.12}$$

이 $\alpha_\tau(t)$가 각 인코더의 값을 디코더에게 얼마만큼 전달하는지의 비율(=웨이트)을 나타냅니다. $\alpha_\tau(t)$가 비율을 나타내므로 전체 합은 1이 됩니다.

$$w_\tau(t) := f(\boldsymbol{h}_{dec}(t-1), \boldsymbol{h}_{enc}(\tau)) \tag{6.13}$$

따라서 위의 식을 성립시키는 $W_\tau(t)$를 사용해 다음과 같이 나타낼 수 있습니다.

$$\alpha_\tau(t) = \frac{\exp(w_\tau(t))}{\sum_{\rho=1}^{T} \exp(w_\rho(t))} = \text{softmax}(w_\tau(t)) \tag{6.14}$$

이 $W_\tau(t)$가 바로 최적화해야 하는(정규화하기 전의) 웨이트를 나타내며, 함수 f의 각 입력을 $\boldsymbol{h}_{dec}(t-1), \boldsymbol{h}_{enc}(\tau)$라고 하고 전체에 전용되는 웨이트를 각각 $W_a, U_a, \boldsymbol{v}_a$라고 하면 $W_\tau(t)$를 다음과 같이 표현하게 되고

$$w_\tau(t) = f(\boldsymbol{h}_{dec}(t-1), \boldsymbol{h}_{enc}(\tau)) \tag{6.15}$$

$$= \boldsymbol{v}_a^T \tanh(W_a \boldsymbol{h}_{dec}(t-1) + U_a \boldsymbol{h}_{enc}(\tau)) \tag{6.16}$$

이렇게 해서 각 식의 경사를 계산할 수 있으므로 이제까지 했던 확률 경사하강법을 적용할 수 있습니다. Attention이라는 이름이 붙어 있긴 하지만 이것은 단지 시간의 웨이트를 모델에 어떻게 반영할까, 라는 생각을 그대로 식으로 만든 것일 뿐입니다.

6.3.2 LSTM에서의 Attention

그림 6.8에 나온 모델에서는 네트워크의 층간 연결을 변경해서 시간의 웨이트를 반영했지만 은닉층에 있는 각 셀 내부의 연결을 변경해서 동일한 기능을 구현할 수 있을까요? 예를 들어, 어떤 하나의 LSTM 블록의 출력 $h(t)$에 주목해보면 $h(t) = f(h(t-1), x(t))$라고 표현됐지만 이 식에 대해 잘 생각해보면 직전의 시간 $t-1$에 그때까지 있던 시계열 정보가 모두 집약되고, 그래서 RNN Encoder-Decoder 같은 모양을 이루고 있다는 것을 알 수 있습니다. 셀 자체가 시간의 웨이트를 고려할 수 있게 한다면 다양한 모델에 Attention을 적용할 수 있을 것입니다. 사실은 이것도 네트워크 층간의 Attention을 고려했을 때와 같은 방법으로 구현할 수 있으며, 예를 들어 문헌[5]에서는 (핍홀 결합이 없는) LSTM 에 Attention을 도입한 모델을 제안합니다. 기존의 LSTM의 어느 부분을 변경하면 좋을지 살펴보겠습니다.

5장에서 설명했듯이 시간 t에서 LSTM의 입력 게이트, 출력 게이트, 망각 게이트, 입력을 활성화한 값을 각각 $i(t), o(t), f(t), a(t)$라고 두면 각각을 간단한 모양으로 정리한 식은 다음과 같고

$$\begin{pmatrix} i(t) \\ o(t) \\ f(t) \\ a(t) \end{pmatrix} = \begin{bmatrix} \sigma \\ \sigma \\ \sigma \\ \tanh \end{bmatrix} \cdot \begin{pmatrix} W_i & U_i & b_i \\ W_o & U_o & b_o \\ W_f & U_f & b_f \\ W_a & U_a & b_a \end{pmatrix} \begin{pmatrix} x(t) \\ h(t-1) \\ 1 \end{pmatrix} \tag{6.17}$$

CEC의 값 $c(t)$는 위의 식을 사용해 다음과 같이 나타낼 수 있습니다.

$$c(t) = i(t) \odot a(t) + f(t) \odot c(t-1) \tag{6.18}$$

이 식 6.17과 식 6.18에 포함된 $h(t-1), c(t-1)$을 각각 시간의 웨이트를 고려한 항 $\tilde{h}(t), \tilde{c}(t)$로 변경할 것입니다. 이렇게 하기 위해서 식 6.12에서와 같은 방식으로 웨이트를 적용하면

$$\begin{pmatrix} \tilde{h}(t) \\ \tilde{c}(t) \end{pmatrix} = \sum_{\tau=1}^{t-1} \alpha_\tau(t) \begin{pmatrix} h(\tau) \\ c(\tau) \end{pmatrix} \tag{6.19}$$

위의 식을 만족시키며 과거의 시간 τ에 대한 웨이트의 비율인 $\alpha_\tau(t)$를 도입하면 됩니다. 그러나 이 $\alpha_\tau(t)$는 식 6.14와 마찬가지로 다음과 같은 식으로 표현됩니다.

$$\alpha_\tau(t) = \mathrm{softmax}(w_\tau(t)) \tag{6.20}$$

그러나 $W_\tau(t)$는 이번 예에서 $\boldsymbol{x}(t), \tilde{\boldsymbol{h}}(t-1), \boldsymbol{h}(\tau)$라는 세 개의 값에 의존하므로 다음과 같이 표현할 수 있습니다.

$$w_\tau(t) := g\left(\boldsymbol{x}(t), \tilde{\boldsymbol{h}}(t-1), \boldsymbol{h}(\tau)\right) \tag{6.21}$$

$$= \boldsymbol{v}^T \tanh\left(W_x \boldsymbol{x}(t) + W_{\tilde{h}} \tilde{\boldsymbol{h}}(t-1) + W_h \boldsymbol{h}(\tau)\right) \tag{6.22}$$

따라서 다음과 같은 식을 통해

$$\begin{pmatrix} \boldsymbol{i}(t) \\ \boldsymbol{o}(t) \\ \boldsymbol{f}(t) \\ \boldsymbol{a}(t) \end{pmatrix} = \begin{bmatrix} \sigma \\ \sigma \\ \sigma \\ \tanh \end{bmatrix} \cdot \begin{pmatrix} W_i & U_i & \boldsymbol{b}_i \\ W_o & U_o & \boldsymbol{b}_o \\ W_f & U_f & \boldsymbol{b}_f \\ W_a & U_a & \boldsymbol{b}_a \end{pmatrix} \begin{pmatrix} \boldsymbol{x}(t) \\ \tilde{\boldsymbol{h}}(t) \\ 1 \end{pmatrix} \tag{6.23}$$

$$\boldsymbol{c}(t) = \boldsymbol{i}(t) \odot \boldsymbol{a}(t) + \boldsymbol{f}(t) \odot \tilde{\boldsymbol{c}}(t) \tag{6.24}$$

LSTM에 Attention을 도입할 수 있습니다.

텐서플로에서는 지금까지 설명한 내용이 `AttentionCellWrapper()`에 담겨 있습니다. 예를 들어, 덧셈을 학습시킬 때의 인코더는 다음과 같이 구현했는데

```
encoder = rnn.BasicLSTMCell(n_hidden, forget_bias=1.0)
```

이 코드를 `AttentionCellWrapper()`로 감싸면

```
encoder = rnn.AttentionCellWrapper(encoder,
                                   input_digits,
                                   state_is_tuple=True)
```

Attention 기법을 지원하게 됩니다. 이 사항은 디코더에 관해서도 동일하게 적용됩니다.

6.4 Memory Networks

6.4.1 기억의 외부화

이제까지 본 LSTM이나 GRU 같은 순환 신경망의 기법은 모두 셀 내부에 시계열 정보를 저장하고 거기에 저장된 정보를 토대로 예측을 실행하는 모델이었습니다. 그러나 이 기법들은 알고리즘의 구조상 (매우) 장기간에 해당하는 시간을 학습하려면 막대한 시간이 걸리고 또한 과거의 정보가 하나의 벡터에 집약돼 있기 때문에 적절히 기억할 수 없다는 문제에 직면하기도 했습니다. Attention과 같은 기법을 도입하면 과거 어느 시간이 관계돼 있는지를 학습할 수는 있었지만 매개변수의 개수가 늘어나서 학습하는 데 많은 시간이 걸리므로 결국 기억할 수 있는 시간의 길이에는 한계가 있다는 점에는 변함이 없습니다.

이 문제를 해결하기 위해 고안된 것이 바로 **Memory Networks**(이하 MemN)입니다. 순환 신경망은 학습 과정에서 시간 의존성 정보를 네트워크 안에 저장하기 때문에, 즉 다시 말하면 셀의 내부에 기억을 저장하기 때문에 학습 과정에서 발생하는 구조적인 문제를 가지고 있었습니다. 그러나 MemN에서는 이 기억을 외부로 내보내서 학습이 효율적으로 진행되게 합니다. 기억을 외부에 가지는 네트워크는 문헌[6]과 [7]에서 거의 동시에 제안됐습니다. 적용한 문제가 다르기 때문에 모델의 모양에 약간의 차이는 있지만 기본적인 구조는 그림 6.9와 같습니다. 사전에 외부기억을 구축해두고 그 기억을 적절히 읽고 쓰게 하면 어떤 입력이 주어져도 제대로 출력될 것입니다. 다시 말하면 MemN은 외부기억을 어떻게 읽고 써야 하는지를 학습하는 기법이라 말할 수 있습니다. 인간도 뭔가를 생각할 때는 뇌에 이미 있는 기억과 대조해서 답을 찾으므로 MemN은 인간의 뇌에 더욱 가까운 형태라고 말할 수 있을 것입니다.

기억을 읽고 쓰는 기능을 제어하는 부분에는 일반적인 피드 포워드 네트워크를 사용할 수 있어서 순환 신경망에 비교하면 계산량을 대폭으로 줄일 수 있습니다. LSTM을 사용하면 정확도가 향상된다는 내용이 문헌[7]에 나오는데 단순한 MemN 자체는 순환 신경망이 아니라는 점에 주의하기 바랍니다.

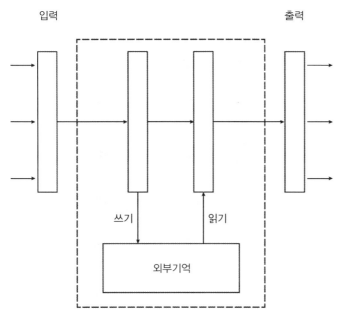

입력   출력

쓰기   읽기

외부기억

그림 6.9 Memory Networks의 개요

6.4.2 Q&A 문제에 적용

6.4.2.1 bAbi 문제

식으로 나타내기 전에 MemN을 어떤 문제에 적용할 수 있는지 파악하기 위해 **bAbi** 문제[12]에 대해 설명하겠습니다. 이것은 Facebook AI Research에서 공개하는 데이터 셋이며 Q&A를 중심으로 텍스트 형식의 데이터가 정리돼 있습니다. 덧셈 학습에서는 다음과 같이 1문1답 형식이었지만

```
Q. 123+456
A. 579
```

bAbi에서는 다음과 같이

```
Mary moved to the bathroom.
John went to the hallway.
Q. Where is Mary?
A. bathroom
```

---

12   http://fb.ai/babi

여러 문장으로 구성된 줄거리를 읽고 나서 질문이 주어지고 그 질문에 대해 답변하는 문제입니다. 위의 예는 가장 단순한 문제이고 다음과 같은 장문을 읽는 문제도 있습니다[13].

```
Sandra travelled to the office.
Sandra went to the bathroom.
Mary went to the bedroom.
Daniel moved to the hallway.
John went to the garden.
John travelled to the office.
Daniel journeyed to the bedroom.
Daniel travelled to the hallway.
John went to the bedroom.
John travelled to the office.
Q. Where is Daniel?
A. hallway
```

물론 줄거리를 기반으로 한 문제도 시계열 데이터이므로 일반적인 LSTM에서도 학습을 진행할 수는 있지만 줄거리가 길어지면 학습이 잘 진행되지 않습니다. 그러나 MemN에서는 줄거리가 길어져도 효율적으로 학습을 진행할 수 있습니다.

6.4.2.2 모델화

bAbi 문제에 관해 MemN을 어떻게 모델화할지를 문헌[8]에서 제안하는 모델을 기반으로 해서 생각해 보겠습니다. 모델의 개요는 그림 6.10과 같습니다. 그림 6.9와 형태는 다르지만 줄거리를 기반으로 외부기억을 구축하고 질문과 기억을 대조해서 출력(답변)을 낸다는 점에서는 두 가지가 동일한 구조라고 말할 수 있습니다. 그러나 bAbi 쪽은 줄거리가 입력용과 출력용으로 두 개의 외부기억으로 분해돼 있다는 점이 특징이라고 할 수 있을 것입니다.

---

13 이 단원에서 설명하고 있는 것은 모두 사실이 기술된 줄거리를 읽고 답을 생각하는 문제지만 bAbi에는 이 밖에도 수를 세는 문제나 추론하는 문제 등 총 20개의 문제가 마련돼 있습니다. 이 책에서 다루고 있는 것은 문제 1입니다.

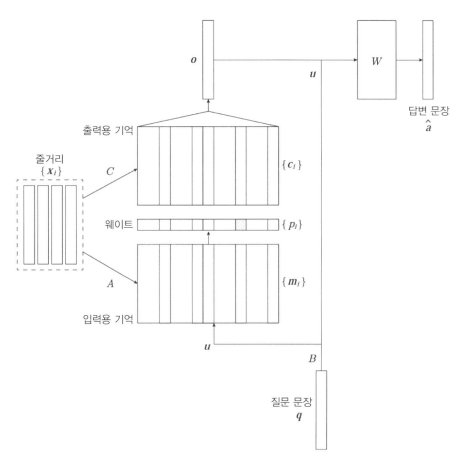

그림 6.10 MemoryNetworks[8]의 개요도

조금 더 자세히 알아보겠습니다. 줄거리를 외부기억에 저장하는 부분에는 모두 **Word Embedding**이라는 기법이 사용됐습니다. 이것은 단순한 기호로 처리된(=one-hot 인코딩된) 단어 벡터를 단어의 의미를 고려한 벡터로 사상한다는 것을 나타냅니다. one-hot 인코딩에서는 요소가 1인 성분끼리 이웃하는 벡터 사이에 아무런 관련도 없었지만 각 성분이 0, 1 이외의 부동소수점 수를 취하는 벡터로 사상함으로써 의미가 가까운 단어는 같은 값을 가지도록 표현할 수 있게 됩니다. Word Embedding을 응용한 유명한 예로 **word2vec**[14]이 있는데 word2vec을 사용하면 가령 vector('파리') - vector('프랑스') + vector('한국') = vector('서울')이라는 방식으로 단어 벡터끼리 계산할 수 있습니다. 가장 단순한 Word Embedding이라고 생각할 수 있는 기법은 one-hot 인코딩된 벡터에 웨이트 행렬을 곱하는 것이므로 신경망의 층으로 표현할 수 있습니다. 이 웨이트를 학습을 통해 최적화하면 되는 것입니

14 https://code.google.com/archive/p/word2vec/

다. 이번에 만들 모델에서 각 줄거리 x_i는 Word Embedding용 웨이트 행렬 A와 C를 사용해 각각 입력용 기억 m_i, 출력용 기억 c_i에 전파됩니다. 이렇게 하면 줄거리를 기억으로써 어떻게 저장하는게 좋을지 학습을 통해 최적화될 것입니다.

줄거리에 Word Embedding을 사용했으므로 입력인 질문 q에도 마찬가지로 Word Embedding을 사용해야 합니다. 이때 사용할 웨이트 행렬을 B라고 하고 전파 후의 벡터를 u라고 하겠습니다. 그래서 이 u를 입력용 외부기억 $\{m_i\}$과 대조해보면 해당 기억을 꺼낼 수 있습니다. 각 기억에 대한 적합도는 $u^T m_i$로 구할 수 있으므로 다음 식의

$$p_i := \text{softmax}\left(u^T m_i\right) \tag{6.25}$$

p_i를 구하면 적합도를 확률로 나타낼 수 있습니다. 이것을 다시 출력용 외부기억 $\{c_i\}$와 대조해보면 기억으로부터 출력 o를 구할 수 있습니다. 식으로 표현하면 다음과 같습니다.

$$o := \sum_i p_i c_i \tag{6.26}$$

이때 얻어진 o는 아직 Embedding 표현의 벡터 형식이므로 이를 최종 답변 문장 형식으로 만들기 위해 다음 식으로 예측된 답변 $\hat{a}$를 구합니다.

$$\hat{a} = \text{softmax}(W(o + u)) \tag{6.27}$$

이렇게 해서 모델 전체의 흐름을 모두 설명했습니다. 식을 보면 모두 미분가능하고 식 6.27은 소프트맥스 함수이므로 이제까지 본 기법과 마찬가지로 교차 엔트로피 오차함수를 사용해 확률 경사하강법을 적용할 수 있음을 알 수 있습니다.

6.4.3 구현

그림 6.10에 나온 모델을 구현하는 방법을 생각해 보겠습니다. 케라스에서 구현한 예가 깃허브에 공개돼 있으므로[15] 이 예제를 토대로 데이터를 전처리하는 방법과 텐서플로에서 구현하는 방법을 살펴보겠습니다.

---

15 https://github.com/fchollet/keras/blob/master/examples/babi_memnn.py

6.4.3.1 데이터 준비

bAbi 데이터는 https://s3.amazonaws.com/text-datasets/babi_tasks_1-20_v1-2.tar.gz에 공개돼 있으므로 이것을 내려받겠습니다[16, 17]. 파일이 tar 형식이므로 내려받은 후에 다음과 같이 지정해서 파일 오브젝트를 얻습니다.

```
import tarfile

tar = tarfile.open(path)
```

이번에 사용할 문제 1의 훈련 데이터와 테스트 데이터는

- tasks_1-20_v1-2/en-10k/qa1_single-supporting-fact_train.txt

- tasks_1-20_v1-2/en-10k/qa1_single-supporting-fact_test.txt

위의 파일에 포함돼 있고

```
challenge = 'tasks_1-20_v1-2/en-10k/qa1_single-supporting-fact_{}.txt'
train_stories = get_stories(tar.extractfile(challenge.format('train')))
test_stories = get_stories(tar.extractfile(challenge.format('test')))
```

위와 같이 구현하면 코드가 짧게 정리됩니다. 여기서 정의한 get_stories()는 각 문제를 줄거리·질문·답변 문장이라는 형식으로 정리하는 함수입니다. 본래의 파일 내용은 다음과 같이 일련의 줄거리 사이의 곳곳에 질문이 끼워져 있는 형식이었지만

```
[b'1 Mary moved to the bathroom.\n',
b'2 John went to the hallway.\n',
b'3 Where is Mary? \tbathroom\t1\n',
b'4 Daniel went back to the hallway.\n',
b'5 Sandra moved to the garden.\n',
b'6 Where is Daniel? \thallway\t4\n', ...]
```

get_stories()에 의해 하나의 질문에 하나의 줄거리가 대응하는 형식으로 정리됩니다.

---

16 또는 http://www.thespermwhale.com/jaseweston/babi/tasks_1-20_v1-2.tar.gz에서도 내려받을 수 있습니다.
17 구현 방법에 대한 자세한 설명은 생략하겠지만 간단하게 설명하자면 utils.data에 get_file()이라는 함수를 구현했습니다. 이것을 사용하면 내려받는 작업까지 자동으로 해 줍니다. 케라스에서도 같은 일을 하는 from keras.utils.data_utils import get_file이라는 API가 제공됩니다.

그리고 덧셈 학습에서 문제 문장을 한 개의 문자별로 분해해서 생각했던 것처럼 이 예제에서도 문장을 한 단어씩 분할해서 저장합니다.

```
[(['Mary', 'moved', 'to', 'the', 'bathroom', '.',
'John', 'went', 'to', 'the', 'hallway', '.'],
['Where', 'is', 'Mary', '?'], 'bathroom'),
(['Mary', 'moved', 'to', 'the', 'bathroom', '.',
'John', 'went', 'to', 'the', 'hallway', '.',
'Daniel', 'went', 'back', 'to', 'the', 'hallway', '.',
'Sandra', 'moved', 'to', 'the', 'garden', '.'],
['Where', 'is', 'Daniel', '?'], 'hallway')]
```

여기서 얻어진 데이터의 내용은 아직 문자열이므로 이를 숫자값으로 치환하는 처리가 필요합니다. 그리고 이전에 덧셈 학습에서 살펴봤던 것처럼 이번 예제에서도 패딩 처리에 대해 생각해야 하므로 단어 수나 줄거리, 질문의 최대 길이를 구해둡니다.

```python
vocab = set()
for story, q, answer in train_stories + test_stories:
    vocab |= set(story + q + [answer])
vocab = sorted(vocab)
vocab_size = len(vocab) + 1 # 패딩을 위해 +1

story_maxlen = \
    max(map(len, (x for x, _, _ in train_stories + test_stories)))
question_maxlen = \
    max(map(len, (x for _, x, _ in train_stories + test_stories)))
```

이것을 사용하면

```python
def vectorize_stories(data, word_indices, story_maxlen, question_maxlen):
    X = []
    Q = []
    A = []
    for story, question, answer in data:
        x = [word_indices[w] for w in story]
        q = [word_indices[w] for w in question]
        a = np.zeros(len(word_indices) + 1) # 패딩을 위해 +1
        a[word_indices[answer]] = 1
```

```
    X.append(x)
    Q.append(q)
    A.append(a)
return (padding(X, maxlen=story_maxlen),
        padding(Q, maxlen=question_maxlen), np.array(A))
```

위의 코드에 대해

```
word_indices = dict((c, i + 1) for i, c in enumerate(vocab))
inputs_train, questions_train, answers_train = \
    vectorize_stories(train_stories, word_indices,
                      story_maxlen, question_maxlen)

inputs_test, questions_test, answers_test = \
    vectorize_stories(test_stories, word_indices,
                      story_maxlen, question_maxlen)
```

위와 같이 구현하면 숫자값으로 치환된 단어 벡터를 얻을 수 있습니다. 이번 예제에서는 줄거리의 데이터는 1-of-K 표현이 아니고 단어의 인덱스를 그대로 요소로 사용한다는 점에 주의하기 바랍니다.

6.4.3.2 텐서플로에서 구현

모델을 만들려면 이제까지 했던 것처럼 inference(), loss(), training()이라는 세 개의 함수를 구현합니다. 먼저 inference()부터 살펴보겠습니다. 일단 Embedding을 위한 웨이트 행렬을 정의합니다.

```
def inference(vocab_size, embedding_dim, question_maxlen):
    # ...
    A = weight_variable([vocab_size, embedding_dim])
    B = weight_variable([vocab_size, embedding_dim])
    C = weight_variable([vocab_size, question_maxlen])
```

Embedding의 실제적인 처리는 텐서플로에서 tf.nn.embedding_lookup()이 API로 제공되므로 이를 이용해 다음과 같이 줄거리와 질문을 Embedding합니다.

```
def inference(x, q, vocab_size, embedding_dim, question_maxlen):
    #...
    m = tf.nn.embedding_lookup(A, x)
```

```
    u = tf.nn.embedding_lookup(B, q)
    c = tf.nn.embedding_lookup(C, x)
```

그리고 식 6.25로 표현되는 p_i에 대해 이야기하면 이 예제에서는 질문 q가 단어열(시계열)의 형태를 이루고 있으므로 tf.matmul() 대신 tf.einsum()을 사용합니다.

```
p = tf.nn.softmax(tf.einsum('ijk,ilk->ijl', m, u))
```

그리고 이와 함께 식 6.26의 o와 식 6.27의 $o + u$ 부분도 다음의 코드처럼 식과는 조금 다르게 구현합니다.

```
o = tf.add(p, c)
o = tf.transpose(o, perm=[0, 2, 1])
ou = tf.concat([o, u], axis=-1)
```

그리고 식 6.27에 나온 것처럼 웨이트 행렬 W를 정의해서 일반적인 피드 포워드 신경망으로 학습을 실행하는 것이 문헌[8]에 언급돼 있지만 마찬가지로 bAbi 문제로 실험하는 내용이 담긴 문헌[6]에서는 이 부분을 LSTM을 통해 학습을 실행해서 정확도를 향상시킵니다. 그래서 이번 예제에서도 출력 부분에는 LSTM을 사용하겠습니다. 출력 부분의 흐름을 그림 6.11에 정리했습니다.

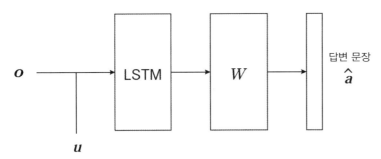

그림 6.11 출력 부분의 개요도

구현은 다음과 같습니다.

```
cell = tf.contrib.rnn.BasicLSTMCell(embedding_dim//2, forget_bias=1.0)
initial_state = cell.zero_state(n_batch, tf.float32)
state = initial_state
outputs = []
```

```
with tf.variable_scope('LSTM'):
    for t in range(question_maxlen):
        if t > 0:
            tf.get_variable_scope().reuse_variables()
        (cell_output, state) = cell(ou[:, t, :], state)
        outputs.append(cell_output)
output = outputs[-1]
W = weight_variable([embedding_dim//2, vocab_size], stddev=0.01)
a = tf.nn.softmax(tf.matmul(output, W))
```

위에 나온 내용을 정리하면 inference( )는 최종적으로 다음과 같이 구현할 수 있습니다.

```
def inference(x, q, n_batch,
              vocab_size=None,
              embedding_dim=None,
              story_maxlen=None,
              question_maxlen=None):
    def weight_variable(shape, stddev=0.08):
        initial = tf.truncated_normal(shape, stddev=stddev)
        return tf.Variable(initial)

    def bias_variable(shape):
        initial = tf.zeros(shape, dtype=tf.float32)
        return tf.Variable(initial)

    A = weight_variable([vocab_size, embedding_dim])
    B = weight_variable([vocab_size, embedding_dim])
    C = weight_variable([vocab_size, question_maxlen])
    m = tf.nn.embedding_lookup(A, x)
    u = tf.nn.embedding_lookup(B, q)
    c = tf.nn.embedding_lookup(C, x)
    p = tf.nn.softmax(tf.einsum('ijk,ilk->ijl', m, u))
    o = tf.add(p, c)
    o = tf.transpose(o, perm=[0, 2, 1])
    ou = tf.concat([o, u], axis=-1)

    cell = tf.contrib.rnn.BasicLSTMCell(embedding_dim//2, forget_bias=1.0)
    initial_state = cell.zero_state(n_batch, tf.float32)
```

```
        state = initial_state
        outputs = []
        with tf.variable_scope('LSTM'):
            for t in range(question_maxlen):
                if t > 0:
                    tf.get_variable_scope().reuse_variables()
                (cell_output, state) = cell(ou[:, t, :], state)
                outputs.append(cell_output)
        output = outputs[-1]
        W = weight_variable([embedding_dim//2, vocab_size], stddev=0.01)
        a = tf.nn.softmax(tf.matmul(output, W))


        return a
```

그리고 loss( ), training( ), accuracy( )는 일반적인 신경망과 동일한 방식으로 구현해도 문제없습니다.

```
def loss(y, t):
    cross_entropy = \
        tf.reduce_mean(-tf.reduce_sum(
                        t * tf.log(tf.clip_by_value(y, 1e-10, 1.0)),
                        reduction_indices=[1]))
    return cross_entropy

def training(loss):
    optimizer = \
        tf.train.AdamOptimizer(learning_rate=0.001, beta1=0.9, beta2=0.999)
    train_step = optimizer.minimize(loss)
    return train_step

def accuracy(y, t):
    correct_prediction = tf.equal(tf.argmax(y, 1), tf.argmax(t, 1))
    accuracy = tf.reduce_mean(tf.cast(correct_prediction, tf.float32))
    return accuracy
```

이렇게 해서 MemN을 모두 구현했습니다. 이제까지 했던 것처럼 다음과 같이 미니배치를 사용해서 학습을 진행해 보겠습니다. 훈련 데이터와 테스트(검증) 데이터는 각각 10,000개, 1,000개입니다.

```
for epoch in range(epochs):
    inputs_train_, questions_train_, answers_train_ = \
        shuffle(inputs_train, questions_train, answers_train)

    for i in range(n_batches):
        start = i * batch_size
        end = start + batch_size

        sess.run(train_step, feed_dict={
            x: inputs_train_[start:end],
            q: questions_train_[start:end],
            a: answers_train_[start:end],
            n_batch: batch_size
        })

    # 테스트 데이터를 사용해 평가를 실행한다
    val_loss = loss.eval(session=sess, feed_dict={
        x: inputs_test,
        q: questions_test,
        a: answers_test,
        n_batch: len(inputs_test)
    })
    val_acc = acc.eval(session=sess, feed_dict={
        x: inputs_test,
        q: questions_test,
        a: answers_test,
        n_batch: len(inputs_test)
    })
```

위의 코드를 실행한 결과는 그림 6.11과 같습니다. 학습이 적절히 진행되는 모습을 확인할 수 있습니다. 각자 자신의 PC에서 실행할 경우에는 1에폭당 학습 시간이 매우 짧게 만들어져 있다는 점에 주목하기 바랍니다.

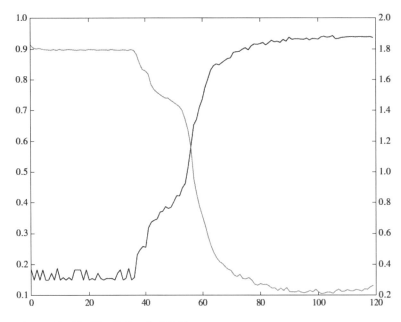

그림 6.12 예측 정확도(왼쪽 축)와 오차(오른쪽 축)

6.5 정리

이번 장에서는 순환 신경망에 응용하는 기법에 관해 알아봤습니다. LSTM이나 GRU는 뉴런의 구조를 바꿔서 시간 의존성을 학습할 수 있게 한 기법인데, 이번 장에서 살펴본 Bidirectional RNN, RNN Encoder-Decoder, Attention은 모두 네트워크의 구조 자체를 바꿔서 입출력이 시퀀스일 경우에 더욱 효율적으로 학습을 실행할 수 있게 했습니다. 그리고 이들 기법은 모두 학습하는 과정에서 네트워크나 셀의 내부에 기억을 저장하는 방식을 채택했기 때문에 장기간에 걸친 시간 의존성을 학습할 경우에 계산량이 많아진다는 문제가 있었지만 Memory Networks는 기억을 외부에 저장하는 기능을 구축해서 학습에 드는 시간을 단축시켰습니다.

이 책을 통해 단순 퍼셉트론을 비롯해 다층 퍼셉트론, 심층 신경망, 순환 신경망 등등 많은 기법을 배웠습니다. 다루는 데이터의 종류마다 고민해야 할 과제도 달랐지만 그 과제에 맞춰 네트워크도 다양한 형태로 변화시켜서 학습이 진행되게 했습니다. 이제까지 본 것처럼 딥러닝은 하나하나의 테크닉의 축적이며 그 근본에 있는 것은 '인간의 뇌를 어떻게 수식이나 알고리즘으로 표현할 수 있는가'입니다. 딥러닝은 세계적으로 활발하게 연구되고 있고 매일 새로운 기법이 생겨나고 있지만 이 책에서 배운 이론을 잘 알고 있으면 앞으로 어떤 기법이 생겨나도 금방 이해해서 능숙하게 사용할 수 있을 것입니다. 그리고 자신이 새로운 모델을 고안해내는 것도 물론 가능할 것입니다.

6장의 참고 문헌

[1] K. Cho, B. Merrienboer, C. Gulcehre, F. Bougares, H. Schwenk, and Y. Bengio. Learning phrase representations using rnn encoder–decoder for statistical machine translation. Proceedings of the Empiricial Methods in Natural Language Processing (EMNLP 2014), 2014.

[2] I. Sutskever, O. Vinyals, and Q. V. Le. Sequence to sequence learning with neural networks. Advances in Neural Information Processing Systems (NIPS 2014), 2014.

[3] W. Zaremba, and I. Sutskever. Learning to execute. arXiv preprint arXiv:1410.4615, 2014.

[4] D. Bahdanau, K. Cho, and Y. Bengio. Neural machine translation by jointly learning to align and translate. ICLR, 2015.

[5] J. Cheng, L. Dong, and M. Lapata. Long short–term memory–networks for machine reading. arXiv:1601.06733, 2016.

[6] J. Weston, S. Chopra, and A. Bordes. Memory networks. CoRR, abs/1410.3916, 2014.

[7] A. Graves, G. Wayne, and I. Danihelka, Neural turing machines. arXiv preprint arXiv:1410.5401, 2014.

[8] S. Sukhbaatar, A. Szlam, J. Weston, and R. Fergus. End–to–end memory networks. Proceedings of NIPS, 2015.

A.1 모델을 저장하고 읽어 들인다

딥러닝 모델은 학습시키는 데 시간이 매우 많이 걸리는 경우가 많습니다. 대규모의 데이터 셋을 사용할 경우 학습시키는 데 며칠 또는 그 이상의 시간이 걸리는 경우도 드물지 않습니다. 같은 훈련 데이터 셋을 사용할 경우 학습의 결과로 얻어진 웨이트 같은 매개변수 값도(난수가 동일하다면) 같아질 것이므로 한 번이라도 모델을 학습시켰다면 그 결과로 얻어진 매개변수 값을 꼭 저장해놓고 새로운 미지의 데이터에 대해서도 모델의 학습 단계를 가능한 한 없앤 상태에서 평가해야 합니다. 다시 말해 딥러닝에서는 모델을 '저장'하고 '읽어들'이는 처리에 대해 생각해둬야 합니다.

텐서플로도 케라스도 모델을 쉽게 저장하고 읽어 들일 수 있는 기능을 갖추고 있습니다. 각각이 처리를 어떻게 하는지 살펴보겠습니다.

A.1.1 텐서플로에서의 처리

간단한 예를 들어보겠습니다. (2클래스) 로지스틱 회귀에서 학습시킨 OR 게이트의 모델을 저장하고 이렇게 학습된 모델을 사용해서 이번에는 새롭게 학습시키지 않고 분류할 수 있는지 살펴보겠습니다. 학습이 끝난 모델은 파일로 저장되므로 일단 저장할 디렉터리를 다음과 같이 정의해두겠습니다.

```
import os

MODEL_DIR = os.path.join(os.path.dirname(__file__), 'model')

if os.path.exists(MODEL_DIR) is False:
    os.mkdir(MODEL_DIR)
```

이렇게 하면 파일 경로에 'model'이라는 디렉터리가 생성됩니다. OR 게이트 데이터는 다음과 같이 정의해둡니다.

```
X = np.array([[0, 0], [0, 1], [1, 0], [1, 1]])
Y = np.array([[0], [1], [1], [1]])
```

모델은 다음과 같이 정의합니다.

```
w = tf.Variable(tf.zeros([2, 1]))
b = tf.Variable(tf.zeros([1]))

x = tf.placeholder(tf.float32, shape=[None, 2])
t = tf.placeholder(tf.float32, shape=[None, 1])
y = tf.nn.sigmoid(tf.matmul(x, w) + b)

cross_entropy = - tf.reduce_sum(t * tf.log(y) + (1 - t) * tf.log(1 - y))

train_step = tf.train.GradientDescentOptimizer(0.1).minimize(cross_entropy)

correct_prediction = tf.equal(tf.to_float(tf.greater(y, 0.5)), t)
accuracy = tf.reduce_mean(tf.cast(correct_prediction, tf.float32))
```

위와 같이 단순하게 기술할 수 있습니다. 모델을 저장하고 읽어 들이는 기능에 대해 생각하고 있다면 모델의 매개변수를 대응시켜야 하므로 변수에 이름을 붙여둬야 합니다. 이때 모델의 매개변수는 w와 b이므로 각각에 이름을 붙인 것은 다음과 같습니다.

```
w = tf.Variable(tf.zeros([2, 1]), name='w')
b = tf.Variable(tf.zeros([1]), name='b')
```

name=을 쓴 것 외에는 아무것도 특별한 것이 없습니다.

모델을 저장하고 읽어 들이는 처리를 실행할 경우에는 tf.train.Saver()를 실행해야 합니다. 구체적으로 말해서 세션을 초기화하는 부분에 다음과 같이 기술합니다.

```
init = tf.global_variables_initializer()
saver = tf.train.Saver() # 모델 저장용
sess = tf.Session()
sess.run(init)
```

그리고 학습 후에 모델을 저장하려면

```
# 학습
for epoch in range(200):
    sess.run(train_step, feed_dict={
        x: X,
        t: Y
    })

# 모델을 저장
model_path = saver.save(sess, MODEL_DIR + '/model.ckpt')
print('Model saved to:', model_path)
```

위와 같이 작성하면 학습이 끝난 모델이 model.ckpt라는 파일에 저장됩니다[1].

학습이 끝난 이 모델을 읽어 들여 실험에 사용할 경우에는 모델의 정의(변수명)가 같아야 합니다.

```
w = tf.Variable(tf.zeros([2, 1]), name='w')
b = tf.Variable(tf.zeros([1]), name='b')
```

모델을 읽어 들일 때도 tf.train.Saver()를 기술해야 하는데, 여기서 주의해야 할 점은 학습이 끝난 모델을 사용할 경우에는 변수를 초기화할 필요가 없다는 점입니다. 다시 말해 tf.global_variables_initializer()를 실행할 필요가 없습니다.

```
# init = tf.global_variables_initializer() # 초기화하지 않아도 된다
saver = tf.train.Saver() # 모델 읽기용
sess = tf.Session()
# sess.run(init)
```

---

1 확장자 .ckpt는 "checkpoint"의 약자입니다.

초기화하는 대신 이전에 저장한 모델 파일에서 변숫값을 가져와서 설정합니다. 모델을 읽어 들일 때는 `saver.restore()`를 사용합니다.

```
saver.restore(sess, MODEL_DIR + '/model.ckpt')
```

이렇게 해서 매개변수 w와 b는 학습이 끝난 값이 됐을 것이므로 새롭게 학습시키지 않고 그대로 예측 정확도를 살펴보겠습니다.

```
acc = accuracy.eval(session=sess, feed_dict={
    x: X,
    t: Y
})
print('accuracy:', acc)
```

다음과 같은 결과가 나옵니다.

```
accuracy: 1.0
```

모델을 적절히 읽어 들였다는 것을 확인할 수 있습니다. 그래서 모델을 저장하고 읽어 들이는 흐름은 다음과 같이 정리할 수 있습니다.

저장

1. 모델의 변수에 이름을 붙인다

2. `tf.train.Saver()`를 실행한다

3. `saver.save()`로 모델을 저장한다

읽어 들이기

1. 저장할 때와 동일한 변수 이름을 붙인다

2. `tf.train.Saver()`를 실행한다

3. `saver.restore()`로 모델을 읽어들인다

모델이 복잡해져도 처리되는 흐름은 달라지지 않습니다. 예를 들어, 'ReLU + 드롭아웃'이라는 조합의 심층 신경망에서 name=을 설정하는 과정은 다음과 같습니다.

```python
def inference(x, keep_prob, n_in, n_hiddens, n_out):
    def weight_variable(shape, name=None):
        initial = np.sqrt(2.0 / shape[0]) * tf.truncated_normal(shape)
        return tf.Variable(initial, name=name)

    def bias_variable(shape, name=None):
        initial = tf.zeros(shape)
        return tf.Variable(initial, name=name)

    # 입력층-은닉층, 은닉층-은닉층
    for i, n_hidden in enumerate(n_hiddens):
        if i == 0:
            input = x
            input_dim = n_in
        else:
            input = output
            input_dim = n_hiddens[i-1]

        W = weight_variable([input_dim, n_hidden],
                            name='W_{}'.format(i))
        b = bias_variable([n_hidden],
                          name='b_{}'.format(i))

        h = tf.nn.relu(tf.matmul(input, W) + b)
        output = tf.nn.dropout(h, keep_prob)

    # 은닉층-출력층
    W_out = weight_variable([n_hiddens[-1], n_out], name='W_out')
    b_out = bias_variable([n_out], name='b_out')
    y = tf.nn.softmax(tf.matmul(output, W_out) + b_out)
    return y
```

그리고 이전 예제에서는 학습이 끝난 후에 모델을 저장했지만, 가령 자신의 컴퓨터에서 실험할 때 학습을 일시적으로 중단하고 싶을 경우가 있을 것입니다. 이럴 때는 에폭마다 모델을 저장하는 것이 편리합니다.

```python
for epoch in range(epochs):
    # 학습을 진행하는 코드
    # ...
```

```
    model_path = \
        saver.save(sess, MODEL_DIR + '/model_{}.ckpt'.format(epoch))
    print('Model saved to:', model_path)
```

예를 들어, epoch=10에서 학습을 중단한 경우

```
saver.restore(sess, MODEL_DIR + '/model_10.ckpt')

for epoch in range(11, epochs):
    # 학습을 진행하는 코드
    # ...
```

위와 같이 구현하면 중단한 지점부터 다시 학습을 진행할 수 있습니다.

A.1.2 케라스에서의 처리

텐서플로에서는 모델을 저장하기 위해 새롭게 saver=tf.train.Saver()를 정의해야 했지만 케라스에서는 model.save()로 모델을 저장할 수 있습니다. 일반적인 학습과 마찬가지로

```
model = Sequential([
    Dense(1, input_dim=2),
    Activation('sigmoid')
])

model.compile(loss='binary_crossentropy', optimizer=SGD(lr=0.1))

model.fit(X, Y, epochs=200, batch_size=1)
```

위의 코드로 모델을 설정하고 학습시키고

```
model.save(MODEL_DIR + '/model.hdf5')
```

학습이 끝난 모델을 위의 코드를 통해 **HDF5**(hierarchical data format 5)이라는 파일 형식으로 저장합니다.

그리고 다음 코드로 모델을 읽어 들일 수 있습니다.

```
from keras.models import load_model

model = load_model(MODEL_DIR + '/model.hdf5')
```

텐서플로에서는 변수 이름의 설정을 맞춰야 했지만 케라스에서는 모델을 그대로 저장하고 읽어 들일수 있으므로 변수 이름에 대해 신경 쓰지 않아도 됩니다.

그리고 케라스에서 에폭마다 모델을 저장하려면

```
for epoch in range(epochs):
    model.fit(X, Y, epochs=1)
    model.save('model_{}.hdf5'.format(epoch))
```

위와 같이 구현하면 되지만 더욱 편리한 방법이 있습니다. 그것은 콜백 함수의 형태로 제공되는 keras.callbacks.ModelCheckpoint()를 사용하는 것입니다. 이 함수를 사용하면 EarlyStopping을 구현할때처럼 저장하는 처리 내용을 콜백 형태로 실행할 수 있습니다.

```
from keras.callbacks import ModelCheckpoint

checkpoint = ModelCheckpoint(
    filepath=os.path.join(
        MODEL_DIR,
        'model_{epoch:02d}.hdf5'),
    save_best_only=True)
```

위와 같이 정의해두고

```
model.fit(X_train, Y_train, epochs=epochs,
          batch_size=batch_size,
          validation_data=(X_validation, Y_validation),
          callbacks=[checkpoint])
```

그리고 callbacks=[checkpoint]라고 지정해두면 에폭마다 모델이 저장됩니다. 그리고 저장하는 파일이름에는 오차값을 포함시킬 수 있는데, 예를 들어 다음과 같이

```
checkpoint = ModelCheckpoint(
    filepath=os.path.join(
```

```
        MODEL_DIR,
        'model_{epoch:02d}_vloss{val_loss:.2f}.hdf5'),
    save_best_only=True)
```

_vloss{val_loss:.2f}라고 지정해두면 파일 이름이 model_00_vloss0.56.hdf5와 같이 정해집니다.

A.2 텐서보드(TensorBoard)

텐서플로는 모델의 구조, 학습이 진행되는 상황, 결과를 브라우저로 볼 수 있는 **텐서보드**(Tensor Board)라는 기능을 제공합니다. 그림 A.1은 텐서보드를 사용해 모델을 시각화한 예입니다. 기존의 코드가 텐서보드를 지원하게 하려면 코드를 약간 수정해야 하지만 그다지 어려운 일은 아닙니다. 시각화하면 모델의 내부를 파악하기 쉽다는 장점이 있으므로 코드를 어떻게 변경하면 되는지 살펴보겠습니다.

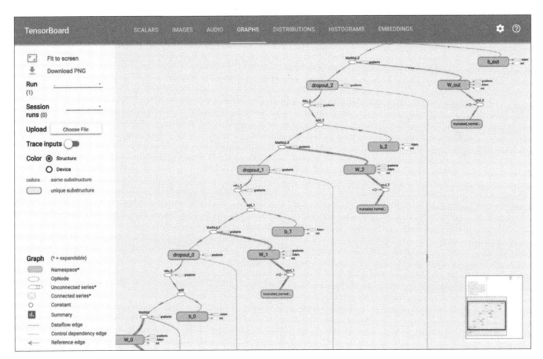

그림 A.1 텐서보드로 시각화한 모습

매우 단순한 (2클래스) 로지스틱 회귀 모델을 예로 들어 설명하겠습니다. 모델을 설정하는 부분은 다음과 같이 구현합니다.

```
w = tf.Variable(tf.zeros([2, 1]))
b = tf.Variable(tf.zeros([1]))

x = tf.placeholder(tf.float32, shape=[None, 2])
t = tf.placeholder(tf.float32, shape=[None, 1])
y = tf.nn.sigmoid(tf.matmul(x, w) + b)

cross_entropy = - tf.reduce_sum(t * tf.log(y) + (1 - t) * tf.log(1 - y))
train_step = tf.train.GradientDescentOptimizer(0.1).minimize(cross_entropy)

correct_prediction = tf.equal(tf.to_float(tf.greater(y, 0.5)), t)
accuracy = tf.reduce_mean(tf.cast(correct_prediction, tf.float32))
```

텐서플로에서는 모델을 설정한 후에 세션을 초기화하고 학습을 실행하는 순서로 작업이 이뤄졌습니다. 이 초기화 처리에 해당하는 부분은 다음과 같이 구현했었는데

```
init = tf.global_variables_initializer()
sess = tf.Session()
sess.run(init)
```

기존의 코드가 텐서보드를 지원하게 하려면 위의 코드를 다음과 같이 변경합니다.

```
init = tf.global_variables_initializer()
sess = tf.Session()
tf.summary.FileWriter(LOG_DIR, sess.graph) # 텐서보드를 지원하도록 한다
sess.run(init)
```

tf.summary.FileWriter() 부분이 추가됐을 뿐입니다. sess.run(init) 앞에 이 한 줄을 추가하기만 하면 텐서보드를 지원하게 됩니다. 이때 사용하는 LOG_DIR은 로그 파일을 위한 디렉터리의 경로인데 이를 사전에 정의해둬야 합니다. 이것은 tf.summary.FileWriter()가 포함된 프로그램을 실행하면 LOG_DIR에 로그 파일이 생성되고 텐서보드는 이 로그 파일을 읽어 들여 브라우저 상에 시각화하기 때문입니다. 예를 들어, 파일의 앞부분에 다음과 같은 코드를 추가하면 됩니다.

```
import os

LOG_DIR = os.path.join(os.path.dirname(__file__), 'log')

if os.path.exists(LOG_DIR) is False:
    os.mkdir(LOG_DIR)
```

프로그램을 실행했다면 이제 텐서보드를 시작해 보겠습니다. 명령 프롬프트에 다음과 같이 tensorboard 명령어를 입력합니다.

```
$ tensorboard --logdir=/path/to/log
```

옵션 —logdir=에는 프로그램 안에 있는 LOG_DIR에 해당하는 경로를 지정해야 합니다[2]. 텐서보드가 시작됐다면 포트 번호 6006에서 텐서보드가 시작됩니다. 브라우저로 localhost:6006에 접속하면 텐서보드 화면이 표시될 것입니다. 헤더 메뉴에서 'GRAPHS'를 선택하면 그림 A.2와 같이 모델의 구성이 그래프로 표시됩니다. 이렇게 시각화는 됐지만 너무 다양한 요소가 나열돼 있어서 알아보기 어려울 것입니다. 그리고 각 tf.Variable()에 대응된 Variable, Variable_1도 이 화면에서는 코드 안에서 어느 변수가 어느 것에 대응됐는지 매우 알기 어렵습니다. 이를 알아보기 쉽게 표시하려면 코드를 조금 더 수정해야 합니다.

---

2 프로그램을 실행하기 전에 이전의 로그 파일이 남아 있을 경우 텐서보드가 브라우저에 표시하는 기능이 제대로 작동하지 않을 경우도 있으므로 관련이 없는 파일은 사전에 삭제하기 바랍니다.

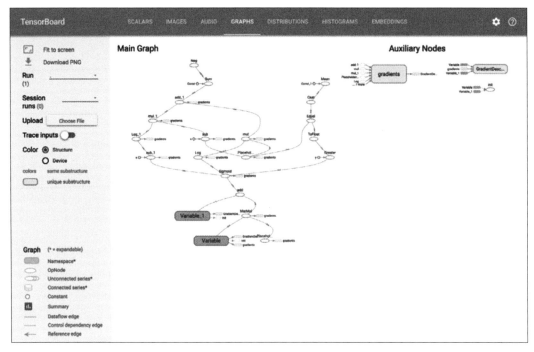

그림 A.2 단순한 시각화

일단 변수에 이름을 붙이겠습니다. 각 변수를 정의할 때 name=을 지정하는 방식으로 이름을 붙일 수 있습니다.

```
w = tf.Variable(tf.zeros([2, 1]), name='w')
b = tf.Variable(tf.zeros([1]), name='b')

x = tf.placeholder(tf.float32, shape=[None, 2], name='x')
t = tf.placeholder(tf.float32, shape=[None, 1], name='t')
y = tf.nn.sigmoid(tf.matmul(x, w) + b, name='y')
```

그리고 모델의 오차나 정확도 등 일부 계산 처리를 통해 값을 구하는 것은 tf.name_scope()로 그 처리를 하나로 모아서 시각화할 수 있습니다. 이 내용은 다음 코드에서 구체적으로 볼 수 있습니다.

```
with tf.name_scope('loss'):
    cross_entropy = \
        - tf.reduce_sum(t * tf.log(y) + (1 - t) * tf.log(1 - y))

with tf.name_scope('train'):
```

```
    train_step = \
        tf.train.GradientDescentOptimizer(0.1).minimize(cross_entropy)

with tf.name_scope('accuracy'):
    correct_prediction = tf.equal(tf.to_float(tf.greater(y, 0.5)), t)
    accuracy = tf.reduce_mean(tf.cast(correct_prediction, tf.float32))
```

그 결과로 그림 A.3과 같은 그래프가 나타나고 이렇게 더욱 정리된 상태로 모델을 시각화할 수 있습니다. 이 예제에서 설정한 loss나 train을 클릭하면 해당 내용이 펼쳐져서 확인할 수 있습니다.

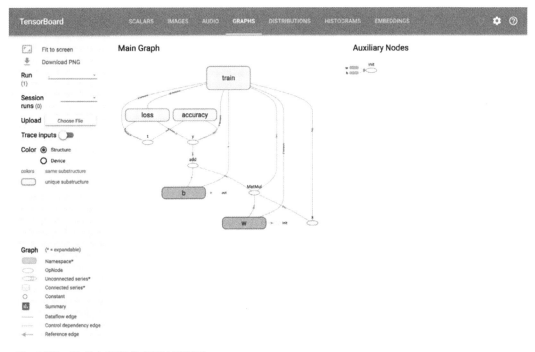

그림 A.3 변수 이름, 처리 이름을 정리해서 시각화했다

그리고 텐서보드에서는 오차가 변화하는 모습 등의 학습 과정도 시각화할 수 있습니다. 이렇게 하려면 다음과 같이 tf.summary.scalar()를 사용합니다.

```
with tf.name_scope('loss'):
    cross_entropy = \
        - tf.reduce_sum(t * tf.log(y) + (1 - t) * tf.log(1 - y))
tf.summary.scalar('cross_entropy', cross_entropy) # 텐서보드용으로 등록
```

그리고 세션을 초기화할 때는

```
init = tf.global_variables_initializer()
sess = tf.Session()

file_writer = tf.summary.FileWriter(LOG_DIR, sess.graph)
summaries = tf.summary.merge_all() # 등록한 변수를 하나로 정리한다

sess.run(init)
```

tf.summary.merge_all()을 실행해 미리 정의해둔 변수가 모두 summaries로 처리되게 합니다. 이 예제에서는 학습 데이터를 단순한 OR 게이트로 지정하겠습니다.

```
X = np.array([[0, 0], [0, 1], [1, 0], [1, 1]])
Y = np.array([[0], [1], [1], [1]])
```

이때 모델의 학습이 진행되는 것에 맞춰 오차를 텐서보드에 기록하려면 다음과 같이 구현합니다.

```
for epoch in range(200):
    sess.run(train_step, feed_dict={
        x: X,
        t: Y
    })

    summary, loss = sess.run([summaries, cross_entropy], feed_dict={
        x: X,
        t: Y
    })
    file_writer.add_summary(summary, epoch) # 텐서보드에 기록한다
```

loss = cross_entropy.eval() 대신 summary, loss = sess.run([summaries, cross_entropy], ...)를 기술해서 텐서보드에 summary를 기록합니다. 이 결과를 브라우저에서 확인해 보겠습니다. 헤더 메뉴에 있는 'SCALARS'를 보면 그림 A.4와 같이 오차가 변화하는 모습이 시각화된 것을 확인할 수 있습니다.

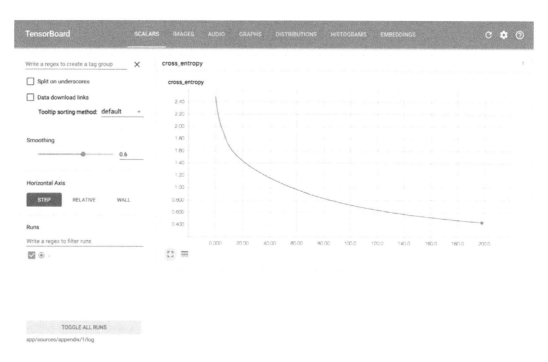

app/sources/appendix/1/log

그림 A.4 오차의 변화를 가시화

모델이 복잡해져도 처리하는 방법은 같습니다. 그림 A.1은 은닉층이 3개인 모델을 시각화한 것이었는데 이것은 inference( )를 다음과 같이 정의합니다.

```
def inference(x, keep_prob, n_in, n_hiddens, n_out):
    def weight_variable(shape, name=None):
        initial = np.sqrt(2.0 / shape[0]) * tf.truncated_normal(shape)
        return tf.Variable(initial, name=name)

    def bias_variable(shape, name=None):
        initial = tf.zeros(shape)
        return tf.Variable(initial, name=name)

    with tf.name_scope('inference'):
        # 입력층-은닉층, 은닉층-은닉층
        for i, n_hidden in enumerate(n_hiddens):
            if i == 0:
                input = x
                input_dim = n_in
```

```
        else:
            input = output
            input_dim = n_hiddens[i-1]


        W = weight_variable([input_dim, n_hidden],
                            name='W_{}'.format(i))


        b = bias_variable([n_hidden],
                          name='b_{}'.format(i))


        h = tf.nn.relu(tf.matmul(input, W) + b,
                       name='relu_{}'.format(i))
        output = tf.nn.dropout(h, keep_prob,
                               name='dropout_{}'.format(i))


    # 은닉층-출력층
    W_out = weight_variable([n_hiddens[-1], n_out], name='W_out')
    b_out = bias_variable([n_out], name='b_out')
    y = tf.nn.softmax(tf.matmul(output, W_out) + b_out, name='y')
    return y
```

각 변수의 name=이 동적으로 돼 있는데 이것도 역시 필요합니다[3].

A.3 tf.contrib.learn

같은 모델을 구현하더라도 텐서플로와 케라스는 코딩하는 방법이 서로 크게 다릅니다. 텐서플로에서는 수식에 맞춰 구현하는 경우가 많았지만 케라스에서는 별칭을 설정하기만 하면 모델을 기술할 수 있다는 특징이 있습니다. 그러나 텐서플로에서도 tf.contrib.learn을 통해 더욱 케라스에 가까운 방법으로 기술하게 해주는 API를 이용할 수 있습니다. 기법에 따라서는 유연성이 떨어지기는 하지만 일반적인 신경망을 구현하는 것이라면 수식을 기반으로 해서 구현하지 않고 이 API만 사용해도 충분히 실용적인 모델을 설정할 수 있습니다. MNIST의 데이터를 사용해 간단한 구현 예를 살펴보겠습니다.

tf.contrib.learn을 사용할 경우 1-of-K 표현으로 할 필요는 없습니다. 따라서 데이터를 정규화하는 코드를 제외하면 훈련 데이터와 테스트 데이터를 설정하는 것을 다음과 같이 구현할 수 있습니다.

---

3 전체 코드는 https://github.com/yusugomori/deeplearning-tensorflow-keras/blob/master/appendix/2/01_tensorboard_adam.py에 게재돼 있습니다.

```
X = mnist.data.astype(np.float32)
y = mnist.target.astype(int)


X_train, X_test, y_train, y_test = \
    train_test_split(X, y, train_size=N_train)
```

그리고 모델은 다음과 같이 설정할 수 있습니다.

```
n_in = 784
n_hiddens = [200, 200, 200]
n_out = 10

feature_columns = \
    [tf.contrib.layers.real_valued_column('', dimension=n_in)]

model = \
    tf.contrib.learn.DNNClassifier(
        feature_columns=feature_columns,
        hidden_units=n_hiddens,
        n_classes=n_out)
```

그리고 모델을 학습시키는 코드는 다음과 같이 구현합니다.

```
model.fit(x=X_train,
          y=y_train,
          steps=300,
          batch_size=250)
```

model.fit()를 사용해서 학습시킬 수 있다는 점을 봐도 케라스와 비슷한 방법으로 구현할 수 있음을 알 수 있습니다. 그리고 예측 정확도를 구하는 코드는 다음과 같이 구현합니다.

```
accuracy = model.evaluate(x=X_test,
                          y=y_test)['accuracy']
print('accuracy:', accuracy)
```

수식을 기반으로 구현하는 방법과 비교하면 이렇게 구현하는 것이 더 쉽다는 것을 알 수 있습니다. 그러나 tf.contrib.learn은 텐서플로의 버전이 올라감에 따라 사양이 크게 변할 수도 있고 또한 수식을 기반으로 한 구현과 비교하면 유연성이 떨어진다는 점도 있으므로 어디까지나 간단히 실험할 때만 확인용으로 사용하는 것이 좋을 듯합니다.

기호

__init__	51
0	54
1-of-K	116
1차근사	11
2값 분류	115

A – D

accuracy	138
Activation	102
Adadelta	201
Adagrad	200
Adam	204
Adding Problem	252
Anaconda	25
AND 게이트	75
Attention	285
AttentionCellWrapper()	289
bAbi 문제	291
Backpropagation Through Time	223
BatchNormalization()	214
bias_variable()	177
Bidirectional()	268
Bidirectional RNN	260
BiRNN	260
BPTT	223
brew	26
CEC	239
Dense()	103

E – K

Early Stopping	207
EarlyStopping 클래스	208
ELU	168
evaluate()	182
Exponential Linear Units	168
Facebook AI Research	291
fit()	103
float()	34
for 문	46
gated recurrent unit	255
get_stories()	295
GitHub	23
GRU	217, 255
HDF5	309
hierarchical data format 5	309
Homebrew	26
if 문	43
import 라이브러리명	54
inference()	174
int()	34
keras.backend	193
keras.callbacks.ModelCheckpoint()	310
keras.initializers.TruncatedNormal()	194
keras.layers.advanced_activations	165
keras.layers.core	165
keras.layers.normalization	214
keras.layers.recurrent	235

keras.layers.wrappers	268
keras.optimizers	102
K-분할교차검증	185

L – O

LeakyReLU(LReLU)	163
loss()	174
lrelu()	164
LSTM	217
LSTM 블록	237
mask()	253
math 라이브러리	54
matplotlib	186
MemN	290
Memory Networks	290
MNIST	147
model.add()	103
model.evaluate	144
model.fit	103
model.predict()	236
model.save()	309
Nesterov	199
None	37
NOT 게이트	81
np.arange()	59
np.array()	56
np.dot()	57
np.identity()	60
np.ones()	59
np.outer()	64
np.random.normal	194
np.random.RandomState()	85
np.reshape()	60
np.zeros()	59
NumPy	55
NumPy 배열	55
n차원 벡터	112
one-hot encoding	116
one-hot 인코딩	116
OR 게이트	78

P – S

Parametric ReLU	165
pip	65
plt.plot()	187
plt.savefig()	187
plt.show()	187
prelu()	166
PReLU	165
pyenv	27
Randomized ReLU	168
rectified linear unit	160
ReLU	160
RepeatVector	285
reset gate	255
RMSprop	203
RNN Encoder-Decoder	269
RReLU	168
scikit-learn	118

Sequence-to-Sequence 모델	268
Sequential()	102
sess.run	99
SGD	103
sklearn.model_selection.train_test_split()	141
sklearn.utils.shuffle	118
sklearn 라이브러리	140
static_bidirectional_rnn()	265
str()	34

T - Z

tensorboard 명령어	313
tf.argmax	120
tf.cast	142
tf.clip_by_value	188
tf.contrib.layers.xavier_initializer	197
tf.contrib.learn	183
tf.contrib.rnn.BasicLSTMCell	251
tf.contrib.rnn.BasicRNNCell()	228
tf.contrib.rnn.GRUCell	256
tf.contrib.rnn.LSTMCell	251
tf.einsum()	276
tf.get_variable_scope	228
tf.global_variables_initializer()	98
tf.matmul	97
tf.name_scope()	314
tf.nn.batch_normalization()	212
tf.nn.dropout()	171
tf.nn.embedding_lookup()	297
tf.nn.moments()	213
tf.nn.relu()	162
tf.nn.softmax	119
tf.nn.tanh()	160
tf.placeholder()	97
tf.reduce_mean()	119
tf.reduce_sum()	98
tf.reshape	276
tf.summary.FileWriter()	312
tf.summary.merge_all()	316
tf.summary.scalar()	315
tf.train.AdadeltaOptimizer	202
tf.train.AdagradOptimizer	201
tf.train.AdamOptimizer	206
tf.train.MomentumOptimizer()	198
tf.train.RMSPropOptimizer	204
tf.train.Saver()	306
tf.truncated_normal()	133
tf.Variable()	96
tf.variable_scope	228
tf.zeros()	96
Theano	65
theano.function()	68
TimeDistributed	285
toy_problem	225
training()	174
update gate	255
weight_variable()	177
wget	26
while 문	44
word2vec	293
Word Embedding	293
XOR 게이트	123

ㄱ - ㄷ

가독성	36
가중치	73
갱신 게이트	255
검증 데이터	138
경사 소실 문제	151
경사하강법	92
계단함수	83
고유공간	13
공기 저항 식	198
과거의 은닉층	220
과잉적합	155
교차 엔트로피 오차함수	91
국소최적해	93
균등분포	197
깃허브	23
내적	15
네스테로프(Nesterov) 모멘텀	199
논리 게이트	74
누적분포함수	90
다변수 함수	3
다중 클래스 로지스틱 회귀	112
다층 퍼셉트론	123
단순 퍼셉트론	82
단위 행렬	55
단항연산자	40
대각성분	16
대역최적해	111
대입 연산자	41
대화 모드	30
데이터 구조	38
데이터형	31
도함수	2
드롭아웃	168
등호	34
디지털 회로	74
디코더	269

ㄹ - ㅅ

로지스틱 회귀	89
리셋 게이트	255
리스트	38
마이너 버전	24
마이크로 버전	24
망각 게이트	243
메모리 셀	240
메서드	52
메이저 버전	24
모델화	72
모멘텀	198
모멘트	204
문자열형	31
미니배치 경사하강법	94
미분	2
미분 계수	4
바이어스	84
바이어스 벡터	115
반환값	49
배치 경사하강법	95
배포판	25
백색화	195

범용	183
벡터공간	13
복소벡터	13
복소행렬	16
복합 대입 연산자	42
부동소수점수형	32
부울형	34
브로드캐스트	62
비선형 분류	123
비선형 활성	240
상미분	3
생성자	52
선형대수	13
선형 분류기	125
선형분리가능	124
선형분리불가능	124
소프트맥스 함수	158
손실 함수	92
순환 신경망	217
숫자값	32
슬라이스	60
시계열 데이터	64
시그모이드 함수	89, 158
시퀀스	268
심볼	67
심층학습	147
쌍곡탄젠트 함수	158
씨아노	65

ㅇ - ㅈ

아날로그 회로	74
아다마르곱	18
아인슈타인의 축약기법	276
앙상블 학습	169
언더피팅	157
얼리 스탑핑	207
에너지 최소화 문제	91
에폭	94
연산자	40
열벡터	13
예측 정확도	141
오버피팅	155
오차역전파법	131
오차정정학습법	76
오차함수	129
오퍼랜드	40
오퍼레이터	40
와일드카드	54
요소곱	15
우도함수	91
웨이트	73
웨이트 벡터	84
웨이트 행렬	115
위음성	139
은닉층	128
이항연산자	40
인덱스	38
인스턴스	52
인스턴스 변수	52
인코더	269

입력 게이트	239
입력 웨이트 충돌	241
입력층	128
자동 미분	66
자연어 처리	271
장기 의존성 학습 평가	252
장난감 문제	140
재현률	138
적합률	138
전미분	10
전방향 층	261
전치행렬	21
절단정규분포	133
정규분포	84
정규화	113
정답률	138
정칙행렬	20
제곱오차함수	222
제곱평균오차함수	222
제곱평균제곱근	202
진양성	139
진위성	139
진음성	139

ㅊ - ㅎ

최적화 문제	91
출력 게이트	239
출력 웨이트 충돌	241
출력층	128
컨볼루션 신경망	267
클래스	51
테스트 데이터	138
텐서보드	311
패딩	272
팬아웃	197
퍼셉트론	84
편도함수	2
편미분	2
편미분 계수	4, 5
표준편차	108
프로빗 회귀	108
피연산자	40
핍홀 결합	244
하이퍼 매개변수	200
하이퍼볼릭 탄젠트 함수	158
학습률	92
학습 횟수	134
합성함수	8
해시	39
행벡터	13
혼합행렬	139
홀드아웃 검증	185
확률 경사하강법	94
확률밀도함수	106
활성화 함수	103
활성화함수	90
후방향 층	261
훈련 데이터	138